河南省软科学研究计划项目支持（项目编号：232400411068）
河南省哲学社会科学规划项目计划支持（项目编号：2023BJJ010）
河南省高等学校重点科研项目计划支持（项目编号：24A790006）
河南财政金融学院科研启动基金资助（项目编号：2022BS009）
河南财政金融学院学术著作出版基金资助

企业家精神
驱动企业创新发展的机制研究

QIYEJIA JINGSHEN QUDONG
QIYE CHUANGXIN FAZHAN DE JIZHI YANJIU

夏 晗⊙著

西南财经大学出版社
中国·成都

图书在版编目(CIP)数据

企业家精神驱动企业创新发展的机制研究/夏晗著.—成都:西南财经
大学出版社,2023.11
ISBN 978-7-5504-5763-8

Ⅰ.①企…　Ⅱ.①夏…　Ⅲ.①企业创新—研究—中国　Ⅳ.①F279.23

中国国家版本馆 CIP 数据核字(2023)第 080604 号

企业家精神驱动企业创新发展的机制研究
夏　晗　著

策划编辑:王　琳
责任编辑:廖　韧
责任校对:植　苗
封面设计:墨创文化
责任印制:朱曼丽

出版发行	西南财经大学出版社(四川省成都市光华村街 55 号)
网　　址	http://cbs.swufe.edu.cn
电子邮件	bookcj@ swufe.edu.cn
邮政编码	610074
电　　话	028-87353785
照　　排	四川胜翔数码印务设计有限公司
印　　刷	郫县犀浦印刷厂
成品尺寸	170mm×240mm
印　　张	15.5
字　　数	271 千字
版　　次	2023 年 11 月第 1 版
印　　次	2023 年 11 月第 1 次印刷
书　　号	ISBN 978-7-5504-5763-8
定　　价	80.00 元

前　言

　　随着经济全球化和科技的迅猛发展，市场竞争日益加剧。我国经济转型升级和高质量发展对企业成长提出了更高的要求，企业迫切需要通过创新实现跃升发展。企业家精神作为企业创新和成长的重要驱动因素备受企业界和理论界的关注。然而目前关于企业家精神的理论体系尚不成熟，人们对于企业家精神的理解还存在分歧。因此有必要结合当前优化营商环境、弘扬优秀企业家精神的时代要求，对企业家精神的内涵和维度进行深入研究，并在此基础上进一步探讨企业家精神与企业成长间的关系及其作用机制。

　　本书的理论意义在于揭示企业家精神影响企业成长的内在机理；实践意义在于为优化营商环境、推动企业家发挥自身优势驱动企业创新成长提供具有可操作性的对策建议。

　　本书在企业成长理论、企业创新理论和开放系统理论等的指导下，遵循制度环境—影响因素—影响路径—经济效果的逻辑框架，在深入系统的理论分析基础上，构建了一个以营商环境为调节变量的"企业家精神—企业创新—企业成长"研究模型，并采用问卷调查法收集样本数据，对其进行实证分析，探讨企业家精神对企业成长的影响，企业创新在二者间的中介效应，以及营商环境对企业家精神发挥作用的调节效应。

　　本书的主要内容包括：

　　第一章，绪论。本章主要对本书的研究背景、研究意义、研究方法进行分析，提出研究问题。在当前大力弘扬优秀企业家精神、积极推动企业高质量发展的背景下，有必要对企业家精神与企业成长之间关系进行研究。

第二章，理论基础与文献综述。本章主要阐述产权理论、社会契约理论、企业成长理论等相关理论及其发展演化动态，并对学者有关企业家精神、企业创新、企业成长、营商环境的度量方式，以及企业家精神、企业创新、企业成长、营商环境之间关系的相关研究进行文献综述，为后文研究奠定理论基础。

第三章，企业家精神、企业创新与企业成长关系的理论分析。本章主要从理论上探讨企业家精神、企业创新和企业成长间的逻辑关系。一是从机会识别和资源整合两个角度分析企业家精神对企业成长的影响。二是通过对企业家精神与企业创新间关系以及企业创新与企业成长间关系的分析，提出企业创新在企业家精神与企业成长间的中介作用。三是基于开放系统理论，从"合法性"策略、资源策略和企业家报酬三个视角揭示营商环境对企业家精神发挥作用的调节效应。

第四章，理论模型与研究假设。本章主要构建企业家精神、企业创新、企业成长与营商环境之间关系的概念模型，并提出研究假设。本章首先构建以企业创新为中介变量、营商环境为调节变量的企业家精神与企业成长间关系的概念模型，并从创新精神、风险承担精神和契约精神三个维度界定企业家精神，从技术创新和商业模式创新两个维度界定企业创新；其次对各变量细分维度间的关系进行深入系统的分析，并在此基础上提出相应的研究假设。

第五章，实证研究设计。本章主要介绍笔者设计的各变量的测量量表，以及对问卷调查法收集的样本数据进行分析。笔者在梳理现有相关文献的基础上，结合专家讨论和企业家访谈结果，设计企业家精神、企业创新和企业成长的量表，并根据量表设计调查问卷收集样本数据；利用SPSS25.0软件和AMOS7.0软件对收集到的一手数据进行信效度分析和基本统计分析，以检验样本数据的有效性。

第六章，数据分析与假设检验。本章主要采用样本数据对概念模型进行实证检验。一是对样本数据进行相关性分析，初步判断变量之间的关系。二是采用回归分析法和Bootstrap法进行假设检验，进一步从实证的角度论证企业家精神、企业创新、企业成长和营商环境间的关系及其作用机制。

第七章，研究结论与对策建议。经过上述研究，本章得出了如下主要结论：第一，企业家精神的各个维度对企业成长均有直接的推动作用，其中，创新精神对企业成长的推动作用最强。另外，民营企业的契约精神对企业成长的推动作用比国有企业更强。第二，企业家精神各个维度对技术创新和商业模式创新均具有明显的正向促进作用，其中风险承担精神对国有企业商业模式创新的推动作用比民营企业更强。第三，技术创新和商业模式创新对企业成长均具有明显的推动作用，这种推动作用在民营企业中表现得更加明显。第四，技术创新和商业模式创新在企业家精神各维度与企业成长间均具有明显的中介作用。其中，在国有企业中企业家精神主要通过商业模式创新的中介作用影响企业成长。第五，营商环境对企业家精神各维度与企业成长间的直接关系有正向调节作用。营商环境对企业创新在企业家精神与企业成长间的中介作用具有调节作用，其中，对技术创新在企业家精神各维度与企业成长间的中介作用有负向调节作用，对商业模式创新在企业家精神各维度与企业成长间的中介作用有正向调节作用。第六，本章结合理论分析和实证研究，对研究结果进行进一步讨论，并从弘扬优秀企业家精神、推动企业创新发展以及优化营商环境三个角度提出推动企业健康成长的相应对策。

本书的创新点在于：

第一，界定企业家精神的内涵和维度，将契约精神纳入企业家精神的研究维度，开发企业家契约精神量表。本书在大量文献分析的基础上，认为企业家精神由价值观念体系和行为倾向构成，其本质是创新，其主要内容包括追求创新和卓越、勇于担当和承担风险以及信守契约。本书基于该定义将企业家精神界定为创新精神、风险承担精神和契约精神三个维度，将契约精神作为企业家精神的重要维度纳入研究框架，并结合文献和专家讨论结果开发了企业家契约精神量表，为新时代有关契约精神的研究提供理论和实证支撑。

第二，揭示企业创新在企业家精神与企业成长间关系中所承担的中介作用。现有研究多从企业能力视角揭示企业家精神影响企业成长的中介路径，鲜有关于企业行为的中介作用的探讨。本书基于创造力组成理论分析企业家精神转化为企业创新的机制，并基于创新理论探讨企业创新对企业成长的影响机制，在此基础上构建企业家精神、企业创新、企业成长间关系的理论模型，并对其进行实证研究，从理论和实证角度揭示了企业家精神通过企业创新促进企业成长的作用机制。

第三，探讨营商环境如何调节企业家精神与企业成长间的内在作用机制。现有研究多探讨营商环境对企业家精神的直接影响，少部分学者探讨了营商环境对企业家精神与企业绩效间直接关系的调节作用，却鲜有学者研究营商环境对二者间中介机制的调节效应。本书将营商环境纳入企业家精神、企业创新与企业成长关系的研究框架，揭示营商环境如何调节企业家精神与企业成长间的直接关系，及其对企业创新在二者间中介作用的调节效应。

此外，本书还从实证角度对企业家精神、企业创新与企业成长间关系的内在作用机制进行了产权性质对比分析。

夏晗

2023 年 3 月

目　录

第一章 绪论

一、研究背景与研究意义

企业家精神是企业成长的重要推动力。目前，许多学者已经从理论和实证角度对企业家精神与企业成长间的关系展开了丰富的研究。在当前大力弘扬优秀企业家精神、积极推动企业高质量发展的背景下，对企业家精神与企业成长间关系的研究具有重要的理论和现实意义。

（一）研究背景

1. 现实背景

（1）推动企业转型升级，实现企业高质量发展迫在眉睫。

在党的七届二中全会上，毛泽东提出要"尽可能地利用城乡私人资本主义的积极性，以利于国民经济的向前发展"，但"不是如同资本主义国家那样不受限制任其泛滥"。新中国成立后，毛泽东将私人经济定位为新中国的经济成分之一，承诺民营企业可以有较长时期的发展，但是又提出不能任其无限制发展下去，"就我们的整个经济政策来说，是限制私人资本的，只是有益于国计民生的私人资本，才不在限制之列"。这就是新中国成立之初对私人经济利用和限制政策的来源。为了加快恢复国民经济和稳定经济形势，1950 年我国提出"统一财经"政策，该商业政策使民营经济的发展遭受一定打击，但是随后政府调整工商业政策，还颁布《私营企业投资暂行条例》以促进民营企业发展。总体来说，新中国成立之初对民营企业采用的是利用为主的商业政策。1951 年年底到 1952 年 10 月开展的针对私营资本主义工商业者行贿、偷税漏税、盗取国家财产、偷工减料、窃取国家情报等的"五反"运动，暴露了很多不法资本主义者的唯利是图和损人利己行为。

1953 年的过渡时期总路线提出要逐步实现国家对农业、手工业和资本主义工商业三个行业的社会主义改造，即"三大改造"，最终必须实现全部生产资料的社会主义所有制。我国社会主义工业化性质决定了社会主义改造必须首先发展国营经济，不断把私人资本主义经济改造为社会主义经济。1956 年年底，私人资本主义经济转变为公私合营经济，传统农业、手工业转变为合作经济，"三大改造"基本完成。与此同时，我国不断确立高度集中的计划经济体制，最终导致公私合营经济、合作经济基本上没有自由空间，丧失了民营经济的性质。1958 年的"大跃进"运动，把能够动员的一切经济力量均纳入计划经济轨道，在当时以农业为主的社会中导致了人民公社化运动。人民公社化过程中合作经济转变为集体经济。工商业的社会主义改造将原有的资本主义工商业改造为公私合营经济，其最终在"文化大革命"时期完全变为国营经济，中国经济变成了纯粹的公有制经济。然而这种纯粹的公有制经济制度使整个国民经济处于低效、停滞和徘徊状态。

改革开放以来，得益于改革释放的社会活力，市场经济不断发展。民营企业在拉动投资、优化经济结构和推动市场繁荣，以及缓解就业压力、精准扶贫和改善民生等方面发挥着重要作用。目前我国企业的全球竞争力已经得到较大提升，成为国际市场竞争的重要力量。在我国企业不断成长发展的过程中，企业家精神发挥了不可替代的重要作用。以改革开放为起点，在党的政策指引下，企业家凭借非凡的胆识、冒险精神和创新意识，使我国企业从"提篮小卖"和"摆摊设点"，到"手工作坊"和"前店后厂"，再到"代加工"，从"模仿创新"到"自主创新"，获得了快速成长和发展。个别企业成长为"隐形冠军"甚至"独角兽"企业。在此过程中，我国企业从"量变"到"质变"，走出一条跃升发展之路，并涌现出一批具有创新活力的企业，带领我国企业向高质量发展演变。

然而我国市场经济起步较晚，大多数企业特别是中小企业起点低，发展慢。大部分企业仍处于产业链的低端，从事的多是传统制造业和服务业等竞争性相对较弱的行业。这些企业长期依靠低成本、低层次模仿和代加工等生存，产品技术含量低，研发投入不足，产品和服务缺乏创新性，难以形成企业的核心竞争力和自主品牌优势。此外，企业发展过程中还存在先污染后治理、生产安全和产品安全等问题。这些问题导致我国多数企业发展乏力且寿命短。民营企业界一直流传着"富不过三代"甚至"富不过二代"的"魔咒"。存活下来的大部分企业，特别是改革开放之初创立起来的企业，经过一定程度的原始积累和规模扩张后，面临的主要挑战是如何推动企业创新，激发发展活力和提高竞争力，实现"凤凰涅槃"。企业家在企业发展过程中担负着重要的经营决策责任。因此，培养优秀企业家以促进企业持续健康发展并走向国际市场，是当前我国经济发展迫在眉睫的重任。

（2）"两个健康"发展对企业家精神内涵提出了新的要求。

改革开放以来，随着非公有制经济的快速发展，非公有制经济领域逐渐成为统战工作的重要方面，统战工作对于非公有制经济的指导思想也从"一个健康"逐渐演变为"两个健康"。1982年2月中共中央办公厅、国务院办公厅在转发中央统战部的文件中首次提出"要进一步调整政策，改革制度，以利于集体经济和个体经济的健康发展"。1989年3月中央统战部明确提出"开展私营企业统战工作的指导思想是：鼓励、引导私营企业健康发展；团结、教育私营企业者，为繁荣社会主义商品经济服务"。1996年1月的全国统战部长会议上，王兆国同志进一步强调了这一思想，指出"做好非公有制经济代表人士的思想政治工作，直接关系到党的经济体制改革伟大战略的实施，关系到非公有制经济的健康发展"。至此，"一个健康"即"非公有制经济健康发展"的提法正式确立，同时做好非公有制经济人士思想政治工作与非公有制经济健康发展间的密切联系也被揭示出来，成为"两个健康"提法的重要理论准备。

2000年12月，江泽民在第十九次全国统战工作会议上强调"着眼于非公有制经济健康发展和非公有制经济人士健康成长，帮助他们树立在党的领导下走建设有中国特色社会主义道路的信念"。王兆国同志在报告中将"引导非公有制经济人士健康成长，促进非公有制经济健康发展"列为今后统战工作的重要内容。此次会议首次将"非公有制经济人士健康成长"与"非公有制经济健康发展"并列提出，强调引导非公有制经济人士健康成长，促进非公有制经济健康发展，"两个健康"提法完善了非公有制经济领域统战工作的指导思想（蒋志敏，2013）。

民营经济在快速发展的同时也面临"全球化"和"新常态"的考验。党的十八大召开后，党中央对非公有制经济和非公有制经济人士工作的重视程度进一步提高，着眼于实现"两个一百年"奋斗目标，党和政府对民营企业和民营企业家寄予了更高的期望。民营经济肩负着推动经济由高速增长转向高质量发展和实现转型升级的重任，党和政府希望更多的民营企业做大做强，走向国际市场，希望民营企业家做"爱国敬业、守法经营、创业创新、回报社会的典范，在推动实现中华民族伟大复兴中国梦的实践中谱写人生事业的华彩篇章"。党的十九大报告明确提出要促进非公有制经济健康发展和非公有制经济人士健康成长。"两个健康"是新时代非公有制经济领域统战工作的重点。随着党和政府对"两个健康"的持续关注，近年来"两个健康"也得到学界的青睐。

促进"两个健康"涉及重大的经济和政治问题，是统战部尤其是工商联的重要任务，各级人民政府要及时了解非公有制经济人士的利益诉求和思想状况，围绕凝聚发展共识和强化责任担当，找准企业科学发展和企业家思想政治工作的结合点，推动企业可持续发展（庄聪生，2012）。非公有制经济人士健康成长重点在于教育好，非公有制经济健康发展重点在于服务好，党和政府应通过构建法律和制度框架，保障民营企业家的经济利益和政治利益的实现，塑造民营企业家的社会主义价值取向，推进"两个健康"（陈晓莉，2014）。民营企业健康发展需要民营企业实施转型升级和承担社会责任，需要民营企业家有较强的政治认同感、政治参与度和理性的政治预期（肖良存，2015）。全哲洙同志在浙江调研期间提出"两个健康"是不可分割的整体，对非公有制经济人士的教育最终要落实到促进非公有制经济的健康发展上，非公有制经济健康发展过程中要不断促进非公有制经济人士健康成长，提升其综合素质。"两个健康"具有辩证统一的关系，二者目标一致，应被看作一个整体，非公有制经济人士健康成长评价标准不能忽略企业发展状况；民营企业健康发展的评价标准不仅要看其发展规模，还要看企业主是否诚信守法及其社会责任是否履行（祝远娟，2013）。企业家的素质和能力是民营企业参与市场竞争的核心竞争力，也是民营企业健康发展的重要基础与前提，激发企业家精神是推动"两个健康"的着力点（诸芳，2017）。中共中央、国务院提出要营造有利于企业家健康成长的营商环境，激发和保护企业家精神，发挥企业家主体作用，提高企业家创新创造活力，提升民营企业核心竞争力，促进民营企业健康成长。

随着"两个健康"的不断发展，中国市场经济发展对企业家精神的要求在不断演化。改革开放初期涌现出的优秀企业家充分展示了敢为人先的冒险精神和对机会的警觉性及捕捉能力。这一时期的企业家精神充分契合了经济学家柯兹纳（Kirzner）提出的警觉型冒险性的企业家创业精神①，该时期的创业活动以简单复制模仿为主，其特点是投入低、见效快，能快速填补市场需求的重大缺口。冒险性企业家精神的示范作用吸引了众多商人投身商品经济活动，促进了中国市场经济的快速发展。但是该时期的粗放型发展模式存在资源利用效率低、技术水平低、经济效益低以及缺乏创新性的"三低一缺乏"问题。之后，随着现代公司制度的广泛应用和信息技术的快速发展，任正非、马云、马化腾等一批具有探索精神的企业家涌现出来。他们一定程度上影响了中国的商业文明和商业生态体系，加快推进了中国市场秩序的建立。该时期的企业家表现出较强的开拓进取、开放创新和探索新市场机会的锐意进取精神，其创业活动多以机会型创业为主，并开始重视创新与融合利用国内国际市场机会。

新时代是一个需要企业家的时代，更是一个呼唤企业家精神的时代。党的十八大以来，国家大力推进"大众创新，万众创业"的"双创"活动，中共中央、国务院先后发布了《关于营造企业家健康成长环境弘扬优秀企业家精神更好发挥企业家作用的意见》和《关于促进中小企业健康发展的指导意见》。党的十九大再次强调企业家精神的价值和地位，明确提出加快建设创新型国家的战略目标。随着各种政策和支撑平台的相继推出，中国创新创业环境持续改善，正在形成浓厚的创新创业社会氛围，同时也诞生了一批具有创新意识和全球视野的新型企业家，如独角兽企业商汤科技的联合创始人徐立、隐形冠军企业大疆创新的创始人汪滔等，熊彼特式的企业家创新精神在这些企业家身上得以充分体现。许多创业活动也逐步转变为创新型创业活动，企业开始重视原创性技术投入和基础创新活动发展。然而目前中国大多数企业是中小民营企业，企业所有人集管理者和所有者于一身。大多数企业所有人趋利性较强，仅关注利润，并盲目向赚钱快的领域扩展。部分企业所有人存在患得患失、安于现状、捞一把就走人的短视思想和行为，缺乏造就民族品牌和成就民族事业的责任担当，甚至存在不履行合同、做虚假广告等诚信问题，以及携资外逃、跑路、涉黑涉恶、官商勾结等违法乱纪行为。因此，新时代推进我国企业高质量发展亟须明确企业家精神新的内涵，弘扬以诚信为道德底线的企业家精神。

（3）弘扬优秀企业家精神、促进企业健康成长对营商环境优化提出了

新的挑战。

社会主义改造完成后中国经济实现了完全国有化，非公有制经济比重几乎为零。为推动国民经济发展，1978 年党的十一届三中全会做出实行改革开放的决策。为解决城市就业问题，国家允许闲散劳动力从事修理、服务和手工制作等个体劳动，城市个体经济开始出现；为解决农民吃饭问题，政府默许了源于小岗村的农村家庭联产承包责任制，促进了农村个体经济的发展，为中国民营企业的萌发提供了机会。随着改革开放的不断深入，部分城乡个体经济通过规模化经营逐步成长为私营企业。虽然此时民营企业的合法地位尚未正式确立，但是民营企业已经开始发展。1979 年中国第一家民营企业"上海市工商界爱国建设公司"获得批准成立，1980 年中国第一家中外合资企业"中国迅达电梯有限公司上海电梯厂"获得批准成立。1988 年我国宪法修正案提出私营经济是社会主义公有制经济的补充，允许私有经济在法律许可范围内生存和发展，私营经济的合法的权利和利益受到国家保护。同年国务院颁布《中华人民共和国私营企业暂行条例》，确立了私营企业的合法地位。中国私营企业自 1989 年开始有了登记记录。有登记以来，中国私营企业一直保持不同程度的增长。

1992 年，邓小平的南方谈话进一步提振了私营企业家和个体户的信心，推动民营企业进入发展新阶段。党的十四大明确了建立社会主义市场经济体制的目标。党的十五大提出非公有制经济是社会主义市场经济的重要组成部分，对满足人民日益多样化的消费需要，增加就业和促进国民经济发展起着重要作用。民营企业的作用再次得到官方肯定。民营企业营商环境变得更加宽松，政策环境和舆论氛围变得更加良好。在改革开放和市场经济的推动下，全国上下掀起一股下海创业的浪潮，民营企业得以蓬勃发展。在民营经济重生和发展的同时，市场环境也在不断改善。从 1994 年开始，中国在金融、外汇管理、财税、社会保障体系、企业制度等方面进行了一系列改革，21 世纪初社会主义市场经济体制初步建立。2001 年中国加入 WTO（世界贸易组织），随后对发展战略进行重大调整，为融入世界经济体系，以市场主导促进对外开放。自 1992 年起私营企业增加值连续保持 13 年的高速增长，年均增速超过 30%，其中 1993—1995 年增速超过50%，13 年间私营企业增加值增长了 28.83 倍。

2004 年以后，由于各种原因，一些行业和领域的进入门槛提高，民营企业在实际发展过程中面临诸多"无形"障碍，包括国企和民企受到的区别对待，国企行业受垄断保护而给民营企业带来的障碍，民营企业在市场准入方面面临的"玻璃门"障碍。另外，受国际金融危机和欧洲债务危机及国内经济下行压力增大、融资困难和税务负担偏重等的影响，2008年后的一段时期，我国总体营商环境较差，大部分私营企业规模较小，抗风险能力弱，私营企业存在高出生率和高死亡率的问题。在此期间私营企业增加值增速放缓。为推动民营企业的快速发展，党和政府继续深化改革开放，出台一系列放宽非公有制经济市场准入条件的措施，从制度和政策上破除影响私营企业发展的机制和体制障碍，推进依法公平竞争的体制环境建设，加强现代化市场体系建设。私营企业营商制度软环境持续向好，但是在完全打破各种"玻璃门""弹簧门""旋转门"，放松市场准入限制，改善营商环境等方面，依然存在很大困难。

党的十八大以来，党和政府高度重视民营企业的发展，出台了大量支持民营企业发展的方针、政策，并加大改革力度。为激发民营企业发展活力和创造力，党和政府提出完善产权保护制度，加强对民营企业产权和民营企业家权益的保护，公平对待国有企业和民营企业，制定市场准入负面清单，清理有违公平的法律条款；清理规范中介组织，公布政府权力和责任清单，有效解决"不作为""不敢为""乱作为""胡作为"的问题；废除不合理规定，消除隐性壁垒，简政放权、放管结合、优化服务（"放管服"改革），减轻企业经济负担和提高政府部门办事效率。民营企业营商环境得到较大改善。2014—2016年私营企业连续3年保持20%以上增速，2014—2018年新设私营企业占全部市场主体总数超过70%。2016年以来，受国内外环境影响，私营企业增长速度回落，部分私营企业出现生存困难甚至关停的现象。工商系统推行包括注册资本认缴登记制、"先照后证"、"多证合一"、"证照分离"、年报公示、简易登记和注销流程、电子化登记等在内的商事制度改革，进一步夯实市场经济体制的制度基础，提高营商便利度，催生民众"双创"热情。自2015年以来，我国新设企业开业率一直保持在90%以上，民营企业营商环境得到进一步优化。

营商环境是地区软实力的重要表现，是地区综合竞争力的直接衡量指标。地方政府以优化营商环境为推动区域经济发展和参与政府竞争的重要途径。营商环境直接关系到市场主体的健康成长。世界银行在2018年的《营商环境报告》中指出，良好的营商环境可以贡献0.3%的投资增长率和0.36%的GDP（国内生产总值）增长率。在国际市场竞争日益激烈和我国经济增速放缓的大背景下，营商环境优化是企业转型升级和寻求弯道超车的关键。改革开放以来我国营商环境不断改善，私营企业持续增长，体现出了强劲的增长势头（见图 1-1）。

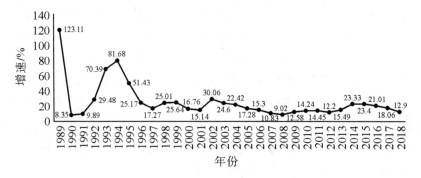

图 1-1　1989—2018 年私营企业增长速度

数据来源：国家统计局官网。

营商环境对企业发展至关重要，是扶持和推动企业健康成长的关键因素。党的十八大以来，习近平总书记对优化营商环境给予了高度重视，明确提出优化营商环境，构建"亲""清"的新型政商关系，降低企业经营的制度性交易成本，让企业家放心开办和经营企业。国家每年都在部署营商环境优化工作，释放企业发展活力，推动企业健康发展。在政府各部门的高度重视下，我国营商环境持续改善。表 1-1 是 2012—2019 年世界银行发布的历年《营商环境报告》中的我国营商环境评价结果。自 2013 年以来我国营商环境排名持续上升，营商环境不断优化。2019 年中国营商环境在全球 190 个经济体中排名 31 位，跃居世界前 40 位，较 2012 年提升 60 位，表明我国营商环境优化初见成效，这也大大提振了民营企业家的投资信心。

表 1-1　2012—2019 年中国营商环境及国际排名

年份	营商便利度	排名	经济体总数/个
2012	50.00	91	185
2013	60.90	96	189
2014	62.58	90	189
2015	62.93	84	189
2016	64.28	78	190

表1-1（续）

年份	营商便利度	排名	经济体总数/个
2017	65.29	78	190
2018	73.64	46	190
2019	77.90	31	190

数据来源：世界银行2013—2020年的《营商环境报告》。

虽然中国营商环境得到持续改善，但是问题依然严峻。金融市场发展滞后，企业生存和转型升级面临资金瓶颈。私营企业受到不公平对待，存在融资困难和融资成本高等问题。80%的私营企业倒闭是因融不到资金导致资金链断裂，而且私企贷款利率平均比国企高1%左右。另外，行业管制、产业政策、市场准入政策等导致私营企业面临不公平竞争，地方政府拥有的行政自由裁量权使企业普遍面临较强的政府干预，产能过剩和总体经济下行导致企业面临经营困难。这些体制和市场问题导致过去被经济高速增长所掩盖的制度性交易成本问题凸显。另外，政策缺乏稳定性使私营企业和企业家权益面临较大的不确定性。经济转型期亟待以优化营商环境激发企业家发展动力和企业发展活力，推动经济高质量发展。新时代，弘扬优秀企业家精神，推动企业健康成长再次将营商环境优化推到新的高度，并成为理论界和实务界关注的热点。

2. 理论背景

（1）企业家精神理论有待进一步发展，企业家精神与企业成长的关系尚需进一步研究。

企业成长的相关研究主要聚焦于影响企业发展动力的内外因素，探讨企业长期可持续发展的内外机制。企业成长最终体现为绩效和能力的同步提升，企业成长动力问题，也即企业如何获得成长绩效和成长能力，是战略管理领域研究的核心问题。众多学者从不同角度对企业成长进行了有益探讨。经济领域的学者多数认为企业成长是需求变化、技术发展、产业因素等外在因素驱动的，企业成长取决于企业所处的外部环境。该理论的一个重要缺陷是仅从企业外部寻找企业成长的驱动力，将企业家等企业内部因素封装在企业这个研究单元之内。管理领域的学者多从企业内部寻找企业成长的动力，大体上分为资源基础学派和能力基础学派两个派系。无论是资源基础学派还是能力基础学派，均强调企业家在企业成长过程中的不可替代性。企业家精神既是企业成长的基础资源，也是企业成长的能力之源。企业家精神是资源基础理论和能力基础理论的重要链接，是对企业成长的重要的内在解释。

许多学者对企业家精神的内涵、成因及其影响因素进行了探讨，为企业家精神的相关研究奠定了坚实的理论基础。国内外学者已经从理论和实证角度形成了企业家精神对企业成长影响的较为成熟且观点鲜明的结论，即企业家精神能够促进企业成长。虽然有关企业家精神与企业成长间关系的研究比较丰富，但是企业家精神理论的杰出代表鲍莫尔断言，学界有关企业家精神的研究刚刚起步，仍然需要对其进行深入探究①。由此可见，企业家精神尚有较大的研究空间。另外，国内外学者有关企业家精神的研究多集中于探讨初创企业或者中小企业的企业家精神。但是，无论是格雷纳（1967）的企业成长五次危机，迈克尔（1996）的"企先生""经先生""技先生"三种心态的均衡，还是厄威克·弗莱姆兹（1998）的"增长的痛苦"都表明，随着企业由小变大，管理重心的转移可能会导致企业家精神的丧失，试图恢复和强化企业家精神是企业"增长的痛苦"的根本原因。伴随组织壮大的企业家精神的被扼杀，将导致企业无力承受来自新市场突破式创新的颠覆式威胁，即著名的"创新者的窘境"，这种困境被认为是大企业倒闭的根源。企业家精神在企业成长的全生命周期中都发挥着重要作用，因而有关企业家精神的研究应该扩展到大企业。虽然少数学者的研究不局限于中小企业②③，但是尚需结合当前弘扬优秀企业家精神的发展要求，进一步剖析企业家精神影响企业成长的内在机制。

（2）企业家精神对企业成长影响的中介因素有待进一步探索。

虽然许多学者已经对企业家精神与企业成长间的关系进行了深入研究，但是有关企业家精神与企业成长间关系的中介因素的探讨较为欠缺。目前学者集中关注动态能力、创新能力、组织能力等企业能力因素在企业家精神与企业成长间的中介机制，鲜有学者探究企业家精神通过企业行为转化为企业成长的内在机制。企业家精神的核心是创新精神，创新精神是企业创新的重要前置因素。有关企业家精神的研究通常以企业创新投入作

① BAUMOL W. Entrepreneurship: productive, unproductive, and destructive [J]. Journal of political economy, 1990, 98 (5): 893-921.

② 伍刚. 企业家创新精神与企业成长 [D]. 武汉: 华中科技大学, 2012.

③ 刘畅. 创新生态系统视角下企业家精神对创新绩效的影响关系研究 [D]. 长春: 吉林大学, 2019.

为企业家精神的代理变量,并将二者间的关系看成一种必然,而鲜有相关的实证研究。这种处理方式虽然有其合理性,但是也可能导致企业家精神与企业成长间的理论研究和实证分析具有不一致性,因为企业创新对企业成长并不总是起正向促进作用[1][2],过度创新可能对企业成长起阻碍作用[3][4]。另外,以企业创新投入为企业家精神的代理变量,虽然能够体现企业家精神的核心内涵,但是企业家精神作为企业家个人的价值观和行为倾向,能否顺利转化为企业的创新活动还需要相应的实践检验。因此,有必要从理论和实证的角度论证企业家精神驱动企业创新,进而推动企业持续成长的内在机制,揭示企业创新在企业家精神与企业成长间的中介作用。另外,本书关注的是企业家精神,属于企业家个人层面。个人层面的企业家精神转化为公司层面的企业行为,还需要相应的转化机制,这种转化能否顺利完成还有待进一步检验。

(3)企业家精神发挥作用的调节因素有待进一步明确。

现有研究多从企业内外寻找企业家精神发挥作用的调节因素。企业内部因素包括公司治理、激励机制、文化氛围、高管特征、企业家社会资本、领导风格等。企业外部因素包括制度环境[5]、市场环境[6]、金融市场环境[7]、市场竞争水平[8]以及环境不确定性[9]等。营商环境是企业家精神发挥

① BAPTISTA R, KARAOZ M. Turbu lencein growing and declining industries [J]. Small business economics, 2011, 249-270.

② 张柃兴, 方小军, 李京. 创业板上市公司研发投入对成长性的影响研究:基于股权结构的调节作用 [J]. 科技管理研究, 2017, 37 (8):143-149.

③ NUNESA P, SERRASQUEIROA Z, LEITAOC J. Is there a linear relationship between R&D intensity and growth? Empirical evidence of Non-High-Tech vs. High-Tech SMEs [J]. Research policy, 2012, 41:36-53.

④ 张振刚, 姚聪, 余传鹏. 管理创新实施对中小企业成长的"双刃剑"作用 [J]. 科学学研究, 2018, 36 (7):1325-1333.

⑤ 李倩, 邹国庆, 郭杰. 转型经济下的公司企业家精神与企业绩效:制度环境与技术型高管的调节作用 [J]. 山东社会科学, 2019 (5):143-148.

⑥ 袁晓玲, 李政大, 白天元. 基于市场环境调节的企业家精神与 EVA 绩效研究 [J]. 西安交通大学学报 (社会科学版), 2012, 32 (3):36-42.

⑦ 龙海军. 制度环境对企业家精神配置的影响:金融市场的调节作用 [J]. 科技进步与对策, 2017, 34 (7):94-99.

⑧ 刘鑫, 蒋春燕. 网络构建导向的人力资源实践对企业家精神行为的影响:吸收能力的与不正当竞争视角 [J]. 科学学与科学技术管理, 2016, 37 (10):107-118.

⑨ 陈伟. 转型经济中公司企业家精神与企业绩效的实证研究:环境不确定性的调节作用 [D]. 南京:南京大学, 2011.

的重要外在边界。营商环境是伴随企业开办和运营整个过程的外部环境的综合。现有研究大多仅关注营商环境的一个或几个方面，例如产权结构、金融制度、市场化水平、法治水平、政治关联、政府管制、产权保护等，却鲜有综合探讨营商环境对企业家精神产生影响的情景条件，难以展示营商环境对企业家精神影响的全貌。因此，有必要探讨营商环境这个综合性因素对企业家精神发挥作用的调节效应，为优化营商环境、激发企业家精神提供理论指导。

虽然许多学者已经对企业家精神、企业创新与企业成长相关问题进行了研究，但是与当前弘扬优秀企业家精神推动企业高质量发展的实践要求仍有一定的距离。有关企业家精神的研究已从中小企业的企业家创业精神向成熟企业的企业家精神方向发展。然而，无论成熟企业还是中小企业，企业家精神的承载者都应该是企业家。当前弘扬优秀企业家精神的战略不仅需要激发企业家的创新精神和冒险精神，而且需要激发企业家的责任担当意识、家国情怀等精神品质，并且该战略对企业家提出了遵纪守法和诚信经营的基本要求，这一工作的重点也是企业家。因此，无论是从企业家精神的根源还是从推动经济高质量发展的战略要求出发，企业家精神的研究都应该重新回归到企业家自身。企业家本人的企业家精神不能等同于成熟企业的企业家精神的创新性、冒险性、主动性等行为偏好，也不能等同于创业者的洞察力、风险偏好以及饱满的创业热情等企业家特质，而是企业家的价值观念和行为倾向性的集中体现。企业家精神不仅包括敏锐的机会洞察力、积极探索的创新热情、敢于承担风险的担当，而且包括积极主动探索创新的一系列行为。当前我国经济高质量发展的战略对企业家精神的内涵提出了新的要求，要求企业家在遵守市场经济规则的前提下合法、诚信经营企业，因此我们有必要结合经济转型发展的时代要求对企业家精神展开深入研究。另外，虽然相关研究支持了企业家精神对创新的直接推动意义，以及企业创新对企业成长的重要影响，但是不同于以往有关企业家创业精神与企业创建之间，以及成熟企业的企业家精神与企业创新行为之间的直接推动关系，企业家个人的价值观念和行为倾向能否成功转化为企业的创新行为，并通过企业创新行为和创新成果推动企业成长和高质量发展，这一实践问题还有待进一步从理论和实证角度进行论证。企业作为一个开放性系统，无论是企业家的行为还是企业的行为，都被置于外部环境之中，外部环境对其产生重要影响。在弘扬优秀企业家精神、推动经济高质量发展的战略要求下,各地区大力优化营商环境、提高经济发展质量,然而这些举措的经济效果有待进一步检验,因此本书将营商环境作为调节变量纳入研究模型。鉴于此,本书以企业家精神为切入点,结合企业成长理论、创新理论和开放系统理论等,遵循制度效应—影响因素—影响路径—影响效果的基本分析框架,拟将营商环境—企业家精神—企业创新—企业成长整合到一个研究框架中,在厘清企业家精神基本概念和维度的基础上,以更加具体的方式对企业家精神、企业创新进行描述和测量。本书采用理论研究和实证研究相结合的研究方法揭示营商环境、企业家精神、企业创新和企业成长的内在联系,并结合理论研究和实证研究结果,从企业家精神、企业创新和营商环境三个角度提出推动企业健康成长的对策建议,以期对企业管理和优化营商环境的实践发挥作用。

(二)研究意义

1. 理论意义

(1)夯实企业家精神研究的理论基础。企业家精神是一个社会学、伦理学、经济学和管理学的交叉性研究课题,存在较大的理论基础空间。企业家精神与企业成长的关系问题一直是学术界关注的焦点,约瑟夫·熊彼特(Joseph Alois Schumpeter)和彼得·德鲁克(Peter F. Drucker)等众多学者从多个角度对此进行了深入探讨。虽然企业家精神的研究范围较为广泛,但是企业家精神具有一定的时代特征。我国处于转型发展时期,有着区别于西方市场经济的企业家精神诉求,但是目前国内学者普遍直接引用西方学者界定的企业家精神内涵,而缺乏对本土实际因素的思考。本书结合新时代对中国企业家提出的新要求,从创新精神、风险承担精神和契约精神三个维度构建具有本土特征的企业家精神内涵,不仅丰富了企业家精神的理论基础,而且契合新时代我国市场经济发展对于企业家责任担当意识的高度呼吁。另外,随着社会的进步和科技的发展,企业成长所必备的资源和能力也在时刻发生变化,因此有必要再次研究企业家精神与企业成长间的关系,分析其新的逻辑内涵,夯实企业家精神研究的理论基础,并与后续理论和实证研究产生对话和互动。

(2)揭示企业家精神转化为企业行动和经济效果的内在路径和外在条件。虽然许多学者对企业家精神与企业成长间的关系展开了丰富的研究,也有部分学者在彭罗斯的资源—能力—经济效果理论的支撑下,从不同角度探讨企业能力在企业家精神与企业成长间的中介作用;然而企业家精神对企业成长的推动必须通过具体的企业行为才能实现，创新是企业成长的重要行为模式，是企业家精神推动企业高质量发展的重要桥梁。因此，有必要探讨企业家精神如何通过企业创新行为转化为企业成长，及其转化的边界条件。基于此，本书在对企业家精神与企业创新的关系以及企业创新与企业成长的关系进行分析的基础上，探讨企业家精神如何转化为企业创新行为，及其如何通过企业创新的中介作用转化为企业成长的"黑箱"，同时揭示营商环境对该作用机制的影响，从而完善企业家精神向企业成长转换的内在路径和外在条件。

2. 实践意义

（1）为弘扬企业家精神，及推动企业转型升级和高质量发展提供理论依据。不同企业的成长路径存在较大差异，有些企业能够快速成长为行业领袖，而有些企业却利润微薄甚至只能勉强维持生存。企业家对企业资源拥有绝对的控制权和决策权。企业成长形态的这些差异性与企业家这一要素密切相关。企业家不仅决定着企业的资源使用效率，而且决定着企业的发展方向甚至生死。企业家进行经营决策时往往根据自身对内外环境的判断相机而动，企业家精神在企业家决策过程中起着重要的引导作用，企业家精神的差异性是企业成长路径差异的重要内因。本书正是基于这一思考，以及新时代弘扬优秀企业家精神推动经济高质量发展的战略需求，着重分析企业家精神如何通过企业创新推动企业成长，帮助企业家厘清自身因素对企业创新成长的影响，为实现企业转型升级和高质量发展提供理论依据。

（2）为优化营商环境、培育优秀企业家精神和推动企业健康成长提供理论指导。随着我国经济的快速发展，营商环境已经成为经济发展的重要瓶颈。作为企业经营的代理人，企业家是企业与外部环境互动的重要桥梁。企业家精神的作用发挥受到外部环境的重要影响。新时代各地区都在大力优化营商环境，培育优秀企业家精神，推动企业健康成长。基于此，本书结合本土情景从创新精神、风险承担精神和契约精神三个维度对企业家精神进行重新界定，并探讨营商环境对企业家精神与企业成长间关系的调节效应，从而为优化营商环境、弘扬优秀企业家精神、促进企业健康成长提供理论依据。创新是企业家精神发挥作用的重要中介，也是企业转型升级的重要途径，本书通过分析营商环境如何调节企业创新在企业家精神与企业成长间的中介作用，探讨企业家精神通过企业创新影响企业成长的边界条件，为优化营商环境、推动企业转型升级提供重要的理论依据。

二、研究内容与技术路线

本书围绕创新，将企业家精神、企业创新、企业成长和营商环境整合到一个研究框架中，依据企业家精神—企业行为—经济效果这一逻辑思路，采用理论和实证相结合的方法探讨企业家精神对企业成长的影响，并探讨企业创新在二者间所起的中介作用和营商环境的调节作用，揭示企业家精神影响企业成长的内在机理和外在条件，为更好地发挥企业家精神从而推动企业转型升级提供理论依据，为优化营商环境从而促进企业高质量发展提供经验指导。本书主要分为理论研究、实证研究、对策建议三个模块。

1. 理论研究

第一，分析和整理企业家精神、企业创新、企业成长和营商环境的相关文献，梳理基本概念及其相互关系。企业家精神的讨论从 18 世纪持续到 21 世纪，从心理学、经济学到管理学，学者们始终无从寻得一条定义企业家精神内涵的一致性思路，企业家精神的概念至今仍较为模糊。本书在相关文献基础上，对研究涉及的企业家精神、企业创新、企业成长、营商环境等重要概念及其相互关系的文献进行梳理和回顾，为本书的研究奠定坚实的理论基础。

第二，探讨企业家精神对企业成长影响的内在机理。企业家处于社会大系统之中，企业家精神是企业家个人素质在外部环境影响下形成的价值观念和行为倾向的综合表现，因此有关企业家精神的研究应体现出鲜明的时代特征。中国经济正处于转型升级的关键时期，本土情景下企业家精神的形成受到内外因素的共同影响。本书首先从价值观念和行为倾向性两方面界定企业家精神的内涵，并探讨企业家精神形成的内外因素，在此基础上从机会识别和资源整合两个视角分析企业家精神对企业成长的影响机理。

第三，探讨企业创新在企业家精神与企业成长间的中介作用。企业家精神在企业成长过程中，主要通过企业的创新行为得以展现。本书首先在创造力理论基础上，分析个人层面的企业家精神如何转化为企业层面的企业创新行为，并进一步分析企业创新对企业成长的影响，在此基础上提出企业创新是企业家精神与企业成长间的重要中介因素，揭示企业家精神影响企业成长的间接路径。

第四，分析营商环境对企业家精神发挥作用的调节效应。营商环境是企业成长的外在环境综合。作为一个开放性系统，企业成长对外部环境存在严重的资源依赖。企业家的决策是在对内外资源和环境进行综合评价的基础上做出的，营商环境对企业家决策有着重要的影响，从而影响企业家精神发挥作用的经济效果。本书基于开放性系统理论，从"合法性"策略、资源策略和企业家报酬结构三方面揭示营商环境对企业家精神发挥作用的调节效应。

2. 实证研究

第一，构建概念模型并提出研究假设。本书结合理论分析构建企业家精神、企业创新、企业成长与营商环境等主要变量间关系的理论模型，并在理论分析基础上，结合本土情景，从创新精神、风险承担精神和契约精神三个维度界定企业家精神，从技术创新和商业模式创新两个维度界定企业创新，并提出各变量细分维度间关系的研究假设。

第二，量表设计、问卷设计与数据收集。笔者从创新精神、风险承担精神和契约精神三个维度对企业家精神进行量化测量，从技术创新和商业模式创新两个维度对企业创新进行量化测量，并从经济价值、社会价值和能力提升三个方面综合评价企业成长。笔者借鉴相关学者的研究，按照规范流程设计调查问卷，并采用调查问卷进行数据收集，对收集到的一手数据采用 SPSS25.0 和 AMOS7.0 软件进行信度和效度分析，检验样本数据的有效性，为假设检验奠定基础。

第三，假设检验与结果讨论。首先，本书对样本数据进行相关性分析，初步判断各变量间的关系，并采用线性回归分析检验企业家精神各维度、企业创新各维度和企业成长间的直接关系，并对比这种作用的产权性质差异性；其次，本书采用 Bootstrap 法检验技术创新和商业模式创新对企业家精神各维度与企业成长间关系的中介作用，并对比这种作用的产权性质差异性；再次，本书采用 Bootstrap 法检验营商环境对企业家精神各维度与企业成长间关系的调节效应，以及对技术创新和商业模式创新中介作用的调节效应；最后，本书对实证检验结果与研究假设不一致的方面进行进一步的讨论。

3. 对策建议

本书结合理论研究和实证研究结果，从企业家精神、企业创新和营商环境三个方面提出推动企业健康成长的对策建议。第一，从弘扬企业家精神的角度提出推动企业健康成长的对策建议。本书提出企业家应该注重自身修炼，增强企业家精神，并积极发挥企业家创新精神、风险承担精神和契约精神，推动企业高质量发展。第二，从推动企业创新的角度提出推动企业健康成长的对策建议。本书从技术创新和商业模式创新两个方面提出企业应该积极从变化和问题中寻找创新机会，不断进行技术、产品和业务流程优化，提高产品和服务质量，提高工作效率。第三，从优化营商环境的角度提出推动企业健康成长的对策建议。本书从优化市场环境和社会环境、完善法律法规的角度，提出优化营商环境、激发企业家精神的对策建议。

本书的技术路线如图 1-2 所示。

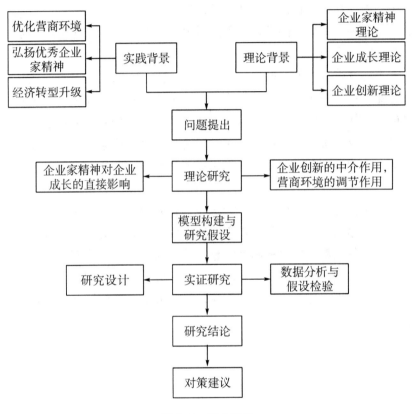

图 1-2　技术路线

三、研究方法

1. 文献研究法

本书主要的资料来源是学校图书馆的期刊、图书、其他电子资料及谷歌学术数据库等。本书通过多种途径尽可能多地搜索相关文献，并对海量文献进行分类整理和归纳研究。本书通过文献研究梳理企业家精神、企业创新、企业成长和营商环境的关键维度及相关研究结论，归纳相关研究的主要理论以及采用的主要研究方法。文献梳理为本书研究提供了重要的理论依据和方法论基础，并形成了本书的主要研究思路。

2. 调查研究法

访谈和问卷调查是社会学研究的常用工具，也是实证研究获取一手数据的重要途径。笔者在文献研究和专家讨论的基础上，设计预调查问卷，采用预调查问卷进行预调研，结合预调研结果修订并完善问卷，形成正式调查问卷，并采用最终问卷进行大范围调查，收集实证研究所需数据。

3. 理论分析法

本书在文献梳理的基础上，从理论上分析企业家精神对企业成长的影响、企业家精神对企业创新的影响，以及企业创新对企业成长的影响。在此基础上，本书分析企业创新对企业家精神与企业成长间关系的中介作用，并在开放系统理论的指导下探讨营商环境对企业家精神发挥作用的调节效应，为构建概念模型并进行实证研究奠定坚实的理论基础。

4. 实证研究法

笔者结合理论分析构建企业家精神、企业创新、企业成长和营商环境间关系的概念模型，并对各主要变量进行维度划分，提出细分维度的研究假设，设计各变量的量表和调查问卷，采用问卷收集企业基本信息、企业家基本信息、企业家精神、企业创新和企业成长相关数据，并对数据进行信度和效度分析，分析量表的有效性，然后采用一手数据匹配营商环境进行假设检验，得出研究结论。

第二章　理论基础与文献综述

企业成长是一个永恒的研究主体，诸多学者从企业成长的内因、外因等方面展开了丰富的研究。下面依据本书研究重点，对企业成长的相关理论、企业家精神与企业成长的关系、企业创新与企业成长的关系以及营商环境对企业家精神的影响等方面进行文献梳理，为本书的理论和实证研究奠定基础。

第一节　理论基础

一、产权理论

（一）产权理论的产生与演变

奈特在对风险及与之关联的冒险和投机的研究中突出了产权对于制约冒险和机会主义的重要性，从而在风险和产权的关系上抓住了企业产权制度的核心：界定产权以明确权力和责任，从而克服机会主义行为和道德风险①。奈特的研究明确了企业产权对于制约冒险的必要性和重要性。康芒斯（1934）也提出，交易实际上是一种对契约的执行，但是作为一种秩序，契约不能保证完全自愿实施，必须依靠法律执行；交易的秩序保障是从法律上承认财产权利，核心是产权排他性的法律肯定。产权在法律上的明确界定是克服交易冲突和建立和谐交易秩序的基础。康芒斯强调产权制度对市场交易的关键作用，认为产权的法律界定和肯定是市场交易有效性和有序性的根本。奈特和康芒斯的研究是现代产权理论的必要准备。

---

① KNIGHT F. Risk, uncertainty and profit [J]. Social science electronic publishing, 1921 (4)：682 -690.

产权理论的系统研究始于20世纪30年代。科斯（1937）在其《企业的性质》一文中对经济运行背后的财产权利结构进行研究，提出交易成本理论。该理论认为交易成本的高低取决于产权界定是否清晰，产权边界越清晰，市场机制下的交易成本越低，否则越高。交易成本理论是现代产权理论的基础。进一步地，科斯（1960）在《社会成本研究》一文中探讨了产权结构在降低社会成本和克服市场失灵等外部性问题上的关键作用，提出产权制度是保障资源有效配置的必要条件。科斯的理论被后来的学者斯蒂格勒等概括为"科斯定理"。

继科斯之后，对产权理论发展影响较大的学者，有交易成本学派的代表威廉姆森、公共选择学派的代表布坎南、所有权学派的代表德姆塞茨和阿尔奇安、自由竞争学派的代表波斯纳和库特、比较产权学派的代表富鲁普顿和佩杰威齐等。在学者们的努力和相互争论下，产权理论在交易费用、委托代理、外部性、产权与分配、产权结构、产权与国家等领域得到快速发展，特别是在交易成本理论和委托代理理论方面。

1. 交易成本理论的进展

对科斯交易成本理论的研究主要表现为有关交易成本的定义、间接定价理论和资产专用性产生的不完全契约、机会主义和纵向一体化理论。

（1）交易成本的定义。

科斯之后，一些学者从不同角度对交易成本的定义进行了补充和扩展，丰富了其内涵，提高了交易成本理论对企业产权的解释能力。

首先是对交易成本的分类。一种分类方法是广义和狭义之分，广义交易成本泛指信息获取、交易谈判、合同履行所需的全部资源，狭义交易成本仅指履行合同所需的时间和成本[①]。另一种分类方法是按照时间先后顺序分为事前交易成本和事后交易成本。事前交易成本是指谈判、起草、保障落实合同的费用等交易发生前的成本，事后交易成本是指交易发生后的成本，包括当事人不履行契约、契约修改、司法纠纷等费用，以及维持长期稳定性交易关系的费用等。还有一种分类方法是根据产生交易成本的直接原因的主客观性分类，将交易成本划分为人性因素成本和交易环境因素成本。交易环境因素成本是指市场环境不确定性导致的交易成本，人性因素成本是当产权制度规定存在缺陷时，交易主体投机心理和有限理性等人

---

① 考特，尤伦. 法和经济学 [M]. 施少华，姜建强，等译. 上海：上海人民出版社，1994.

为因素导致的交易成本（Williamson，1975）。

其次是对交易成本内涵的强调。肯尼斯·阿罗等进一步强调交易成本是由制度摩擦特别是产权界定不清导致的各种摩擦产生的费用，是经济制度运行成本。诺思则强调信息成本的核心地位，即交易成本是由信息不对称性导致的，信息的高昂代价是交易成本的核心内容，包括衡量交易物品价值的成本、保护权利的成本、实施和监督契约的成本等。张五常强调交易成本是人们在普遍的社会交换关系中产生的费用，其前提是利益分歧，交易费用是克服和协调利益分歧的制度性成本，包括信息搜集成本、监督管理成本、制度变迁导致的成本。

（2）间接定价理论。

间接定价理论源于科斯的企业与市场的关系理论，"间接定价"是指要素所有者不直接参与市场交易而是通过企业间接地参与市场交易，由企业直接进入市场参与市场交易并确定交易价格。企业较之要素所有者直接参与市场交易，享有更低的交易成本。因此科斯认为企业制度是市场制度的某种替代，这种制度实际上是一种产权结构安排，因此也叫产权结构理论。

科斯的理论中未对这两种不同的产权结构存在的原因进行论证，张五常对此进行了较为清晰的解释。张五常认为市场和企业只是契约安排的不同方式。企业的本质是一种关于要素产权的交易，企业不能代替市场，无论企业间的产品交易还是企业内的要素交易都存在交易成本，企业间和企业内都有可能存在由产权界定不清导致的机会主义。杨小凯和黄有光（1998）则通过建立关于企业的一般均衡模型将企业产权内部结构和定价成本联系起来，将企业的均衡组织和交易效率联系起来，为交易效率提供了较为重要的产权结构因素方面的解释，使定价成本成为选择企业产权结构的重要依据。

（3）资产专用性、不完全契约、纵向一体化理论。

一些学者从资产专用性、合约的不完全性和纵向一体化视角来解释企业制度产生的原因，认为企业是连接生产环节间的不完全契约所需要的纵向一体化结果。这是对科斯产权理论的发展。

威廉姆森和克莱因在继承科斯关于企业是为了节约交易成本的思想的基础上，将资产专用性和因之而成的机会主义行为确定为产生交易成本的主要因素。如果交易过程中存在专用性投资，事后垄断会替代事前竞争，进而形成独占专用性资产准租金的机会主义行为，从而影响交易双方有关专用性资产的最优配置，而且交易谈判、合同缔约和履行难度增大，导致交易成本上升。此时，纵向一体化较之现货市场交易，可以有效降低交易成本。穆勒（Mueller）和非茨罗（Fitzroy）运用威廉姆森等人的方法，对由于资产专用性而产生的企业内部权力结构不对称性进行了有意义的探讨。不同要素进入和退出企业的交易成本不同，即其非流动性不同。非流动性是企业权力结构的决定性因素。如果各要素的非流动性相同，则企业内部的权利会平等分配；反之，权利会集中于非流动性强的要素所有者。非流动性强的要素具有专用性特征，这种专用性较强的要素直接参与市场交换，其价值的实现和交易较为困难，将其转化为企业内部要素进行组织更为有效。

继威廉姆森等人之后，格罗斯曼、莫尔、哈特等人进一步讨论了一体化的方式和条件，认为降低交易成本的关键是不同产权结构安排与不同类型一体化间交易成本的比较，而非企业一体化和市场交易的交易成本的比较，关键是寻找最优的一体化方式。最优的一体化应该是将要素剩余索取权及其风险责任和对公司的控制权交予投资决策中最重要的一方。换句话说，一体化的前提是要素产权各方的投资决策重要性不同，这种情况下才能一体化，如果其投资决策重要性一样就没有必要一体化。瑞奥登（Riordan）认为信息不对称性导致的市场直接交易成本和产权结构激励缺乏导致的企业内部交易成本间，具有比较和替代作用，选择市场直接购买还是一体化的关键是市场制度和企业制度的产权结构交易成本的比较。这种比较一般取决于所有者对产品价值的评价和成本函数对管理者激励的敏感度。当所有者认为产品更有价值，而对成本函数不敏感时，采取纵向一体化比直接进行市场交易更有效。

2. 委托代理理论的进展

一些学者将企业产权制度应用于交易成本理论上，主要表现为市场制度和纵向一体化的企业制度的交易成本的比较和选择。同时另一些学者则专注于在横向一体化视角下分析企业内部的产权结构。

这些学者从横向一体化的分析中，考察企业内部的产权结构。这种关于企业内部产权结构的研究最富代表性的成果体现在如下三个方面：一是威尔逊、斯彭斯和莫里斯、格罗斯曼和哈特等进行的委托—代理权力结构分析，这一理论分析集中研究出资者、管理者（包括董事会和经理）和工人三者之间的权力及制约关系。二是阿尔钦、德姆塞茨、泰勒尔、詹森（Jensen）、麦克林（Mecking）、斯蒂格勒和威斯（Weiss）等提出的团队生产及道德风险和代理成本理论。这一理论实际上运用市场交易成本方法来解释企业内部的监督成本，进而从企业产权构造上分析企业效率。三是哈里斯（Harris）和雷维夫（Raviv）等提出的证券设计理论，这是讨论公司中对公司的控制权与剩余索取权之间的结构关系的理论。该理论认为，证券制度的安排，应使公司的管理、支配权由承担风险、责任更多的人掌握。

科斯定理提出之后的产权思想的演变过程，表现出重返古典经济理论的倾向，即强调私有产权的独立性和交易自由的自愿性。但是这种重返对"看不见的手"运行的制度基础，即产权结构进行了深入考察。总结起来，产权理论的发展和补充都强调了三个方面：①产权界定清晰是市场交易和资源配置有效性的基础；②权力和责任的对称性是保证监督有效性的必要条件；③资本和有关产权的界定越严格，私有产权定义越纯粹，市场机制越有效。上述核心观点是西方学者在针对较为发达的西方资本与要素市场的研究中总结出来的西方产权理论。而运用当代西方产权理论分析中国经济的现象和问题，则需要融入中国国情。

（二）产权配置结构

产权是一组权利束，而非一个权利，从这个角度出发，部分学者将产权定义为所有权、使用权、收益权、转让权等。产权的界定与安排决定着资源的配置效率和内部交易成本，因此有必要明确产权边界，并确立有效的产权制度，明确规定产权束中各项权利的边界（产权配置结果），对产权关系进行规范化。产权配置结构即产权的权利束归谁所有，从根本上讲可以分为私有产权和公有产权。其中私有产权在西方经济学研究中一直占主导地位。公有产权是社会主义国家提倡的产权配置形式。随着我国改革开放的深化，混合所有制结构出现，并作为公有制和私有制的调节。它通过将私有产权融入公有产权，解决公有产权的非效率性问题。

1. 私有产权

私有产权最早由现代产权经济学创始人阿尔钦提出，他指出："产权是一个社会所强制实施的选择一种经济品的使用的权利。私有产权则是将这种权利分配给特定的人，它可以同附着在其他物品上的类似权利相交换。"从阿尔钦的观点来看，产权是本人对于其他人选择违背本人意愿的资源使用方式的一种防御，这种防御的权力对本人而言是产权；而私人产权是财产所有者在不影响他人私有产权的物质使用权的前提下，按照本人意愿使用财产或者转让本人私人财产的权力。

德姆塞斯认为个人对稀缺资源使用的控制权是私有产权制度的核心，这种控制权是可以出售和转让的。私有产权制度意味着必须得到财产所有者的同意才能影响其财产，并强调排他性权力在私有产权中的重要地位。本人对私有财产的所有权必须得到社会承认，且可以拒绝其他人使用该权利，即具有排他性，否则私有产权制度没有存在的意义。排他性权利保障最大化的收益权，使得个人能受到激励而采取最大化物品收益的方案，提高物品运用效率。

平乔维奇将私有产权与私有财产所有权等同起来，认为产权代表人与人之间的相互关系，是因物品的稀缺性和特定用途引发的人与人之间的关系。所有人必须遵守相应的行为准则（所有权），或者接受不遵守准则带来的处罚成本。平乔维奇进一步认为所有权包括使用权、交易权、处置权、收益权四个方面。

张五常进一步拓展了私有产权的内涵，较早地强调了自由和排他性的剩余收入索取权或者收益权是完整私有产权权利结构的重要内容，个人对资源排他性使用权利和从资源使用中获得收益的权利是相互依存的，收益获取权也应具有排他性，弱化资源使用的收益权会同时弱化资源使用的排他性权利。基于此，他认为财产的所有权、使用权的排他性、收益获取权的排他性、转让或让渡权四者统一起来才是私有产权的充分必要条件。其中，收入索取权的排他性是私有产权的重要因素，对收入索取权的限制会直接影响其他两种权利。

阿贝尔认为私有产权包括一切财产权利，例如所有权、使用权、管理权、收益权、处置权、免予剥夺的权利、转让权，以及失去资产而获得的权利、其他权利等。

2. 公有产权

学术界对于公有产权目前尚无完全一致的定义，甚至从来没有对其进行过规范意义的讨论。例如，阿尔钦和德姆塞茨用"公有权利"或"共同所有"代表公有产权，张五常和克拉克则用"公共财产权"代表公有产权。虽然他们所采用的称呼不同，但是这些称呼都指在一定范围内人们可以不被干涉地自由享用公共物品的权利，例如灯塔、公地等。同时一些学者赋予其非排他性权利和无自由转让权利的内涵，正是这两个内涵使公有产权与私有产权相对立而存在。

①非排他性权利。

阿尔钦和德姆塞斯认为公有产权是一组权利，包括对稀缺资源的使用权，但是不包括排除他人使用资源的权利。张五常也认为公有产权是指任何人都没有排他使用资源的权利和排他收益权。早在古罗马时期，《法学阶梯》就对公有产权的非排他性进行了说明，认为公有产权是一切人或团体都能自由地或者不被禁止地使用某一公共物品的权利。公有产权的非排他性特征已经得到广泛认可。

②无自由转让权。

转让权是私人产权的关键。张五常认为缺乏排他使用权就意味着任何人都没有权利用合约规定物品的用途或者排斥其他非合约人的使用，这种非签约权也就禁止其自由转让，即没有转让权。阿尔钦认为公有制的所有者没有权利出售财产中属于自己的权利，出售权是转让权的基本形式，如果没有出售权也就没有其他转让权利。

（三）产权界定与市场失灵

产权和市场是人与人之间财产关系的制度存在和运动方式。市场交易确切地说就是产权交易，因此市场机制对产权制度存在一系列要求，而产权结构缺陷必将在市场机制运行中表现出来。市场失灵的最重要原因是产权制度安排导致人们不愿、不会或者不能根据市场经济的要求去维持产权关系。

产权制度的特点导致的市场失灵表现为：产权界定过程中的信息不对称性、公共物品产权难以界定等引发的市场失灵。

1. 产权、信息不对称性和市场失灵

产权理论认为信息存在不对称性，而且获得信息需要支付代价，即交易成本。在产权制度视角下，信息不对称性可以分为两类，一类是交易双方所掌握的信息不对称，导致交易者对交易对象产权的了解和认识存在差异，进而导致市场失灵；另一类是产权运动过程中权利和责任的分离，即权利出让时责任未能同时转移，这种信息不对称性可能带来侵权行为或者道德风险。由于现实交易中总是会存在或多或少的信息不对称性，此类交易双方对交易物品产权信息的掌握的不对称性导致的市场失灵难以单纯依靠市场有效解决。

这类问题的一种解决办法是通过政府提供产品或者服务，由产品或服务的使用者直接支付或者政府对使用者征税的方式来解决。但是这种解决方式难免产生政府机构官员的代理行为，也可能存在道德风险，另外还可能会降低生产效率。因为政府并非市场竞争主体，其生产效率要低于自由竞争下企业的生产效率。另一种解决办法是通过法律法规规定对信息不对称领域的交易信息进行披露，要求产品或者服务提供者交易时必须向市场提供某些规定的信息，承诺质量保证或事后责任。

2. 产权、公共物品和市场失灵

产权的根本是其收益权。当产权主体不能获得其应得的收益时，则无法行使其权利，从而导致产权残缺。公共物品是市场失灵的一个重要原因。交易成本的存在导致公共物品产权界定存在残缺，使得提供者对公共物品表现出的某些积极的经济效益无法从受益者那里获取收益，从而难以弥补公共物品的提供成本，进而造成市场上对公共物品的供给不足，例如经济学的灯塔命题。

按照市场原则定价，均衡交易的价格等于边际成本，而灯塔类公共物品边际成本为零，因此此类物品应免费提供。而这种免费的午餐只能由政府提供。

二、社会契约理论

社会契约产生于人们为消除自然法状态下由人的贪婪本性引发的不可避免的暴力致死的恐慌心理而选择合作，选择接受共同议定的协议约束，从而由"原始状态"进入服从规则的有序社会状态。社会契约的缔结者和履行者包括政府、企业、个人和其他社会组织。社会契约约束着各方之间的关系，要求他们合法行使权利和履行正式的和非正式的契约义务。社会契约理论始于16—17世纪一些学者对国家起源进行分析而形成的思想，后来逐渐用于解释社会契约关系的形成和发展，较有代表性的学者包括卢梭、洛克、霍布斯和麦克尼尔等人。麦克尼尔将以卢梭为代表的解释国家和政府成立的基础的社会契约理论称为传统契约论，相应地提出以交易或者交换为基础的新契约论。

（一）卢梭的社会契约论

卢梭认为国家成立的前提是人们共同订立契约（社会契约），并以协议为基础形成社会法则，社会法则是其他一切权利的基础。权利因社会契约而产生，人民通过协议对相互间的权利边界进行界定。为了协调和解决自然状态下人与人之间的冲突和矛盾，人类必须结合为共同体（国家），共同捍卫和保护共同体内每个成员的人身和财产安全。卢梭认为人们通过社会契约成立国家，并让渡自己的部分权利给国家，从而形成了国家这个共同体。政府是国家意志的代理者，但是政府可能会为谋取自身利益而违背人民的利益。因此关键在于如何安排政府，以使国家在强化自身架构的同时不破坏社会这个整体架构，使其以人民的利益为先。

卢梭的社会契约论虽然没有揭示出马克思主义提出的国家是阶级统治的工具这一本质，但是卢梭所主张的人民主权思想有其合理成分，国家法律应反映和体现人民的普遍意志，从而导出法治社会思想。卢梭主张国家产生的基础是人民让渡部分财产和权利，并保留剩余那部分财产和权利。因此国家权力和人民权利必须有明确的边界，人民才能在社会生活中自由行使剩余的那部分权利。国家和政府不得侵害或干涉人民正常权利的行使。随着社会经济生活的日益复杂化，人民的权利也越来越细化和具体化，一些原本隐性的权利逐渐显性化，国家和政府的权力与人民权利的范围逐渐清晰，国家和政府需要进一步实现分权，优化民营企业营商环境。卢梭的社会契约理论为国家、政府和企业关系的协调和营商环境的构建提供了一种解释路径。

（二）麦克尼尔的新社会契约论

区别于卢梭等人的社会契约论的"社会性"，麦克尼尔将自己所提的社会契约理论定义为"新社会契约论"，表征其现代契约关系的内涵。麦克尼尔从交易的角度研究社会契约，将契约分为"个别性契约"和"关系性契约"。"个别性契约"是仅有一次物品交换关系的契约关系，属于新古典微观经济学的交易范畴。麦克尼尔认为契约是对将来交换的规划过程中的当事人间的各种关系，强调这种规划发生时人与人之间关系的契约性质。由于一次性交易的关系并非普遍存在的关系，契约行为可以理解为由个别性交易到关系性交易的逐步链接。

麦克尼尔所说的交易或者交换并非狭义的物品交换，婚姻、公司、特许经营等关系的承诺都属于交换的范畴，都是契约。这种承诺受到社会中的习俗、习惯、身份和其他人之内化的东西等非承诺性交换规划，都属于关系性契约的契约形式。关系性契约也叫现代契约关系。

计划和契约性团结（或者参与合作）是关系性契约中的两个重要因

素。个别性交易中的计划是全面而且精确的。关系性契约中有关未来的计划只有通过确立这一关系的过程才能发生，很多实质性的行为过程具有不确定性和不可计划性，无法全面计划未来交换的详细细节，因此具有弹性。如何构建和经营运作这种交换关系是现代契约的主要内容。关系性契约的不确定性和弹性决定了其实施必须依赖契约各方的契约性团结，协调契约实施中的冲突以维持交换关系。然而个人利益和契约性团结的利益间往往存在冲突，必须允许一定范围和强度的冲突和争议存在，并通过斗争和妥协解决种种冲突，进而重构有限秩序。契约性团结的维持，很大程度上取决于当事人对未来继续合作和获取利益的共同信念。在关系性契约中确立的当事人关系性规范，及包括各种内化了的社会习惯与行为规范等，同样对维持契约性团结起着决定性作用。

只有当一种交换制度被当事人认为不公正时才需要法律力量的介入。法律可以通过救济使关系性契约回归公正，或者结束这种不公正的关系性契约。契约参与各方是契约性团结的决定性力量。如果契约性团结可以通过契约参与各方的自我调节解决冲突，并维持关系性契约，则没必要让法律进行干预。从这个意义上来讲，法律是契约性团结的一种救济性替代方式。虽然有必要通过法律引导和规范关系性契约或者现代契约关系，以维持契约性团结以及契约各方利益的平衡性和共存性，但是关系性契约的维持仍然必须通过契约参与各方的努力才能得以实现，当努力无果时则会导致关系性契约宣告破裂，或者形成新的关系性契约。

关系性契约是为了满足特定类型交易的经济合理性需求的一种必然性的法律形态。关系性契约强调团结性和互利性，反对彻底的利己主义，同时具有某种共同体主义的因素。人的主体性决定了人在选择目标的过程中会自觉反思，在人们共同营造未来共同体的过程中，人的这种主观能动性得到了充分发挥，最终实现个人选择和公共选择的利益趋同性。

（三）社会契约视角下的企业

出于对原有企业理论的不满，20世纪80年代，许多学者尝试将社会契约论运用于企业研究，成为企业理论发展的一个重要方向。唐纳森（Donaldson，1982）从社会契约的角度讨论企业和社会的关系，认为在企业与社会间存在着一系列隐含的社会契约，暗含着企业对社会应该存在某些间接的义务和责任。诺曼·鲍伊（Norman Bowie，1982）通过分析社会契约与经济事件间的联系来描述企业与社会间的契约形式。唐纳森

（1982）概略地构造了一种企业的社会契约，具体说明企业应该对社会负什么责任，并分析了所有生产性的合作型企业和社会间"订立"的协议的具体条款。高西尔（David Gauthier，1986）从经济合理性视角指出企业与社会间的契约是那些具有公共道德的理性且自私的行动者之间的默许的协议。迈克尔·基利（Michael Keeley，1988）把企业看成一系列有关社会规则的类似契约的协议。唐纳森（1989）提出社会契约模式在全球范围的运用，并将其作为全球公司确定责任底线的依据。

20世纪90年代以来，学者们开始运用社会契约理论解决企业的诸多争端。罗伯特·弗兰克（Robert Frank，1993）采用契约论方法提出推动新兴市场经济的调节政策，特别强调契约论在企业研究中的应用是有关国家的起源和性质的契约思想的复活。唐纳森等（2001）运用社会契约论分析了应该根据什么样的标准评价企业和人们对企业行为所持有的期望发生变化说明了什么问题等，提出"企业综合社会契约论"，认为企业是社会系统内不可分割的组成部分，是人们与社会间的隐性契约和显性契约的载体，若忽视其对环境造成的影响，人类便难以长久生存和持续发展。

事实表明，企业与社会应是一个和谐统一的共同体。企业不可能离开社会而孤立存在。企业仅关注自身发展，而罔顾其应承担的社会义务和责任，是不足取的。企业是社会经济发展的历史产物，也是社会持续发展的经济基础，社会的发展离不开企业。反过来，企业的发展也有赖于社会力量，需要社会为其发展和成长营造良好的营商环境。乔治·斯蒂纳和约翰·斯蒂纳认为企业和社会间一直都存在着一种基本的约束，即社会契约。这个社会契约反映企业和社会间的种种关系，有的以立法和法律形式体现出来，有的是以合同等形式体现出来，还包括支配企业行为的习惯和价值观。只有运用古典政治哲学方法论理解企业与社会间的社会契约及不同参与者间默认的契约，才能够很好地理解营商环境与"两个健康"间的关系。制度经济学认为制度是一个人为设计的用来界定人们间相互关系的显性契约和隐性契约的混合体，包括规则、法律和法规等正式约束，以及行为准则、行为规范和习惯等非正式约束（诺斯，1994）。民营企业是在法律许可范围内经营的，而这种"许可"不可能细致入微，所以民营企业经营过程中可能存在一些"道德风险"，例如环境破坏等。为此企业与社会间还存在一种隐性契约，即通过营商环境优化，引导民营企业增强环保意识，从而达到与自然的和谐发展。隐性契约是显性契约的补充和改进（李向阳，2000）。

企业和社会的这种契约随着经济社会结构和人们思想意识的改变而发生了变化，这同时也改变了企业所面临的各种挑战。企业的活动规则发生了根本性的变化，今天的社会契约要求企业不仅要提供价格合理的产品和服务，而且应当担负起提高人民生活质量的责任。唐纳森的研究表明，生产型组织存在的原因是通过发挥企业特有的优势来增加消费者和工人的利益，从而增加社会总体福利。这也是企业作为生产性组织的伦理道德基础。当企业履行这一契约条款时，有益于社会，否则会遭到舆论的谴责。

第二节　企业成长的相关理论

企业成长理论是在传统经济学理论的基础上发展而来的，并成为经济与管理学领域的研究热点。企业成长的概念一度被主流经济学抽象为生产能力的增减，最终彭罗斯[①]等学者经过努力，逐渐揭开了企业成长的过程和成长差异性"黑箱"，并将企业成长的研究引向对企业资源和能力的探索。传统研究以企业规模扩张来衡量企业成长。自彭罗斯（1959）之后，企业成长的判别不再局限于规模扩张，而是扩展到规模扩大和能力提升两方面，从而更加全面地反映企业成长的内涵。企业成长理论也从经济学派所持的均衡理论转变为管理学的资源基础观和能力基础观两大主流理论。

一、企业成长的判断标准

在有关企业成长的研究中，如何判定企业成长成为研究的难点。许多学者依据研究需要，从不同的角度判定企业成长，总体而言包括企业成长的"量变"和"质变"。"量变"主要指企业规模扩张，"质变"主要指企业能力提升。

（一）企业规模扩张

如何判别企业成长是相关研究的主要难点。一般而言，企业成长最直观的表现是经济学意义上的规模扩张，包括生产规模、市场规模和管理规模等，其中生产规模扩张是目前许多学者主要采用的衡量标准。

---

① PENROSE E. The theory of the growth of the firm [M]. Oxford：Oxford University Press，1959.

1. 生产规模扩张

古典经济学家的代表亚当·斯密（1776）等认为，企业生产分工和专业化水平提高能够促进企业生产规模的扩大，进而实现规模报酬递增效应的规模经济，最终使企业规模从小变大，实现规模扩张。约翰·穆勒（1848）在亚当·斯密企业成长的生产规模扩张理论的基础上，进一步将生产规模扩张理论扩大到包括资本存量规模扩张。这类学者多采用资产总额和员工数量等指标衡量企业的生产规模①②，并采用资产增加率或者员工增加率衡量企业的生产规模扩张。

2. 市场规模扩大

马歇尔（1890）认为企业市场规模有可能非常大，而且可以持续成长直至行业垄断，在此过程中企业的市场影响力会不断增强。垄断企业的规模经济也有可能会使公众受益，由垄断带来的大规模生产能力产生的规模经济可能使产品的单位成本急剧下降。现实中多为"寡头垄断"，即存在有限的垄断者。因此垄断带来的价格提升可能会有力地吸引新进者，进而打破市场的垄断结构，促进新进企业成长。这类学者多采用市场占有率或者销售额等指标衡量企业的市场规模③，并采用市占率增长率或者销售额增长率衡量企业的市场规模扩张④。

3. 管理团队增加

一般而言，管理团队的规模越大，管理能力越强。威廉姆森（Williamson，1975）认为层级复杂的事业部制较垂直型和控股结构制在管理上更加有效的原因在于管理规模扩大降低了组织内部交易费用，而且节约的成本大于管理规模扩大产生的成本。复杂的事业部制组织形态是为了适应企业生产规模和市场规模扩张的态势，提高资源配置效率。目前普遍采用的衡量企业规模的指标包括资产、销售额和员工人数。管理规模被彭罗斯（1956）认为是企业成长的限制性因素，实际上很少有采用管理规模衡量

---

① RICHARDSON S. Over-investment of free cash flow [J]. Review of accounting studies, 2006, 11 (2): 159-189.

② HERMUNINGSIH S. Effect of financial performance on company growth with company size as moderating variable [J]. International conference on life, innovation, change, and knowledge, 2018 (203): 211-215.

③ 张睿，张勋，戴若尘. 基础设施与企业生产率：市场扩张与外资竞争的视角 [J]. 管理世界，2018, 34 (1): 88-102.

④ 焦豪，杨季枫. 政治策略、市场策略与企业成长价值：基于世界银行的企业调查数据 [J]. 经济管理，2019, 41 (2): 5-19.

企业规模扩张的实证研究。

（二）企业能力提升

根据彭罗斯的企业成长理论，成长是企业从较低状态过渡到较高状态的过程，是一个动态向量①。丛茂国认为企业成长的判断应该包括生存和发展两方面，并将以"量"为特征的规模扩张作为企业生存的判断标准，以"质"为特征的技术创新水平作为企业发展的判断标准②。企业的生存和发展是企业多种能力共同作用的结果。企业成长不仅需要考虑规模扩张和创新水平，而且需要考虑企业的内生成长性即企业能力。在企业成长资源基础观和能力基础观的启发下，学者们展开了一系列企业成长性或者成长能力衡量的研究，并通过某一时点的企业能力来预测企业未来的成长趋势。部分学者采用单一指标衡量企业的成长能力。例如采用市盈率（Ferdin 和 Gul，1999）、TobinQ（Coffee，1991）、利润率或者收益率③、净资产收益率④等指标。部分学者采用多个指标综合评价企业成长性，例如从知识、管理、技术、价值等方面综合评价企业成长能力（吴正刚 等，2004）；从核心能力、营销能力、发展能力、盈利能力、营运能力和偿债能力等方面综合衡量企业成长性⑤。

二、企业成长的主流理论

企业成长理论最早可以追溯到古典经济学对大规模生产规律的研究。古典经济学从均衡理论出发，探讨企业的规模扩张和规模经济，并将企业作为一个"黑箱"，而企业家则被排除在研究之外。随着研究的不断推进，学者逐步揭开企业成长研究的"黑箱"，并逐渐形成主流企业成长理论。主流企业成长理论主要分为两大流派，包括资源基础学派和能力基础学派。其中能力基础学派又延伸出核心能力学派和动态能力学派。

（一）企业成长理论的渊源

古典经济学家们认为由劳动分工而产生的规模经济是企业成长的主要

---

① PENROSE E. The theory of the growth of the firm [M]. Oxford：Oxford University Press, 1959.

② 丛茂国. 企业成长的判断标准与非常规成长的类型及成因 [J]. 东北大学学报（社会科学版），2013, 15 (1)：38-43.

③ 李林木，汪冲. 税费负担、创新能力与企业升级：来自"新三板"挂牌公司的经验证据 [J]. 经济研究, 2017, 52 (11)：119-134.

④ 池仁勇，潘李鹏. 知识产权能力构成、内外影响因素与企业成长：内力驱动，还是外部推进？[J]. 科学学研究, 2016, 34 (1)：81-88.

⑤ 马璐，胡江娴. 企业成长性分析与评价 [J]. 商业研究, 2005 (7)：49-52.

动因。亚当·斯密在其《国民财富的性质与原因的研究》一书中提到，企业生产的专业化和分工协作能够提高劳动生产率，带来规模经济，实现企业扩张，即企业成长的动力来自对规模经济的追求。约翰·穆勒认为企业规模经济发挥作用使得大企业代替小企业。古典经济学领域中对企业成长问题进行了最全面研究的学者是马歇尔，他在《经济学原理》一书中从企业规模经济、市场结构和企业家三方面详细阐述了企业成长理论。古典经济学的企业成长理论将企业抽象为一个"黑箱"纳入经济学模型，成长问题实际上是实现以边际替代原则为基础的最优生产规模的问题，即企业规模经济理论。新制度经济学认为企业是一个契约或者契约集合，从而打开了企业研究的"黑箱"。科斯（1937）在其《企业的性质》一文中指出企业的边界划分应以能否降低企业的交易费用为依据。威廉姆森（1975；1985）在科斯的交易成本理论的基础上提出企业可以通过纵向一体化替代资产专用性，降低交易成本，实现规模扩张。

虽然企业成长理论源自古典经济学，但是纵观古典经济理论和后来的新制度经济理论，均未形成独立的企业成长的概念。最全面系统的企业成长理论出自企业成长理论奠基人彭罗斯（1959）的《企业成长理论》一书[①]，她认为企业成长是一种纯内因的结果。彭罗斯强调管理和企业家对企业成长的重要作用，并主张以成长经济理论代替规模经济理论，从而开了以管理学视角研究企业成长理论的先河。彭罗斯认为传统经济学家基于"一般均衡"理论的企业成长研究与她本人的企业成长理论研究在研究对象上存在本质区别。前者是基于生产单一产品的企业规模扩张的研究，并在"均衡"理论的指导下得出市场是限制企业规模的根本。而彭罗斯的企业成长理论中的"企业"是作为生产资料集合的产业性组织，是商人眼中的企业。作为经济组织的企业可以利用内部尚未完全利用的资源生产任何可获利的产品，而非局限于某单一产品。彭罗斯所研究的企业没有生产特定产品和特定市场的限制，也就不存在决定企业规模的静态"均衡点"。一些学者在彭罗斯企业成长理论的基础上逐渐发展出企业成长的资源基础观、能力基础观、核心能力观、动态能力观等企业内部成长理论。

（二）企业成长的资源基础理论

企业拥有的难以模仿和不可替代的、稀缺的、有价值的资源是企业竞

---

① PENROSE E. The theory of the growth of the firm [M]. Oxford：Oxford University Press, 1959.

争力的主要来源。资源基础观认为企业对未被利用或者未被完全利用的资源进行整合利用是企业成长的基础（彭罗斯，1959）。彭罗斯在"企业资源—企业能力—企业成长"的分析框架下对企业成长理论展开了深入的研究，认为企业是由各种要素资源组成的，企业拥有的尚未被利用的资源是企业成长的基础。企业拥有的资源包括人力资源和物质资源。人力资源的数量和质量决定着物质资源所能提供的服务数量与质量，其中最重要的人力资源是管理团队资源，即企业的管理能力。彭罗斯特别强调企业家资源的作用，认为企业的成长能力很大程度上表现为企业家资源的有效运用。企业扩大经营需要企业家的胆识、魄力和敏锐的洞察力。企业家是否具有进取心或者企业家精神决定了企业能否洞悉并利用潜在的发展机会。企业家注意到并利用的发展机会决定着企业的规模扩张。企业家对新领域和新经营活动的兴趣及其胆识、魄力影响企业家提供服务的质量，企业家服务是企业内部的核心管理资源。

在此基础上，沃纳菲尔特从企业内部资源视角出发研究企业的战略选择[1]，巴尼进一步拓展了资源基础观的概念，认为企业具有的稀缺的、不可模仿和替代的、有价值的资源是维持企业核心竞争优势的战略性资源，企业成长取决于新的投资活动和企业现有资源的专用性程度，如果二者高度相关，就可以开发利用企业内部尚未被完全利用的资源，这就为企业成长提供了机会[2]。企业成长是协调利用企业内部资源与能力扩张现有业务的结果。因此基于资源基础观的企业成长理论也被称为内部成长理论（彭罗斯，1959）。中国学者杨杜在资源基础观的基础上提出"经营资源"的概念，认为"经营资源"是用于获取经济利益的"生产资源"，"经营资源"才是企业成长的基础[3]。他还认为企业成长包括质和量两个维度，"量"的扩张是指经营资源数量的增加，"质"的增长是指企业变革和创新能力等的提高，这些能力包括企业创新能力、环境适应能力和资源整合能力等。企业内部成长理论潜在的假设条件是企业总是被动地适应环境，该理论强调企业的管理能力和物质资源等内部资源的作用，而忽略了外部环

① WERNERFELT B. A resource-based view of the firm [J]. Strategic management journal, 1984, 5 (2): 171-180.

② BARNEY J. Firm resources and sustained competitive advantage [J]. Journal of management, 1991, 17: 99-120.

③ 杨杜. 企业成长论 [M]. 北京：中国人民大学出版社, 1995.

境的影响。事实上，绝大多数企业并非完全被动地适应环境，也不可能撇开环境而自顾自地制定企业成长战略。脱离环境因素的内部成长机制可能导致缺乏环境适应性，从而使企业丧失持续成长的动力。

（三）企业成长的能力基础理论

随着资源基础理论的发展，企业能力的重要作用越来越得到学者们的重视，许多学者认为企业成长是管理者和员工能力不断增强的过程①。传统资源基础学派的巴尼认为企业能力是将企业的潜在资源转化为活动和行为的能力②。不同企业的资源及其积累形态具有独特性，不断变化的市场环境要求企业必须具备将这些异质性的资源转化为企业竞争优势的能力，才能保证企业的持续成长。能力基础学派的代表普拉哈拉德和哈默尔认为企业实际上是能力的综合体，持续积累、保持和运用能力进行市场开拓是企业保持竞争优势和形成市场支配力的决定性因素。企业拥有的难以模仿的能力是企业持续发展的关键和成长的动力之源③。格兰特认为企业能力的本质是企业拥有或者控制的独特智力资本，这种智力资本可以帮助企业获取和利用内外部资源，并执行经营任务以获得竞争优势和收益④。阿米特和休梅克（1993）则认为，企业能力是指为实现经营目标而进行资源配置的能力。能力基础学派强调企业自身竞争优势，并认为核心能力是企业保持竞争优势之源。核心能力是指组织内部的知识积累以及协调运用企业内部各种知识和技能的能力。核心能力是技术和技能的集合体，包括技术、内部治理机制、集体学习力等。

随着研究的推进，能力基础学派发现那些静态和边界模糊的核心能力难以合理解释企业成长。蒂斯和皮萨诺等在核心能力概念的基础上进一步拓展，提出了动态能力理论⑤。他们认为企业的动态能力是指企业整合内

① HUANG K W, HUANG J H, TZENG G H. New hybrid multiple attribute decision-making model for improving competence sets: enhancing a company's core competitiveness [J]. Sustainability, 2016, 8: 175.

② BARNEY J. Firm resources and sustained competitive advantage [J]. Journal of management, 1991, 17: 99-120.

③ PRAHALAD C K, HAMEL G. The core competence of the corporation [J]. Harvard business review, 1990, 68 (3): 79-91.

④ GRANT R M. The resource-based theory of competitive advantage: implications for strategy formulation [J]. California management review, 1991, 33 (4): 114-135.

⑤ TEECE D, PISANO D, SHUEN A. Dynamic capabilities and strategic management [J]. Strategic manage, 1997, 18: 509-533.

外部资源和适应外部环境变化的能力，并认为这种能力蕴藏在企业的管理流程之中。后来一些学者逐渐扩展了动态能力的内涵，认为动态能力包含机会发现能力、资源整合能力、环境适应能力、学习和吸收能力等。动态能力理论考虑了外部环境因素的影响，强调企业与环境之间的互动性①。动态能力理论遵循"外部环境—内部学习—动态能力—企业成长"的内在演变逻辑，并认为企业成长的不同阶段对应着动态能力的不同能力维度②。企业拥有的各类知识和技能是培养动态能力的关键，动态能力是形成企业竞争优势的基础③。市场竞争的不确定性时刻改变着企业竞争的基础，企业只有通过持续的学习和积累才能在不断变化的市场竞争中立于不败之地（Fei et al.，2012）。

（四）企业成长的网络化理论

经济全球化和科技进步的加速使得企业间的竞争与合作关系发生了极大的变化，出现了"竞争新格局"，即合作中的竞争关系④。在"竞争新格局"下，企业不可能仅依赖自身内部资源而无视外部环境实现成长，外部环境也不允许企业仅通过并购进行扩张。"竞争新格局"要求企业必须具备更高的效率、灵活性和学习能力。复杂全球化市场环境下，企业成长的方式和策略应当是通过建立正式和非正式的企业间网络关系寻求企业的网络化成长⑤⑥。企业网络化成长是指单个企业通过与其他企业或组织建立正式和非正式的合作关系，借助企业间的网络关系迅速共享和获取网络资源。整合利用企业内部资源和外部网络资源是企业成长的基本动力。

《国际商业》（1990）将企业拥有的资源区分为可视资源和不可视资源，认为资源基础理论的资源是可视资源，网络化理论的资源是不可视资源。古拉蒂将企业间横向联系形成的不可模仿的资源定义为网络资源，包

① TEECE D. Business models and dynamic capabilities [J]. Long range planning, 2018, 51 (1): 40-49.

② 夏清华，黄剑. 市场竞争、政府资源配置方式与企业创新投入：中国高新技术企业的证据 [J]. 经济管理，2019，41 (8)：5-20.

③ 朱晓红，陈寒松，张腾. 知识经济背景下平台型企业构建过程中的迭代创新模式：基于动态能力视角的双案例研究 [J]. 管理世界，2019，35 (3)：142-156，207-208.

④ BEST M. The new competition [M]. Massachusetts：Harvard University Press, 1990.

⑤ CONTRACTOR F J, LORANGE P. Why should firms cooperate? [M] //CONTRACTOR F J. Cooperative strategiesin international business. LexingtonBooks, 1988：3-20.

⑥ PENG M W, HEATH P. The growth of the firm in planned economies in transition：institutions, organizations, and strategic choice [J]. Academy of management review, 1996, 21 (2)：492-528.

括网络结构、网络成员资格、关系链形态、网络管理能力等资源①。企业是与其他组织相互依存、共同进化的生态系统的一员，企业的成长与企业所处的生态系统环境息息相关，包括企业所处生态系统环境的自然、社会、生态、经济、技术、行业环境（穆尔，1999）。网络资源是人与人、企业与企业之间互动形成的资源。网络资源是有价值的知识和信息，是实施企业战略的特殊企业资源，企业所拥有的网络资源决定了企业的成长能力②。戴尔等指出企业间的特定联结是形成竞争优势的关键资源，有助于跨越企业边界③。邬爱其和贾生华（2007）用"网络—网络资源—企业成长"框架判断企业属于特定网络组织，企业成长需要依赖于企业内部资源和企业所处网络的网络资源。由于企业所处网络的特征不同，可摄取的网络资源存在质量和数量上的差异，因此，即使企业内部资源条件相同，企业也会拥有不同的成长能力。网络成长理论强调企业内部资源与外部环境的有机结合和动态匹配，更符合当今竞争与合作相结合的商业环境的特点和要求。

网络资源主要通过四个方面影响企业的成长：①网络资源是一种社会资本，良好的网络关系有助于企业获取更高的市场回报。较好的网络伙伴关系和网络位置有助于企业获取快速成长所需的资源。企业通过整合内外部资源可以提高现有资源的利用率，并创造出新的资源和能力④。②企业与网络关系中其他企业的互动交流，有助于开展协作创新，加速新产品开发速度，赢得市场先机和技术优势，为企业提供更多的成长机会。③企业间的网络关系是建立在信任和共同目标基础上的契约关系，可以减少企业的机会主义行为，有助于降低和消除产品研发风险和市场进入风险，增强企业家的成长意愿。④企业在网络中所处的位置与企业的核心能力有关，企业的核心能力越强，离网络中心的位置越近。企业的网络位置决定了企业能够获取的网络资源的数量和质量。

① GULATI R. Network location and learning：the influences of network resources and firm capabilities on alliance formation ［J］. Strategic management journal，1999（20）：397-420.

② FOSS N. Networks，capabilities，and competitive advantage ［J］. Scand journal management，1999（15）：1-15.

③ DYER J H，KALE P，SINGH H. How to make strategic alliances work ［J］. Sloan management review，2001（4）：37-43.

④ BURT R S. Structural holes ［M］. Cambridge MA：Harvard University Press，1992.

三、企业成长性评价

本书将目前典型的企业成长性评价指标进行了汇总，见表 2-1。国外的企业成长性评价多关注其市场能力。相对于发达国家，我国市场化水平较低，制度环境尚不完善，股价等企业的市场化指标难以准确反映企业成长。从本土化情景出发，国内学者在企业成长性评价上多倾向于采用涵盖市场表现、财务表现和能力表现三方面的多维评价指标。随着企业成长研究的发展和完善，总体来讲企业成长性评价涵盖了企业规模扩大、业绩增加和能力提升三个维度，能够较好地契合彭罗斯有关企业成长的定义，从"量"和"质"两方面综合反映企业成长性。

表 2-1　典型企业成长性评价指标汇总

指标名称	来源
TobinQ	Coffee（1991），Ferris Stephen P.（2002）
市盈率，市净率，市销率	Ferdin 与 Gul（1999）
财务、客户、内部经营过程和学习与增长	Kaplan 和 Norton（2001）
销售增长和规模变化	Acs 等（1990）、Davidsson 等（2002）、Hart 等（2003）、Coad 等（2016）
主营业务收入增长率	Muelle（2008），delmar、Davidsson 和 Gartner（2003）
年末总资产净利润率指标	Akter 和 Hossain（2015）
权益报酬与净利润	吴世农（1991）
净资产收益增长率	佩华（1997）
总资产变化、净利润变化率	陶长琪（2002）
企业规模变化	李洪亚（2006）
企业相对绩效和组织管理能力	贺小刚和李新（2005）
ROA 或者 REO	徐维爽（2012）
盈利能力、运营能力及发展能力	徐鹏（2013）
成长速度和成长质量	刘睿智、张正、张鲁秀（2016）
成长速度、成长质量、盈利能力、营运能力	王爱群等（2017）

资料来源：作者查阅文献整理而得。

第三节　企业家精神与企业成长的关系

企业家精神概念的模糊性和维度的丰富性，给企业家精神相关研究带来一定的困难。本书在厘清企业家的概念、企业家精神的概念、企业家精神的研究维度的基础上，梳理企业家精神与企业成长关系的相关研究。对相关文献的梳理，为本书的理论分析和实证研究提供了理论支撑。

一、企业家

自从企业家精神的理论研究被提出，学者就针对企业家以及企业家精神的概念展开了激烈的讨论。虽然许多学者已经对其展开了丰富的研究，但是企业家和企业家精神的概念，截至目前尚未形成一致观点。

（一）企业家的定义

企业家是市场活动的重要参与主体，在市场经济活动中发挥着不可替代的作用。"企业家"一词源于 16 世纪的法语 entreprendre，多指探险家，后来其含义又发展为中介、承揽、承包等。英文 entrepreneur（企业家）被解释为创建企业并承担重要管理职责的领导者。后来不少学者相继对企业家理论展开研究。法国经济学家坎特伦（Cantillon，1755）认为企业家是从事买进卖出经济活动的人，他赋予企业家投机商的角色，同时也将企业家与不确定性和风险承担联系在一起。随后企业家理论的开创者萨伊（Say，1803）首次将企业家的概念引入经济学理论，认为企业家是"将资源从生产力和产出较低领域转移到生产力和产出较高领域"的人。为了区分企业家和所有者，萨伊创造了"entrepreneur"一词用来代表企业家，并将企业家与所有权分离开来，指出企业家不一定是企业所有者，但肯定是企业的经营管理者，企业家的职责是提高生产力和生产效率。萨伊赋予企业家以经理人的角色，强调企业家对企业把握发展机会和获取利润的重要性。

19 世纪后期，随着市场经济和股份制公司的快速发展，企业制度的演变和组织职能的复杂化，西方国家中企业两权分离制度逐渐形成。在此演变过程中，企业家理论的研究也经历了数个阶段，企业家理论研究呈现出递进且在矛盾中发展的形态，各阶段学者对企业家概念的理解不尽相同。

总体而言学者们围绕企业家是投资者还是经营者展开争论。新古典经济学家代表马歇尔将企业家才能作为独立的生产要素纳入经济模型，并认为企业家是企业的实际经营者、所有者和风险承担者，强调企业家是经营权和所有权的统一。马歇尔的企业家概念为以后研究者广泛沿用，并产生了深远影响。张维迎（1995）利用信息经济学原理，通过均衡模型推导出企业家必须拥有财产所有权，主导企业的经营活动且承担经营风险，并据此提出国企中没有企业家的论断。企业家是一个发展着的概念，随着市场经济的发展，企业家理论也在不断演变。美国经济学家沃克首次把资本家和企业家区别开来，认为资本家是资本提供者，其收益是资本利息所得；企业家是企业的经营管理者，其收益是企业的超额利润。伦普金等将企业家定义为企业市场行为的决策者，企业家作为企业经营的象征频繁出现在公众视线，成为人们关注的个体①。阿尔钦和德姆塞茨却将企业家定义为合约执行的"监督者"和"指挥家"。钱德勒认为现代企业制度使管理阶层的作用不断上升，企业管理阶层能取得主导地位，源于所有权和控制权的分离，企业家是在企业中占据主导地位的管理阶层。周其仁跳出传统上有关企业家是不是资本家的争论，强调企业家的人力资本特征，从而回归到萨伊的企业家定义，赋予企业家更具一般性的内涵。

另有一批学者从企业家职能而非是否出资人的角度定义企业家。米塞斯（1949）认为企业家能够识别要素的不合理配置，发现和利用知识和信息资源，尝试新方向、开发新产品和引进新技术，调整资源配置以满足消费者的需要，是市场过程的纠错者。美国经济学家柯兹纳在其《竞争与企业家精神》一书中，从信息不完全理论出发，指出企业家是"具有一般人所不具备的能够敏锐地发现市场获利机会且具有洞察力的人"②。创新理论的创始人熊彼特在其著名的"创新理论"中，强调企业家的创新职能，认为创新是对生产要素的重新组合，企业家是创新的主体，并首次提出企业家的创新性特质，企业家往往通过"创造性破坏"构建新的经济结构，实现重大革新③。熊彼特的企业家概念是将"企业家"视为一种不稳定的状

---

① LUMPKIN G T, DESS G G. Clarifying the entrepreneurial orientation construct and linking it to performance [J]. Academy of management review, 1996, 21 (1)：135-172.

② KIRZNER I M. Competition and entrepreneurship [M]. Chicago and London：The University of Chicago Press, 1973：14-41.

③ SCHUMPETER J A. The theory of economic development：an inquiry into profits, capital, credit, interest, and the business cycle [M]. Boston, MA：Harvard University Press, 1934.

态，创新与否是判断企业家的唯一标准。因此不是所有的经营管理者或者企业所有者都是企业家。只有那些正在"实现生产要素新组合"的创新者才能被称为企业家，一旦停止创新，其企业家身份也将丧失。熊彼特的这种动态性的企业家概念给研究创新主体问题带来了一定的困难，在实际操作中很难把握这种动态性。因此德鲁克在继承熊彼特的企业家理论的基础上，在其《创新与企业家精神》一书中将企业家定义为"赋予资源以生产财富的能力的人"，强调企业家的创新性和变革性，以及生产决策的能力和作用①。德鲁克用"企业家"解释了美国经济持续繁荣的根本原因。Nafukho 等从行为主义理论视角定义"企业家是以创造价值和获取利润为主要目的而建立和管理企业的个人，其特点主要表现为创新行为和采用科学的方法进行战略管理实践"②。随后一些学者强调企业家是风险和不确定性的承担者。沙恩和文卡塔拉曼认为，企业家具有识别机会和利用机会创造价值、积累资本和财富的能力，这些能力是企业家区别于一般管理者和企业所有者的关键所在③。该论断体现出企业家概念的经济学特征，被理论界和实务界普遍接受。

本书在借鉴德鲁克等人有关企业家定义的基础上，提出企业家是企业内部创新和生产决策的制定者以及风险承担者，不论其是不是出资人，且企业家所做的决策应该是企业家决策，而非管理决策。企业家决策往往是公司顶层领导岗位的人所做的决策，中下层管理者所做的决策是管理决策。现实中的企业家往往既做企业家决策又做管理决策。按照这一定义，在企业中负责重大决策的职业经理人和公司高层领导均可被称为企业家，这赋予了企业家可操作性的定义。

（二）企业家行为

企业家的职能在于及时发现潜伏在投入和产出之中的尚未被利用的机会并充分利用，从而获取利润，即在不均衡的市场运行中识别、把握和利用机会。学者普遍认为识别和利用机会的能力是企业家能力的核心。例如，斯内尔等（Snell et al., 1994）指出迅速捕捉外部机会的能力是企业家

① DRUCKER F. Innovation and entrepreneurship [M]. New York：Harper and Row, 1985.

② NAFUKHO F, KOBIA M, SIKALIEH D. Towards a search for the meaning of entrepreneurship [J]. Journal of European industrial training, 2010, 34 (2)：110-127.

③ SHANE S, VENKATARAMAN S. The promise of entrepreneurship as a field of research [J]. Academy of management review, 2000, 25 (1)：217-226.

所需培育的重要基础能力；阿迪维力等认为识别并选择正确的机会是成功企业家具备的最重要的能力①；Pech 和 Cameron（2006）则认为机会的识别及利用能力是企业家的核心能力。企业的成功主要来自对机会的把握。企业家在实践中不断学习和丰富对机会的发现和开发的能力，才能实现持续成长。企业家的机会发现和利用受到企业家动机、外部环境和企业家能力的影响。循着这条路径，本书从企业家机会、企业家动机、企业家能力和企业家环境等方面综述企业家行为相关理论。

1. 企业家机会

熊彼特认为机会源自外部变化，外部变化使人们可以从事以前未做过的事情，或者以更具价值的方式行事②。熊彼特的"创造性破坏"理论诠释了机会引发的创造性活动，企业家创新去做新事物、创新做事的新方式，会打乱生产和市场原有的均衡状态，从而在短时间内创造较大的盈利空间。沙恩和文卡塔拉曼延续了熊彼特的观点，认为企业家机会是利用新产品、新的服务、新的原材料和新的组织模式，实现销售价格高于生产成本的特定情境，强调应该结合"存在有进取心的个人"和"存在有利可图的机会"研究企业家成长，但是不能混淆"个人"和"机会"对企业家成长的影响，因为不同人识别到的企业家机会的质量存在差异，不能忽略企业家机会对企业家成长的影响③。企业家成长应该以企业家机会为线索展开。阿迪维力等认为企业家机会是在技术、经济、社会、政治和人口条件发生变化时产生的创造新事物的潜力④。沙恩（Shane，2003）在阿迪维力研究的基础上对先前的定义进行了延伸，认为企业家机会是个体通过创造一种新的"手段—后果"的组合来重新配置资源，而且企业家相信可以凭此产生较大超额利润。

柯兹纳认为企业家机会源自"企业家警觉"，是企业家对新机会的适应性行为，知识匮乏是无法消除和不可避免的现象，并且人们永远无法知

---

① ARDICHVILI A, CARDOZO R, RAY S. A theory of entrepreneurial opportunity identification and development [J]. Journal of business venturing, 2003, 18 (1): 105-123.

② SCHUMPETER J A. The theory of economic development: an inquiry into profits, capital, credit, interest, and the business cycle [M]. Boston, MA: Harvard University Press, 1934.

③ SHANE S, VENKATARAMAN S. The promise of entrepreneurship as a field of research [J]. Academy of management review, 2000, 25 (1): 217-226.

④ ARDICHVILI A, CARDOZO R, RAY S. A theory of entrepreneurial opportunity identification and development [J]. Journal of business venturing, 2003, 18 (1): 105-123.

道知识匮乏的程度和范围。正是这种广泛的知识匮乏导致了市场的非均衡性，市场的非均衡性会导致盈利机会的涌现，企业家是市场从非均衡状态移动到均衡状态的机敏的中间人①。机会可能源自不确定的市场需求，抑或源自资源或者能力的冗余（Kirzner，1997）。企业家的职责就是时刻准备着、注意到和识别出这些机会，利用和开发这些机会并将其市场化。

沙恩（Shane，2003）认为"熊彼特机会"源自惯例、社会、政治或人口等环境因素的变化，而"柯兹纳机会"很大程度上源自先前决策者失误或错误导致的过剩，是异质性的。总体而言，学者普遍认为企业家机会是由市场环境变化产生的，能够识别和利用机会与个人的需求和特质等有关。例如，新技术、新市场、政府管制解除或者转移蕴藏巨大的机会（Ivan Bull，1993）。

2. 企业家动机

企业家动机是回答"为什么想成为企业家"的答案。有关企业家动机的研究主要从心理学、社会学和经济学的角度探讨企业家对地位、权威和经济效益的追求。心理学的解释偏重个体特征，经济学的解释偏重企业家的经济目的，社会学的解释考虑个体所处的社会、环境等对企业家行为的影响，但是缺乏对其经济动机的分析基础。

心理学家道格拉斯（Douglas，1994）整合了个人特质、环境、目标和创新设想等影响企业家行为的因素，将企业家决策、创新战略、创新管理、创新执行结果的检验和反馈统一到模型中，构建企业家动机模型。斯图尔特（Stewart，1998）认为成就动机、创新偏好和冒险精神等心理倾向可以作为企业家行为的先兆，Chen（1998）运用自我效能感预测个体成为企业家的可能性。还有一些学者从企业家的认知和想象力等心理特征方面研究企业家成长。经济学家高德纳（Gartner，1989）认为企业家是为了利润和成长才选择创立和管理一个企业的。鲍莫尔认为企业家的行为取决于其报酬结构，企业家总是以财富、权利和声誉等效用最大化为原则选择是否成为企业家②。坎贝尔（Campbell，1992）通过构建模型证明，如果企业家活动的净现值为正，则个人将选择成为企业家。艾森豪尔

① KIRZNER I M. Competition and entrepreneurship ［M］. Chicago and London：The University of Chicago Press，1973：14-41.

② BAUMOL W. Entrepreneurship：productive, unproductive, and destructive ［J］. Journal of political economy，1990，98（5）：893-921.

（Eisenhauer，1995）基于企业家期望效用最大化，从预期收入流、被雇和自我雇佣的工作条件对比等效用构建企业家动机的经济模型。社会学家雷纳德（Reynolds，1992）认为个人决定创立新企业，取决于经济环境、个人特征、个人经历三方面因素。卡森（Cason）借鉴心理学和社会学等学科对企业家动机的认识，提出一个以内生性偏好及内生性实施为特征的企业家行为动态制度分析理论框架。班杜拉（Bandura，1997）基于社会认知理论提出个人、行为和环境的交互作用对企业家行为影响的理论框架。

3. 企业家能力

由于企业家的认知不同于常人，对企业家能力的研究一直是企业家成长研究的重点。熊彼特认为作为创新者的企业家必须具备企业家资质（能力）才能很好地履行创新职责。企业家资质不仅包括创新能力，还包括沟通协调能力、体能素质等。企业家资质是稀缺性资源，企业家资质越高，稀缺性越显著。柯兹纳认为企业家的机敏的洞察力包括发现新颖的更有价值的潜在的生产机会的能力、发现未被他人所知的生产方式的机敏性、计算能力。奈特认为企业家应具有承担和处理不确定性问题的决策能力，能否承担不确定性是企业家区别于非企业家的一个重要标准。彭罗斯认为企业家资质多样性包括创见、野心、冷静的判断力和取得信任的说服力等预见未来和发现生产机会的能力。

熊彼特和柯兹纳认为企业家资质源于先天禀赋，而舒尔茨则认为企业家能力是先天禀赋和后天学习的结果，并十分强调企业家通过教育和实践等习得的处理不均衡的能力，这种能力取决于其资源配置能力。不同的企业家能力决定了企业成长的不同，企业家具备的应付未来市场不确定性的战略决策能力影响着企业的发展潜力。企业家能力水平是一个动态的变量，企业家能力问题的研究关系到企业家的形成与成长（赵文红，2002）。

4. 企业家环境

企业家所处的外部环境既可能提供支持也可能制造障碍。企业家的成长与环境密切相关，不同国家和地区的环境很大程度上影响着企业家群体的成长。环境因素培养或者阻碍企业家成长的程度因企业家个体而异。因此柯伟和和塞勒文认为有必要从环境因素视角切入企业家成长的研究①。

改善企业家的成长环境是各国推动经济发展的重要举措。很多学者展

---

① COVIN J G, SLEVIN D P. Strategic management of small firms in hostile and benign environments [J]. Strategic management journal, 1989, 10 (1)：75-87.

开了一般环境条件对企业家成长环境形成的作用的实证研究和规范性研究。例如杨（Young，1993）实证分析了影响企业家成长的主要环境因素，费拉托切夫（Filatotchev）在大范围私有企业调研的基础上实证探讨了具有共同背景的俄罗斯、乌兹别克斯坦、白俄罗斯三个苏联解体后诞生的国家中的私营企业家在不同激励和约束条件下的成长差异。布鲁古德和萨皮恩萨（Bloogood et al.，1995）采用规范分析法探讨了影响企业家行为的潜在环境因素，包括财政资源、地方社区、政府机构、政治、文化及经济环境、家庭、供应商、顾客、雇员等。佛瑞德（Fred，2000）也采用规范分析法研究发现，影响企业家发展的环境因素包括非正式的约束、政策的不稳定性、转型冲突及政治、经济、文化、金融和法律环境等，环境是给定的而且会持续一段时间，企业家应该具备应对这些环境并将其转化为机会的能力。

萨克森（Saxenian，1999）认为硅谷的创新生态系统和尊重企业家的社会文化氛围能弘扬企业家精神，对企业家的成长影响巨大。比格雷夫（Bygrav，2000）则从企业家与环境互动的角度提出，个体企业家的决策和地区企业家的活动量之间存在交互作用，企业家对原先没有认识到的利润机会的识别和开发行为是产生新的市场机会的条件，新的企业家机会被创造出来，即企业家是整个经济活力的催化剂。

环境具有独特性，各国家和地区的企业家环境存在较大差异。相关研究表明，企业家所处的外部环境对企业家成长影响很大，特别是转型经济时期，企业家对潜在盈利机会的敏感性可能会表现为追求租金最大化的寻租行为，这对经济增长不仅无推动作用，甚至起破坏作用。鲍莫尔等认为可以通过制度诱导和保护企业家的创新行为，进而促进企业家健康成长[①]。

二、企业家精神

（一）企业家精神的内涵

发现机会是一个认知过程，企业家是这一认知过程的主体，没有生命力的企业无法承担机会发现的职责（Audretsch，l995）。因此机会发现、评估和利用过程是企业家在企业家精神的主导下所做的选择，而有关企业家的研究也逐渐转向对企业家精神的探讨。18 世纪初，坎提隆提到企业家精

---

① BAUMOL W. Entrepreneurship：productive，unproductive，and destructive［J］. Journal of political economy，1990，98（5）：893-921.

神是企业家的精神和技巧的结合。米塞斯（1949）认为企业家精神是一种能力，是个人发现和创造能够产生利润的机会并且积极利用这种机会的能力，米塞斯强烈批判了将企业家精神视为风险承担能力和生产要素的思想。舒尔茨从人力资源的视角出发，认为企业家精神是一种"实现均衡的能力"。随着研究的不断推进，许多学者从心理学、经济学、管理学、社会学甚至法学等多个学科角度对企业家精神展开了丰富的探讨，这种研究动向也是形成企业家精神概念模糊性的主要原因。本书综合相关文献，得出了典型的企业家精神的概念（见表 2-2）。

表 2-2　典型的企业家精神的概念

研究视角	企业家精神内涵的界定	来源
新教伦理	清教徒式的"献身事业的精神"，包括对事业的忠诚和责任、艰苦劳动、对财富的追求和节俭，也称"资本主义精神"	Weber（2002）
成就动机理论	创业者表现出的影响创业活动的个性特征	McClellan（1954）
生存理论	是社会中某些处于不利地位的少数群体为改变自己的现状而进行的抗争	Hager（1960）
文化价值观	是人们对待工作、社交、金钱和风险等的态度，是一种价值观体系	Lynn（1991）
是创新行动，而非人格特征	是企业家寻找变化中蕴藏的机会，创新和整合资源的能力以及进行有计划的创新行动	Schumpeter（1934）、Drucker（1985）
是经营企业的行为倾向，而非人格特质	企业家精神是面对不确定性时承担与投资决策和战略行为等相关的风险，以及在产品创新和追求技术领先、主动参与产业竞争的倾向性所体现出的企业家特质	Covin 和 Slevin（1991）[1]
企业家才能配置理论	将企业家才能配置到创新生产领域的行为	Baumol（1990）[2]、吕相伟（2018）
创业行为	将企业家精神等同于企业家的创业行为	刘鹏程等（2013）[3]

　　[1]　COVIN J G, SLEVIN D P. A conceptual model of entrepreneurship as firm behavior [J]. Entrepreneurship theory and practice, 1991, 16（1）: 7-26.

　　[2]　BAUMOL W. Entrepreneurship: productive, unproductive, and destructive [J]. Journal of political economy, 1990, 98（5）: 893-921.

　　[3]　刘鹏程，李磊，王小洁. 企业家精神的性别差异：基于创业动机视角的研究 [J]. 管理世界，2013（8）: 126-135.

表2-2(续)

研究视角	企业家精神内涵的界定	来源
是以个人特质为显性特征的企业家认知和态度	企业家的价值观体系和风险偏好、冒险等个人特质是企业家精神的显性构成要素。这些显性构成要素影响企业家对事业、财富和风险的认知与态度	徐静等（2016）①

现代企业家精神理论的开创者熊彼特认为创新是企业家精神的本质，企业家精神是一种"创造性的破坏过程"。熊彼特之后，许多美国经济学家在企业家精神的研究方面做出了杰出贡献。奈特（1916）直接将企业家精神定义为面对不确定情况时以最富有创造性的行动开辟新道路的创新精神和风险承担精神。德鲁克认为企业家精神是对现有资源创造性利用从而实现创新的革新行为②。当代管理学家彼得·圣吉对企业家精神的理解更加务实，认为企业家是"当今最有力量改变世界，创造公平正义社会的一类群体。当面对饥饿、贫穷、环境恶化、道德沦丧等人类生存危机时，企业家当有舍我其谁的担当"。随后，对企业家精神的研究日趋详细。美国著名的 IT 研究与顾问咨询机构高德纳公司，通过对学术界、实业界、政界关于企业家精神认识的研究发现，企业家精神应该包括企业家个性特点和能力、创新、资源的重新配置和利用、价值创造、企业成长、独特的思维方式、战略远见以及发展潜在机遇的能力等。

（二）企业家精神的维度

由于企业家精神内涵的模糊性，企业家精神的维度划分和度量一直是研究的难点。奈特认为企业家精神包括创新精神和风险承担精神③。熊彼特（1934）认为企业家以其冒险精神在创新过程中实现对资源的"新组合"。德鲁克（1985）也认为创新性和风险性是企业家精神的核心内涵，后来学者在此基础上将企业家精神扩展到先动性、进取性、竞争性等。米

---

① 徐静，赵静，吴慈生. 企业家文化资本与企业家精神［J］. 管理世界，2016（3）：180-181.

② 德鲁克. 创新与企业家精神［M］. 蔡文燕，译. 北京：机械工业出版社，2007.

③ KNIGHT F. Risk, uncertainty and profit［J］. Social science electronic publishing, 1921（4）：682-690.

莱尔等①、柯伟和塞勒文②从创新性、竞争性、风险性、合作性、主动性等多个维度衡量企业家精神。Lumpkin 和 Dess 认为企业家精神主要包括创新、变革、冒险、独立性和竞争性五大要素③。这些研究为企业家精神的维度界定提供了理论依据。目前典型的企业家精神维度划分见表2-3。梳理前人研究不难发现，虽然学者根据研究目的对企业家精神的内涵进行了不同维度的扩展，但其共性是企业家的创新精神和冒险精神。

表 2-3　企业家精神的维度

维度	来源
创新精神	Covin, Slevin（1989）；Dess, Lumpkin（1996）；Eriksson, Thunberg（2006）；毛良虎等（2016）；李巍和丁超（2016）；项凯标（2018）；吴炯，张引（2019）
风险承担精神	Covin, Slevin（1989）；Dess, Lumpkin（1996）；Eriksson, Thunberg（2006）；毛良虎等（2016）；李巍和丁超（2016）；项凯标（2018）；吴炯，张引（2019）
奉献精神	Weber（2002）；张玉利（2004）
进取精神	Covin, Slevin（1989）；Dess, Lumpkin（1996）；Eriksson, Thunberg（2006）；王重鸣等（2006）；吴炯，张引（2019）；刘畅（2019）
竞争精神	Culhane（2003）；Santos（2004）；薛红志（2005）
使命感和事业心	吴刚（2012）
团队精神	郭锦墉等（2017）；新杰，吴创（2014）
责任意识	郭锦墉等（2017）；新杰，吴创（2014）
敬业精神	新杰，吴创（2014）
工匠精神	吴炯，张引（2019）

有关企业家精神的研究正在不断深入，企业家精神的内涵也在不断扩展。综合前人研究，笔者发现，企业家精神的核心是创新精神和风险承担精神，另外还包括奉献精神、进取精神、竞争精神、合作精神、责任意

①　MILER D, FRIESEN P H. Innovation in conservative and entrepreneurship firms: two models of strategic momentum [J]. Strategic management journal, 1982, 3 (1): 1-25.

②　COVIN J G, SLEVIN D P. Strategic management of small firms in hostile and benign environments [J]. Strategic management journal, 1989, 10 (1): 75 -87.

③　LUMPKIN G T, DESS G G. Clarifying the entrepreneurial orientation construct and linking it to performance [J]. Academy of management review, 1996, 21 (1): 135-1721.

识、敬业精神和工匠精神等。企业家是企业的主要经营者和责任人。

虽然不同学者在企业家精神的概念上难以达成共识，但是这些不同概念的共性是企业家的创新精神和风险承担精神。Frank Rnight 直接将企业家精神定义为面对不确定情况时以最富有创造性的行动开辟新道路的创新精神和风险承担精神。企业家精神研究必须放在特定的社会环境之中。目前国内有关企业家精神的研究主要运用西方研究成果。由于中国特殊的社会文化环境和时代背景，中国对企业家精神的弘扬与西方国家存在一定的差异性。随着改革开放的不断推进，中国企业家的历史使命发生了深刻的变化。改革开放之初中国的企业家精神表现为冲破条条框框束缚的企业家精神；20 世纪 90 年代前后，公司制度的普及和体制内人才外流带来了大工业时代的企业家精神；新时代的科技进步催生了中国新科技革命浪潮下的新的企业家精神。当前我国经济正处于转型升级的关键时刻，中国不仅要大力弘扬创新创业的企业家精神，而且要发扬企业家精神的家国情怀。

结合西方企业家精神的内核和中国弘扬优秀企业家精神的时代要求，本书认为中国的企业家精神的内容应包括企业家的责任担当意识即契约精神。因此，本书从企业家个人经营企业所表现出的核心精神品质出发，将企业家精神定义为创新精神、风险承担精神和契约精神三个维度，构建体现时代要求和具有本土特征的企业家精神的本质内涵。

（1）创新精神。

创新精神是企业家精神的核心和本质。熊彼特关于企业家"创造性破坏"的创新特性凸显了企业家精神的本质特征。Lumpkin 和 Dess 认为熊彼特是最早肯定创新对创业和经济发展的重要作用的人，企业家精神在创业和经济发展中扮演关键角色，创新性反映出企业家对追求新机会的倾向性，是企业家精神的重要构成要素之一[①]。德鲁克认为创新是企业家精神的核心，是企业家寻找并利用机会"创造出新颖而与众不同的东西"的"一种行动"，是对"变化"的利用。Hult 等（2003）认为企业家精神的差异展现出不同的创新创业导向、顾客导向、市场导向和学习导向等，进而形成不同的企业文化。沙恩和文卡塔拉曼认为"企业家精神"是一种找

---

① LUMPKIN G T, DESS G G. Clarifying the entrepreneurial orientation construct and linking it to performance [J]. Academy of management review, 1996, 21 (1): 135-1721.

寻、评估和利用机会创造新产品和服务的创新过程①。

（2）风险承担精神。

风险承担精神是将重要资源投入不确定性机会的意愿倾向，是个人愿意对庞大且具有风险性资源做出承诺的程度②，是一种促进企业发展的责任担当意识。Lee 和 Peterson（2000）认为风险承担精神是企业家精神的特色内涵。风险接受度是指多大程度上愿意接受更多损失的可能性作为获得更高报酬的交换条件（Vecchio，2003）。Palich 和 Bagby（1995）从认知理论视角研究发现企业家比普通人更愿意接受有风险的方案。Lumpkin 和 Dess 认为企业家不同于普通员工之处在于他们愿意承担不确定性与风险③。德鲁克认为"冒险"是企业家精神的重要内容。因为"在所谓的企业家中，只有少数几个人知道他们在做什么。大多数人违背了基本且众所周知的法则"，从而导致创新的失败率非常高④。坎提隆和奈特也将企业家精神与风险承担和不确定性联系在一起。

（3）契约精神。

虽然目前鲜有企业家契约精神方面的研究，但是优秀的企业家大多都具有契约精神，表现为其经营企业的责任担当和家国情怀。例如，华为公司任正非的实业报国伟大梦想、红豆集团周海江的"八方共赢"理念等，无一不是在践行企业家精神的家国情怀。企业家具有财富创造能力，往往拥有较多的财富，应该承担更多的社会责任。古人云"穷则独善其身，达则兼济天下"。责任和担当是契约精神的精髓。企业家首先要遵守的契约是经营好企业，其次是对社会的契约，即社会责任。企业的发展壮大离不开国家的支持，有家国情怀的企业家会遵纪守法、诚信经营，认真落实党和国家的相关政策，坚定维护党和国家的利益。企业家的责任和担当意识不仅能够推动其经营好公司，而且能够平衡社会责任和财富创造间的关系。当企业成熟和财富充盈时，有责任和担当的企业家会积极响应国家号召，参与慈善公益活动，甚至从事引领时代转变的伟大事业。中国企业家

① SHANE S, VENKATARAMAN S. The promise of entrepreneurship as a field of research [J]. Academy of management review, 2000, 25 (1): 217-226.

② MILLER D. The correlates of entrepreneurship in three types of firms [J]. Management science, 1983, 29 (7): 77-91.

③ LUMPKIN G T, DESS G G. Clarifying the entrepreneurial orientation construct and linking it to performance [J]. Academy of management review, 1996, 21 (1): 135-1721.

④ DRUCKER F. Innovation and entrepreneurship [M]. New York: Harper and Row, 1985.

调查系统的研究表明，越来越多的企业家意识到契约精神对企业发展的重要性。企业家的契约精神不仅局限于企业所有权与经营权之间的契约，还包括企业家对整个社会的良好示范作用（梁静，2017）。契约精神应成为新时代中国企业家精神的核心内容之一。

因此笔者认为，企业家应当秉承契约精神，以责任意识和敬业精神经营企业，带领企业积极主动参与合作和公平竞争，并通过工匠精神打造产品质量和品牌影响力，提高企业的竞争优势，推动企业健康成长。笔者将企业家奉献精神、进取精神、竞争精神、合作精神、责任意识、敬业精神和工匠精神等企业家精神的其他维度归纳为契约精神。契约精神是企业家精神的道德基础，没有契约精神成不了真正的企业家。一个恪守契约精神的企业家，必定会竭尽全力推动企业积极参与市场竞争与合作，承担起企业家的经济责任和社会责任，遵纪守法，努力打造企业的品牌形象，以质量取得市场认可。管理学家彼得·圣吉在其《第五项修炼》（1998）中提到，企业家精神应该提升到道德伦理层面。他认为企业家是当今社会最具能力改变世界、创造公平和正义的一类人群。契约精神是商品经济的基础，是一种规则意识、角色意识和守则意识。契约精神是商品交易得以正常运转的至关重要的黏合剂。商品经济规则的践行必须依赖于契约精神。

三、企业家精神与企业成长的关系研究

用企业家精神描述企业家阶层的整体行为时，企业家精神与经济增长相联系[①]；用企业家精神描述企业家的个体行为时，企业家精神与企业成长相联系[①]。熊彼特认为企业家精神是经济增长的重要推动力[②]。鲍莫尔于1968年在《美国经济评论》上发表的一篇题为《经济理论中的企业家精神》的论文，属于企业家精神与小企业经济学方面的开创性研究，确立了企业家精神相关研究的基调，奠定了鲍莫尔在企业家精神研究领域的领军地位。鲍莫尔在该文中通过一个标准的经济学理论框架分析了创新型企业家精神对经济活动的重要性，从而将创新型企业家精神引入新古典微观经济学大门，为创新型企业家精神在长期经济增长和经济繁荣中的重要作用

---

① 鲁传一，李子奈. 企业家精神与经济增长理论［J］. 清华大学学报（哲学社会科学版），2000（3）：42-49.

② SCHUMPETER J A. The theory of economic development: an inquiry into profits, capital, credit, interest, and the business cycle［M］. Boston, MA: Harvard University Press, 1934.

提供了新的微观理论基础。自此，宏观经济领域的企业家研究推演至微观层面，众多学者对其展开了丰富的研究。相关研究支持了企业家精神对企业成长的提升作用。例如，彭罗斯认为企业家的进取心是企业成长的重要资源①。德鲁克从管理学的角度分析了企业家的创新精神和冒险精神对企业创新的重要性②。Zimmerman（2002）从"新进入者陷阱"和"合法性门槛"两个视角论述了企业家精神对新建企业成长的重要性。对企业家精神的研究也从个体层面上升到组织层面。个体层面的企业家精神在创业初期对企业成长影响重大；随着企业由小变大，个体层面的企业家精神向组织层面的企业家精神转化，引导企业创新发展。

有关企业家精神与企业成长关系的实证研究大多认为企业家精神对企业成长有促进作用。企业家精神通过创新培养中小企业的核心竞争力、成长潜力和环境支持力，进而促进企业成长③。企业家精神对企业创新绩效、财务绩效有促进作用④⑤⑥。企业家精神能够明显提升企业的销售利润率、销售收入和市场占有率（王维平，2008）。企业家精神对高新技术企业的市场价值有正向作用⑦。企业家精神还能增加顾客信任。例如，Shepherd和Andrew（2003）采用问卷调查进行实证研究后发现，顾客对新创企业的组织管理和产品信息具有较高的兴趣，创业团队的创新性、风险承担和先动性等企业家精神被顾客理解和接受时，能增强顾客信任，帮助企业抢占市场先机，获取超额利润，并能在很大程度上提高企业竞争优势。李先耀对家族企业传承与成长的研究发现，企业家精神能否继承、发展和创新是家族企业能否成功传承的关键⑧。细分维度的研究也支持企业家精神对企业成长的促进作用。扎哈拉和柯伟的研究表明企业家创新精神能够增加企

① PENROSE E. The theory of the growth of the firm [M]. Oxford：Oxford University Press，1959.

② DRUCKER F. Innovation and entrepreneurship [M]. New York：Harper and Row，1985.

③ 李建桥. 企业家精神与企业核心竞争力提升 [J]. 商业时代，2006（9）：83-86.

④ 刘凤侠. 企业家精神、创新激励与企业创新绩效 [J]. 财会通讯，2019（36）：55-58.

⑤ 谢雪燕，常倩倩. 企业家精神与高新技术企业绩效：基于新三板信息技术企业 [J]. 财会月刊，2017（30）：51-58.

⑥ BIERWERTH M，SCHWENS C，ISIDOR R，et al. Corporate entrepreneurship and performance：a meta-analysis [J]. Small business economics，2015，45（2）：255-278.

⑦ 田鹤楠. 资源禀赋、企业家精神与高新技术企业的实物期权 [J]. 经济问题，2018（2）：76-79，90.

⑧ 李先耀. 企业家特异资源、代际传承和家族企业成长关系研究 [J]. 对外经贸，2013（8）：108-110.

业的研究投入，提高企业长期财务绩效①。张玉利的研究表明企业家奉献精神、预见性和超前行动等企业家精神能够推动企业成长，提高企业竞争力和企业绩效②。李鑫和张庆功（2014）构建了包括风险精神和创新精神两个维度的企业家精神评价体系，并探讨了企业家精神对中小企业成长的影响，他们的研究发现企业家的风险精神和创新精神均能显著促进中小上市公司成长。另外还有研究表明企业家精神对企业绩效的积极作用存在一到两年的时滞③。

企业家精神与企业成长间的关系会受到一些因素的影响。例如，哈·布鲁克郡和荣格利用非制造业和特定行业中小企业样本进行的实证研究发现，企业家精神与企业绩效间的关系受到企业规模的影响④。李倩等通过对 302 份企业的问卷调查进行研究，发现在我国转型经济背景下，企业家精神对企业绩效有积极的促进作用，高管的技术能力和制度环境在二者间有调节作用⑤。谢雪燕和常倩倩的研究表明，高管学历正向调节企业家竞争性和冒险意识对研发投入的影响，而高管年龄对其有负向调节作用⑥。另外，企业家精神与企业成长间的关系还受到创新路径选择、公司治理、企业文化和公司社会资本等内部因素，以及环境不确定性、制度环境和市

---

① ZAHRA A，COVIN J. Contextual influences on the corporate financial performance-company performance relationship in established firms：a longitudinal analysis ［J］. Journal of business venturing，1995，10（1）：43-58.

② 张玉利. 创业与企业家精神：管理者的思维模式和行为准则 ［J］. 南开学报，2004（1）：12-15.

③ ZAHRA S A. Predictors and financial outcomes of corporate entrepreneurship：an explorative study ［J］. Journal of business venturing，1991，6：259-285.

④ BROOKSHIRE H，JUNG E. Does the firm size matter on firm entrepreneurship and performance？［J］. Journal of small business and enterprise development，2009，16（1）：132-146.

⑤ 李倩，邹国庆，郭杰. 转型经济下的公司企业家精神与企业绩效：制度环境与技术型高管的调节作用 ［J］. 山东社会科学，2019（5）：143-148.

⑥ 谢雪燕，常倩倩. 企业家精神与高新技术企业绩效：基于新三板信息技术企业 ［J］. 财会月刊，2017（30）：51-58.

场环境等外部因素的调节作用①②③④。企业家精神的发挥还受到制度变迁速度的影响，制度变迁速度较快的地区，制度优化会抑制企业家精神的发挥；制度变迁速度较慢的地区，制度优化会促进企业家精神的发挥⑤。企业家精神对企业绩效的影响存在中介路径。现有学者集中探讨了企业能力在企业家精神与企业成长间的中介作用。例如，一些学者认为动态能力、市场开拓能力、组织学习能力和创新能力等是企业家精神与企业绩效间关系的重要中介⑥⑦⑧。另外也有学者认为机会识别、资源获取和共生耦合等也在企业家创新性、冒险性和主动性与企业创新绩效间起到了中介作用⑨。

也有少部分学者得出了不同的观点。例如，伦普金等对"年长"企业的企业家精神进行研究后发现，企业家精神的风险承担性和创新精神对于"年长"企业的绩效有降低效应，超前行动性和竞争积极性对"年长"企业绩效有改善作用⑩。程虹和宋菲菲研究我国新常态下企业家精神对企业经营绩效的影响后发现，我国企业家目前多为制度型企业家，缺乏创新型企业家，且企业家精神具有路径依赖性，导致企业家精神对资源配置、员工福利和技术创新产生抑制作用，进而抑制企业家经营绩效提升⑪。

① 俞仁智，何洁芳，刘志迎. 基于组织层面的公司企业家精神与新产品创新绩效：环境不确定性的调节效应 [J]. 管理评论，2015，27（9）：85-94.

② 袁晓玲，李政大，白天元. 基于市场环境调节的企业家精神与 EVA 绩效研究 [J]. 西安交通大学学报（社会科学版），2012，32（3）：36-42.

③ 陈卫东，卫维平. 企业家精神与企业绩效关系的结构方程建模 [J]. 系统工程学报，2010，25（2）：171-176.

④ 蒋春燕，赵曙明. 公司企业家精神制度环境的地区差异：15 个国家高新技术产业开发区企业的实证研究 [J]. 经济科学，2010（6）：101-114.

⑤ 何轩，马骏，李胜文. 报酬结构、税收制度与企业家精神配置 [J]. 科研管理，2017，38（2）：44-51.

⑥ 陈宁. 企业家精神对营销绩效影响实证检验：营销动态能力的中介作用 [J]. 商业时代，2014（19）：90-91.

⑦ 马卫东，游玲杰，胡长深. 企业家精神、开拓能力与组织绩效：基于苏北地区企业的实证分析 [J]. 企业经济，2012，31（8）：37-41.

⑧ 毛良虎，王磊磊，房磊. 企业家精神对企业绩效影响的实证研究：基于组织学习、组织创新的中介效应 [J]. 华东经济管理，2016，30（5）：148-152.

⑨ 刘畅. 创新生态系统视角下企业家精神对创新绩效的影响关系研究 [D]. 长春：吉林大学，2019.

⑩ LUMPKIN G T, DESS G. Linking two dimensions of entrepreneurial orientation to firm performance：the moderating role of environment and life cycle [J]. Journal of business venturing，2001，16（5）：429-451.

⑪ 程虹，宋菲菲. 新常态下企业经营绩效的下降：基于企业家精神的解释：来自 2015 年广东制造业企业-员工匹配调查的经验证据 [J]. 武汉大学学报（哲学社会科学版），2016，69（1）：60-72.

第四节 企业创新与企业成长的关系

创新是企业家经营企业的主要方式之一，也是企业成长的重要途径。许多学者对企业创新展开了丰富的研究。本书通过梳理相关文献，厘清企业创新的维度划分、企业创新的度量方式、企业创新对企业成长的影响等相关研究，为研究奠定基础。

一、企业创新的内涵与维度

由于企业创新内涵的丰富性，学者依据研究目的，用不同的划分标准对企业创新进行维度划分，从而导致企业创新维度划分和研究结论的不一致。虽然这种研究动向从不同角度揭示了企业创新的内在机制，但是也易给相关研究带来困扰。

（一）企业创新的内涵

自经济学家熊彼特在其《经济发展理论》一书中首次完整系统地提出"创新"理论后，创新一直是受广大学者关注的热点话题。熊彼特认为创新是一个"创造性破坏"的过程，在创新动态过程中，引入新设备和新技术的同时，会淘汰旧设备和旧技术。创新的同时暗含着破坏，这种破坏性创新是技术进步的重要力量[①]。熊彼特认为创新的关键是为企业生产经营创造或者引入新东西，此观点是多年来创新理论研究的主流。熊彼特式创新主要针对制造业企业。熊彼特式创新是新的生产要素和生产条件的"新组合"，"新组合"包括新产品、新生产方式、新市场、新原材料供应来源、新组织形态五种类型。熊彼特之后，学者们开始从不同视角研究创新，涌现了大量的以市场创新、过程创新、管理创新和产品创新为主题的学术文献，其中技术创新是创新研究的焦点。随着第三产业和互联网的兴起和迅猛发展，一些学者进一步扩展了创新的内涵，提出服务创新[②]、商业

---

① SCHUMPETER J A. The theory of economic development: an inquiry into profits, capital, credit, interest, and the business cycle [M]. Boston, MA: Harvard University Press, 1934.

② LUSCH R F, NAMBISAN S. Service innovation: a service-dominant logic perspective [J]. MIS quarterly, 2015, 39 (1): 155-175.

第二章 理论基础与文献综述 | 55

模式创新（郭海，2019；Clauss，2017）等概念。也有学者认为创新是一个从创意产生到商业化的过程①②③。

（二）企业创新的维度

企业创新是一个多维度的概念。一些学者从创新对象、创新强度、创新模式等方面划分企业创新的维度。依据创新对象的不同，学者们将企业创新分为技术创新④、产品和服务创新⑤、流程创新⑥、战略创新⑦、管理创新⑧、组织创新、商业模式创新⑨等类型。根据创新对象是否包含技术变革，创新大体上可以分为技术创新和非技术创新。熊彼特（1934）的创新概念包括技术创新和非技术创新。部分学者强调技术创新的重要性，例如，施穆科勒（Schmookler，1966）在《发明和经济增长》一书中主张理解产品和工艺的技术创新是理解企业创新的关键。格罗斯曼认为企业的所有创新都可以用技术创新来解释，其他形式的创新都是为了实现技术创新的价值⑩。但是德鲁克则认为创新是发明创造出新事物或者改变原有事物价值、开辟新市场和开发新客户群体、提高劳动生产率和增加资源产出，并不局限于技术⑪。另外，根据创新强度的不同，学者们将企业创新划分

---

① UTTERBACK J M. Innovation in industry and the diffusion of technology [J]. Science, 1974, 183 (4125)：620-626.

② ROBERTS E B. What we're learned：managing invention and innovation [J]. Research-technology management, 1988, 31 (1)：11-29.

③ 张志强，张玺，上官单彬. 企业全面质量管理与技术创新的过程耦合性研究：基于北京市210家企业调查数据的分析 [J]. 中国科技论坛，2019 (9)：146-152，181.

④ SCHUMPETER J A. The theory of economic development：an inquiry into profits, capital, credit, interest, and the business cycle [M]. Boston, MA：Harvard University Press, 1934.

⑤ 张峰，刘曦苑，武立东，等. 产品创新还是服务转型：经济政策不确定性与制造业创新选择 [J]. 中国工业经济，2019 (7)：101-118.

⑥ DAMAN P F. Footnotes to research on management innovation [J]. Organization studies, 2014, 35 (9)：1265-1285.

⑦ CASADESUS-MASANELL R, RICART J. How to design a winning business model [J]. Harvard business review, 2011 (1/2)：1-9.

⑧ RENNINGS K, MARKEWITZ P, VÖGELE S. How clean is clean? Incremental versus radical technological change in coal-fired power plants [J]. Journal of evolutionary economics, 2013, 23 (2)：331-355.

⑨ JAMES S D, LEIBLEIN M J, LU S. How firms capture value from their innovations [J]. Journal of management, 2013, 39 (5)：1123-1155.

⑩ GROSSMAN G M, HELPMAN E. Endogenous product cycles [J]. Economic journal, 1991 (4)：1214-1229.

⑪ DRUCKER F. Innovation and entrepreneurship [M]. New York：Harper and Row, 1985.

为渐进式创新和突破式创新两个维度①②③④⑤⑥。根据创新模式的不同，学者们将创新划分为集成创新⑦、组合创新⑧、合作创新和自主创新⑨、封闭式创新和开放式创新⑩⑪。学者们对企业创新展开的丰富研究逐渐打开了企业创新的"黑箱"，为相关研究打下了丰富的理论基础。

二、企业创新的测评

虽然不少学者对企业创新的内涵进行了较为全面的理论研究，但是由于相关数据难以获取，不少学者主要采用研发投入、专利产出、新产品销售收入等客观数据衡量企业创新行为。现有研究多采用研发投入衡量企业创新行为，但是部分学者认为并非所有的研发投入都能带来新产品和新技术，并认为专利和新产品销售收入等创新产出能更加准确地衡量企业创新价值⑫。由于创新产出具有时滞性，有时可能需要很长时间，而且不同专利的技术含量差异很大，因此如何度量专利贡献也是研究难点，部分学者

① 齐秀辉，王毅丰，孙政凌.双元创新、企业家冒险倾向与企业绩效研究 [J].科技进步与对策，2020 (1)：1-7.

② 李柏洲，曾经纬.知识惯性对企业双元创新的影响 [J].科学学研究，2019，37 (4)：750-759.

③ 杨菲.企业知识积累与企业创新关系研究 [D].西安：西北大学，2018.

④ FORES B，CAMISON C. Does incremental and radical innovation performance depend on different types of knowledge accumulation capabilities and organizational size？[J]. Journal of business research，2016，69 (2)：831-848.

⑤ 党兴华，魏龙，闫海.技术创新网络组织惯性对双元创新的影响研究 [J].科学学研究，2016，34 (9)：1432-1440.

⑥ SUBRAMANIAM M，YOUNDT M A. The influence of intellectual capital on the types of innovative capabilities [J]. Academy of management journal，2005，48 (3)：450-463.

⑦ 李海海，杨柳.知识属性、网络结构与装备制造企业集成创新：基于结构方程模型的研究 [J].科技管理研究，2019，39 (8)：172-177.

⑧ 李尽法，魏静静，姜红丙.微观视角下组合创新方法研究：对知识重用创新模型的改进 [J].科技进步与对策，2019 (12)：1-9.

⑨ 张保仓.虚拟组织网络规模、网络结构对合作创新绩效的作用机制：知识资源获取的中介效应 [J].科技进步与对策，2020 (1)：1-10.

⑩ SCHUMPETER J A. The creative response in economic history [J]. Journal of economic history，1947，7 (2)：149-159.

⑪ 高良谋，马文甲.开放式创新：内涵、框架与中国情境 [J].管理世界，2014 (6)：157-169.

⑫ 李世奇，朱平芳.研发补贴对企业创新产出的影响研究 [J].中国科技论坛，2019 (8)：18-26.

采用专利数量和专利引用量来衡量。斯坦利·费希尔（Scheirer）和曼斯菲尔德（Mansfield）研究发现研发投入与创新产出具有一定的相关性，研发投入是企业技术创新水平的重要测量指标。他们提出经典的技术创新能力度量模型：P＝a+bI+cx（其中 P 是发明，I 是研发投入，x 是其他研发活动投入）。因此采用创新投入和创新产出衡量企业创新活动均具有一定的合理性。另有部分学者考虑到创新投入和创新产出的弊端，同时采用创新投入和创新产出度量企业创新活动，或者直接采用创新行为的投入产出比即创新效率衡量企业创新。该度量方式能够更加全面地衡量企业创新行为，并逐渐发展为一种研究趋势。企业创新的客观度量方法汇总见图 2-1。

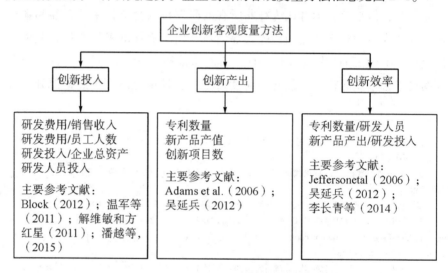

图 2-1　企业创新的客观度量方法汇总

注："/"代表"除以"。

企业创新的客观评价方法虽然有其合理性，但是也存在一定的弊端。创新投入不一定有创新产出，而且很多创新以失败告终，因此创新产出难以客观度量企业创新活跃度。以专利为代表的创新产出难以真实衡量创新投入对企业经济效益的影响，一些投入很大的专利被长时间搁置甚至放弃，另一些投入较少的专利则可能给企业带来不可估量的市场价值。片面地以研发活动代表企业创新可能屏蔽了其他创新方式给企业发展带来的翻天覆地的变化，例如麦当劳的创新，并不包含任何技术创新，却给企业带来了全球市场。另外，客观度量方法多将企业创新作为单一维度进行研究，或者仅研究技术创新，这种研究方法虽然能够形成企业创新的整体认识，但是难以刻画不同类型创新的差异性。基于此，部分学者不满足于仅用创新投入或者创新产出度量企业创新，转而采用主观方法度量。这方面的现有研究主要从创新对象、创新强度和创新模式等角度对企业创新进行维度划分，并开发量表，采用问卷调查法对其进行度量。例如，从创新强度角度，度量渐进式创新和突破式创新；从创新对象角度，开发技术创新、市场创新、管理创新、商业模式创新等方面的量表，对其进行度量；从创新模式角度，开发自主创新、开放式创新、集成创新等方面的量表，度量不同模式的企业创新。相关度量方法见图2-2。

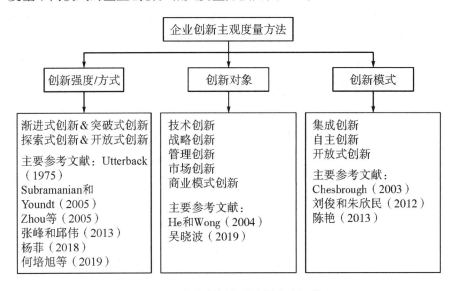

图 2-2　企业创新主观度量方法汇总

学者们关注较多的是技术创新强度，并从渐进式创新和突破式创新两个方面衡量技术创新，部分学者从渐进式创新与突破式创新或者探索式创新与开放式创新两个方面衡量非技术创新（如产品创新、市场创新等）。本书从创新对象角度将企业创新划分为技术创新和商业模式创新两个维度，并从渐进式创新和突破式创新两个方面衡量两种不同类型的创新形式。

三、企业创新与企业成长的关系研究

受熊彼特创新理论的影响，彭罗斯强调创新对企业成长的重要性，认

为企业成长是企业家通过创新和变革等手段对资源进行整合利用，促进企业持续成长的动态过程①。企业成长实践也证实了创新对企业成长的重要性。竞争战略之父波特（1985）在其《竞争优势》一书中提出企业成长是由创新而非要素或者投资驱动的，企业成长应立足于创新。企业生存和发展离不开创新，企业通过创新在市场竞争中获胜，并促进自身成长②。创新是企业成长的原动力，企业只有持续不断地学习与创新，才能充分利用内外部资源，驱动企业持续快速成长③。

虽然很多学者从理论上推导出创新对企业成长的推动作用，研发投入是公司成长的重要引擎（Klette et al.，2000），而且认为企业采取适当有效的研发活动对于企业多元化发展颇有助益，同时有助于企业在市场竞争中脱颖而出。但是相关的实证研究呈现出多样性的研究结论，主要观点包括：创新对企业成长有正向或者负向推动作用，创新与企业成长间是倒U形关系，创新与企业成长不相干，创新与短期绩效无关但是与长期绩效正相关等。

（1）创新与企业成长正相关。

现有文献对企业创新与企业成长关系的实证研究集中在技术创新方面。学者们一般通过研究研发活动对企业发展的重要性，以及研发投入所产生的经济效益来衡量企业创新对企业成长的影响。多数研究表明，技术创新能够促进企业发展且影响重大④，企业研发强度与企业成长正相关⑤⑥，注重新知识和新技术应用的企业的市场占有率更高⑦。徐维爽等研究创业板公司的技术创新后发现，创业板公司的技术含量和技术成果转化

① PENROSE E. The theory of the growth of the firm [M]. Oxford：Oxford University Press，1959.

② 陈晓红，彭子晟，韩文强. 中小企业技术创新与成长性的关系研究 [J]. 科学学研究，2008（5）：1098-1104.

③ 饶扬德，梅洪常，王学军. 创新协同驱动型企业成长模式分析 [J]. 中国科技论坛，2008（7）：64-68.

④ 张栓兴，方小军，李京. 创业板上市公司研发投入对成长性的影响研究：基于股权结构的调节作用 [J]. 科技管理研究，2017，37（8）：143-149.

⑤ 朱慧明，王向爱，贾相华. 社会责任和研发投入对企业绩效影响的分位关系研究 [J]. 湖南大学学报（社会科学版），2019，33（5）：47-55.

⑥ 乔明哲，吴为民，徐士伟，等. 股权集中、R&D强度与创业企业成长：来自深圳创业板的证据 [J]. 北京理工大学学报（社会科学版），2019，21（6）：80-89.

⑦ BAPTISTA R，KARAOZ M. Turbu lencein growing and declining industries [J]. Small business economics，2011（1）：249-270.

效率与企业发展正相关①。安锦和汤云鹏通过 2011—2013 年 75 家上市中小企业样本的实证研究发现，中小企业研发资金投入和研发人员投入越多，企业的技术创新水平越高，企业成长性越强②。部分学者认为，研发投入对企业成长的影响具有滞后性③，这种影响滞后的时间可能为 1~5年④⑤。技术创新对企业成长的影响还具有明显的行业差异性，在高新技术类企业中的影响更加显著⑥。

有关非技术创新与企业成长关系的实证研究较少，现有研究普遍支持非技术创新对企业绩效起促进作用的观点。例如，李子彪等发现企业的研发创新和非研发创新均能促进企业创新绩效提升⑦。张峰和邱玮发现市场创新能显著提升企业绩效，其中探索式市场创新是通过构建市场差异化优势提升企业绩效，开放式市场创新是通过构建低成本优势提升企业绩效⑧。高山行等认为渐进式产品创新与企业绩效正相关，而突破式产品创新与企业绩效负相关⑨。另外一些学者发现商业模式创新、服务创新、组织创新、

① 徐维爽，张庭发，宋永鹏. 创业板上市公司成长性及技术创新贡献分析 [J]. 现代财经（天津财经大学学报），2012（1）：63-68.

② 安锦，汤云鹏. 承接产业转移背景下中小企业技术创新与成长性关系实证研究 [J]. 财经理论研究，2015（1）：85-92.

③ 赵喜仓，吴军香. 中小板上市公司 R&D 投入与企业绩效关系的比较研究 [J]. 科技管理研究，2013，33（12）：104-108.

④ 苏玉珠，张朋丽. 创新投入与企业价值的关系研究：基于中国医药制造业上市公司的实证检验 [J]. 西安财经学院学报，2019，32（4）：60-67.

⑤ WIKLUND J, SHEPHERD D. Knowledge-based resources, entrepreneurial orientation, and the performance of small and medium-sized businesses [J]. Strategic management journal, 2003, 24（13）: 1307-1314.

⑥ SUBRAHMANYA M H B. Technological innovations and firm performance of manufacturing SMEs: determinants and outcomes [J]. Asci journal of management, 2011, 41: 109-122.

⑦ 李子彪，孙可远，赵菁菁. 研发创新、非研发创新对创新绩效影响的差异化：基于高新技术企业的实证研究 [J]. 技术经济，2017，36（11）：7-15.

⑧ 张峰，邱玮. 探索式和开发式市场创新的作用机理及其平衡 [J]. 管理科学，2013，26（1）：1-13.

⑨ 高山行，周匀月，舒成利. 企业的每种创新都生而平等吗：创新、企业绩效和竞争者联系的调节作用 [J]. 科学学研究，2015，33（10）：1564-1572，1583.

管理创新等与企业成长有显著的正相关关系①②③。还有一些学者认为不同形式创新活动的协同性对企业成长有促进作用。例如，谢彦明等通过对海尔公司的案例研究发现，海尔公司的战略创新、市场创新和技术创新的协同作用是海尔公司成功的关键④。何乔和温菁发现管理创新与技术创新的协同性与企业绩效正相关，二者的不均衡性与企业绩效负相关⑤。齐昕和刘家树利用 2005—2013 年 28 个省市入围中国品牌 500 强的企业面板数据实证研究后发现，企业创新的价值创造取决于企业的知识研发、知识转化以及品牌成长间的协同性⑥。

（2）创新与企业成长负相关。

部分学者认为创新伴随着不确定性和高风险性，虽然企业有机会从中获得高收益，但是也可能创新失败导致企业危机甚至破产，这些学者据此认为创新可能会抑制企业成长。例如，弗里尔和罗布森的实证研究发现创新投入与企业成长性间存在显著的负相关关系⑦。安田（Yasuda，2005）采用 14 000 家日本制造业企业样本数据的研究发现，企业研发活动需要大量的研发资金和人员投入，资金供给不足或者研发人员水平有限可能会导致研发失败，甚至使企业面临危机。约翰·穆勒和齐默尔曼（Muller et al.，2009）通过对德国 6 000 家中小企业的研究发现，企业短期的研发投入可能会由于管理方面的缺陷而无法为企业创造更多价值，甚至会给企业常规生产运营活动带来障碍。喻雁和巢琳（2010）以 2010—2012 年上市的 48 家创业板企业为样本数据，并以研发支出为研发活动的代理变量，以净资产收益为企业绩效的代理变量进行研究，发现企业研发活动与企业

①　高鹏斌，吴伟伟，于渤. 基于元分析的管理创新与企业绩效的关系研究 ［J］. 软科学，2017，31（2）：5-8.

②　王喜刚. 组织创新、技术创新能力对企业绩效的影响研究 ［J］. 科研管理，2016，37（2）：107-115.

③　韩晶晶，王利. 服务创新视角下知识管理对物流企业绩效的影响研究：以镇江市为例 ［J］. 科技管理研究，2014，34（24）：144-150.

④　谢彦明，汪戎，纳鹏杰. 战略创新、市场创新、技术创新与企业绩效互动关系研究：以海尔为例 ［J］. 科技与经济，2016，29（1）：21-26.

⑤　何乔，温菁. 管理创新与技术创新匹配性对企业绩效的影响 ［J］. 华东经济管理，2018，32（7）：126-132.

⑥　齐昕，刘家树. 组织协作、企业创新与自主品牌成长 ［J］. 预测，2015（5）：8-14.

⑦　FREEL M S, ROBSON P A. Small firm innovation, growth and performance: evidence from scotland and northern england ［J］. International small business journal，2004，22（6）：561-575.

绩效间存在显著的负相关关系。保罗等通过对高科技中小企业和非高科技中小企业的对比研究发现，刚起步的新创高科技企业和非高科技企业增加研发投入均会限制企业发展，发展水平较高的高科技企业增加研发投入有利于企业规模扩大，但是发展水平较高的非高科技企业增加研发投入会限制企业发展①。朱艳华和许敏研究发现中小企业的研发支出与企业业绩呈负相关关系②。

（3）其他关系。

一些学者通过对企业创新与企业成长关系的研究还得出二者之间存在非线性和不相关关系的结论。①非线性关系。部分学者认为一定的研发投入是企业成长所必需的，但是研发强度过高则可能会抑制企业成长速度，这些学者还提出企业创新与企业成长间呈倒 U 形关系的观点。例如，霍晓萍以 2010—2016 年的创业板上市公司为样本的研究发现，创新投入与企业成长间呈非线性关系，当创新投入水平较低时不但不能促进企业成长，反而对企业成长产生抑制作用；只有当企业创新投入水平较高时才会对企业成长产生显著的促进作用；而且在创新投入水平较高时，公司的股权集中度正向调节二者间的关系，但是股权制衡负向调节二者间的关系，作者进一步提出创业板上市公司应该加大创新投入力度、推动企业成长的建议③。黄昌富和李蓉实证研究发现，研发人员数量与企业成长间呈倒 U 形关系，另外产学研合作和技术创新成果与企业成长间也存在显著的倒 U 形关系④。武志勇等研究发现，研发投入强度与企业成长绩效呈倒 U 形关系⑤。张振刚等发现管理创新强度与企业成长绩效间有明显的倒 U 形关系⑥。②不相

① PAULO N, SERRASQUEIROA Z, LEITAOC J. Is there a linear relationship between R&D intensity and growth? Empirical evidence of non – high – tech vs. high – tech SMEs [J]. Research policy, 2012, 41：36-53.

② 朱艳华, 许敏. 中小板上市公司 R&D 投入对绩效影响的实证研究 [J]. 科技管理研究, 2013, 33（13）：164-167.

③ 霍晓萍. 创新投入与企业成长：抑制还是促进? [J]. 社会科学家, 2019, 262（2）：38-45.

④ 黄昌富, 李蓉. 创新资源集聚、技术创新成果与企业成长：基于我国上市 IT 企业面板数据的实证研究 [J]. 改革与战略, 2015, 31（3）：147-155.

⑤ 武志勇, 王则仁, 马永红. 研发投入、国际化程度与制造业企业价值的门槛效应分析 [J]. 科技进步与对策, 2020（1）：1-8.

⑥ 张振刚, 姚聪, 余传鹏. 管理创新实施对中小企业成长的"双刃剑"作用 [J]. 科学学研究, 2018, 36（7）：1325-1333.

关。也有部分学者认为创新与企业成长不相关。波塔西等通过世界 150 强
生物制药公司的实证研究发现，该行业长期发展的增长率存在高度自相关
性，与技术创新没有关系①。朱卫平和伦蕊通过对 2003 年上市的 197 家高
科技企业调查研究发现，企业的研发投入水平与高科技企业绩效间不存在
显著相关性②。陈晓红等采用 126 家上市公司样本数据的研究发现，技术
创新能力较强的中小企业存在技术人员多、研发支出高和企业的创新转换
效率高等特点，表明研发投入与技术创新水平正相关，但是与企业的成长
性绩效无明显的相关关系③。

第五节　营商环境的维度及其影响的相关研究

营商环境是企业经营面临的外部环境综合。营商环境会对企业战略和
行为产生重要影响，其内容也较为丰富。现有关于营商环境的研究集中在
营商环境的内容与评价上，以及营商环境对企业家决策和企业行为的影
响等。

一、营商环境的内涵

"营商环境"一词源于投资环境。投资环境是指特定区域或者行业在
一定时间内拥有的影响投资系统健康运行，并对投资系统健康成长起决定
性作用的各种主客观因素的有机复合体④。投资环境决定了企业的投资决
策和投资收益，制度环境质量决定了企业投资的区位选择（Holmes et al.，
2013）。制度环境好的地区通常交易成本低，好的制度环境能够吸引更多

---

① BOTTAZZI G, DOSI G, LIPPI M, et al. Innovation and corporate growth in the evolution of the
drug industry [J]. International journal of industrial organization, 2001, 19（7）: 1161-1187.
② 朱卫平, 伦蕊. 高新技术企业科技投入与绩效相关性的实证分析 [J]. 科技管理研究,
2004（5）: 7-9.
③ 陈晓红, 彭子晟, 韩文强. 中小企业技术创新与成长性的关系研究 [J]. 科学学研究,
2008（5）: 1098-1104.
④ 邓宏兵, 李俊杰, 李家成. 中国省域投资环境竞争力动态分析与评估 [J]. 生产力研究,
2007（16）: 77.

的投资①②。好的投资环境中，企业普遍生产力水平较高，技术和经验较先进，更有利于企业学习能力提升③。

世界银行于2002年开始的营商环境调查项目中最早出现了"营商环境"一词，该项目旨在对各经济体的营商法规及其执行情况进行评价，以便督促完善法律法规和监管环境，促进各经济体改善私营部门特别是中小企业的发展环境。营商环境直接影响一个国家和地区的企业发展活力、企业家投资区位抉择以及投资收益。世界银行（2004）对80个国家投资环境的研究表明，政策的可预见性有可能增加30%的新增投资。法治环境决定了企业契约执行效率和执行过程中存在的风险。由于契约环境的不完善性，事前专用性资本无法全部写入契约，事后无法向法庭证实，投资方在事后再谈判过程中往往面临被"敲竹杠"的风险，进而导致无效率投资④⑤。

《中华人民共和国国民经济和社会发展第十三个五年规划纲要》将营商环境划分为市场环境、法律政策环境、政务环境和人文环境四大类，系统涵盖了营商环境的各个方面。诺斯认为制度环境包括成文的法律、规则和合约等正式约束，以及习俗、惯例、文化和行为准则等非正式约束⑥。营商环境是一个国家或地区经济发展的软实力，对企业发展活力和创新创造能力有着重要的影响。根据营商环境定义的范围，我们可以将营商环境的定义分为三类。

第一类：所有影响企业经营活动的因素总和。

根据世界银行《营商环境报告》的定义，营商环境是指一个经济体在企业开设、办理施工许可证、电力获得、合同执行、产权登记、纳税、金

① SHI W, SUN S L, YAN D, et al. Institutional fragility and outward foreign direct investment from China [J]. Journal of international business studies, 2017, 48 (4): 1-25.

② BLONIGEN B A. A review of the empirical literature on FDI determinants [J]. Atlantic economic journal, 2005, 33 (4): 383-403.

③ 王凤彬，杨阳. 我国企业FDI路径选择与"差异化的同时并进"模式 [J]. 中国工业经济, 2010 (2): 120-129.

④ WILLIAMSON O. The economic institutions of capitalism: firms, markets, relational contracting [M]. New York and London: Free Press, 1985.

⑤ HART O, MOORE J. Property rights and the nature of the firm [J]. Journal of political economy, 1990 (98): 1119-1158.

⑥ 诺斯，路平，何玮. 新制度经济学及其发展 [J]. 经济社会体制比较, 2002 (5): 5-10.

融信贷、破产登记、投资者保护等覆盖企业全生命周期重要领域的各个方面遵循相关政策法规所需时间和成本的总和。简单来说营商环境就是经济主体从事经营活动或者商事组织所面临的政治、法律、制度、文化和自然等环境。

第二类：制度软环境和基础设施硬环境之和。

这类概念将"营商环境"定义为企业进行经营活动或者商事组织所面临的由政府塑造的制度软环境和基础设施硬环境之和。马爱华（2002）认为营商环境是政府主导的一系列降低交易成本的举措，目的是招商引资。代明认为营商环境是政府打造的为吸引非政府投资和外来投资的硬环境和软环境，完善硬环境需要政府组织投资建设，改善软环境需要政府进一步深化改革①。周瑞芳在中小企业研究的基础上，将"营商环境"定义为由政府提供的政策与制度，包括中小企业信贷政策、贴息和风险补偿等优惠政策、行业协会、公平竞争环境等②。阿萨夫泰伊等将"营商环境"定义为受规制约束、税收体制、腐败情况、合同执行不确定性和财产权等的集合，并将预算软约束和市场结构作为营商环境的两项重要内容③。

第三类：制度软环境。

此类营商环境也可称为营商"软环境"，是指企业经营活动涉及的制度软环境。2008年世界银行发布的《中国营商环境报告》中所调查的营商环境是有关阻碍或激励商业活动的政府规制的形式和范畴，主要反映的是企业运营软环境，即政府政策和政务服务质量。董志强等将营商环境等同于制度软环境，相同的国家政治法律背景下各地区因政府政策、规制和法律实施等方面的差异，形成了制度"软环境"的差异④。刘锦等将"营商环境"定义为包括对公权力的监督、行政审批程序、创新制度环境、政企关系等在内的综合环境⑤。埃斯卡莱拉和蒋认为营商环境是制度质量，包

① 代明.从打造营商环境看政府投资的乘数效应［J］.开发研究，2005（1）：16-19.

② 周瑞芳.改造营商环境 促进企业发展：基于中小企业生存与发展危机的分析［J］.中国集体经济，2008（1）：59-60.

③ ASAFTEI G, KUMBHAKAR S C, MANTESCU D. Ownership, business environment and productivity change［J］. Journal of comparative economics, 2008, 36: 498-509.

④ 董志强，魏下海，汤灿晴.制度软环境与经济发展：基于30个大城市营商环境的经验研究［J］.管理世界，2012（4）：9-20.

⑤ 刘锦，王学军.寻租、腐败与企业研发投入：来自30省12 367家企业的实证研究［J］.科学学研究，2014，32（10）：1509-1517.

括规制质量、政府效率和腐败程度①。郑丽和陈志军认为地区政府政策、规制和法律实施的差异是导致地区营商环境差异的根本因素②。

综合上述研究可以发现，学者们已经对营商环境的内涵展开了丰富的研究。虽然不同学者对营商环境的内容进行了不同的界定，但是政府在营商环境塑造中所起的重要作用得到了学者们的普遍认可。现有的研究对营商环境内容的界定主要包括政府与市场的关系、公平竞争环境和法治环境等。

二、营商环境的维度与评价

营商环境的实证研究多围绕政府主导的营商环境或称"营商软环境"或"制度环境"，并从不同侧面对营商环境质量进行评价。早期的跨国制度环境实证研究通常采用征信风险和对外投资约束等指标衡量营商环境。随着研究的深入展开，许多学者开始寻求综合性制度环境指标，例如贸易开放度、金融服务水平、腐败程度、法治化程度、法律完善程度等（Acemoglu et al.，2003；Rodrik et al.，2004）。汉普洛娃和普罗瓦兹尼科娃（Hamplova et al.，2014）从法律规制强度和规制过程复杂性及成本方面评价捷克共和国的商业环境。巴哈和房（Bah et al.，2015）从规制、犯罪、基础设施和腐败程度等方面衡量地区商业环境。王小鲁等在《中国分省份市场化指数报告（2016）》中从政府与市场的关系、产品市场和要素市场发育水平、市场中介组织的发育、法律制度环境、非国有经济的发展水平等方面综合评价各省份的营商环境③。由于营商环境具有较强的本土特征，国内外营商环境评价存在较大差异。相较于量表和替代变量，通过综合评价指标度量营商环境能更接近实际情况。另外，营商环境评价需要大规模、大范围的调研，因此营商环境二手数据是目前实证研究普遍采用的方式。表2-3仅列出国内实证研究涉及的营商环境内容及其评价指标。相关研究数据多来自世界银行的调查结果以及王小鲁和樊纲的研究结论。

---

① ESCALERAS M, CHIANG E P. Fiscal decentralization and institutional quality on the business environment [J]. Economics letters, 2017, 159：161-163.

② 郑丽，陈志军. 集团内部嵌入形式对子公司技术创新的影响：基于地区制度环境差异的分析 [J]. 经济管理，2017, 39（3）：76-89.

③ 王小鲁，樊纲，朱恒鹏. 中国分省份市场化指数报告（2016）[M]. 北京：社会科学文献出版社，2017.

表 2-3 营商环境评价汇总

研究层面	评价指标	来源
政府与市场的关系	行政服务效率	夏后学（2019）、刘军（2019）、何凌云（2018）、董志强（2012）
	企业获得的政府资源注入量	
	企业在办理许可证、请求行政服务时提供的礼物或非正式支付占销售收入的比重（政府廉洁度）	
法治环境	司法部门可信度	
	政治环境稳定性	
	限制贸易	张美莎（2019）
	企业与供货商、顾客或是附属机构发生商业纠纷时，本地法律系统可以给予企业公平、公正判决的概率（可能性）有多大	杨进和张攀（2018）
	在企业所涉及的商业或其他纠纷中，企业的合法财产和合同受到本地法律系统保护的比例有多大	杨进和张攀（2018）
	地方政府治理水平	张美莎（2019）
	各省市当年律师从业人口与总人口的比率	张美莎（2019）
	知识产权保护	马骆茹和朱博恩（2017）
市场竞争环境	市场竞争秩序	何凌云（2018）
	市场集中度（省份行业赫芬达尔指数）	马骆茹和朱博恩（2017）

也有小部分学者通过开发量表度量营商环境。国际著名经济地理学家斯科特构建的包括规制环境、认知环境和规范环境在内的三维度模型能较为全面地衡量企业面临的外部环境①。其中规制环境是指对企业行为产生影响的一系列法律法规、规则和程序等，其合法性是基于法律制裁；认知环境是指社会中广泛共享的用以解释某一特定现象或活动的知识和技能，其合法性是基于正统的教育培训；规范环境是源自社会价值观和文化的人类行为规范和行为准则，具有社会嵌入性和传播性特征，其合法性是基于社会信仰和习俗。斯科特用此模型很好地解释了不同国家制度环境的差异

————————————

① SCOTT W R. Institutions and organizations：theory and research ［M］. Thousand Oaks，CA：Sage Publications，1995.

性，为跨区域的企业行为对比研究提供了理论基础。布塞尼茨等在斯科特（1995）三维度模型的基础上，通过对美国西南部某商学院留学生问卷调查的实证研究发现，制度环境可以部分解释不同国家企业成长的差异性[1]，该研究结论在布塞尼茨等[2]和马诺洛娃等（Manolova, et al., 2008）采用东欧国家样本数据的实证研究中得到进一步证实。蒋春燕和赵曙明在布塞尼茨等（2000）和马诺洛娃等（2008）的研究的基础上，进一步结合中国国情，从认知、规范和规制三个维度设计制度环境测量量表，以此评价制度环境的区域差异性[3]。

　　另有一些学者采用工具变量替代营商环境展开相关的实证研究。西方学者多采用欧洲语言人数比重、殖民者死亡率、人口种族多样性、距离赤道的距离、是否内陆国家等工具变量代替地区营商环境（Dollar et al., 2003；Dong et al., 2010）。国内学者多采用地理位置、地区基督教徒人数、地区留学归国精英人数、地区开埠通商历史等作为营商环境的工具变量[4]，强调国内营商环境受到西方国家影响的程度。虽然相关文献对营商环境的操作化定义存在一定的差异，但是根据表 2-3 可知，营商环境总体而言可以分为政府与市场的关系、法治环境和市场竞争环境三个维度。

三、营商环境与企业家精神的关系研究

　　企业家精神是企业提升核心竞争力的关键因素，企业家精神的发挥受内外因素的共同影响。内部因素是指企业家特质，外部因素主要是指营商环境。企业的行为是既定营商环境下企业家的理性选择，营商环境能够改变企业的收益，进而影响企业家的行为偏好。布罗代尔（1997）认为资本主义为企业家创新提供了舞台，法律制度和市场规模等因素的变化会影响企业家对机会的识别和利用。在法律和信用体系不完善的情况下，企业通

---

① BUSENITZ L W, GOMEZ C, SPENCER J W. Country institutional profiles: unlocking entrepreneurial phenomena [J]. Academy of management journal, 2000 (43): 994-1003.

② BUSENITZ L W, GOMEZ C, SPENCER J W. Country institutional profiles: unlocking entrepreneurial phenomena [J]. Academy of management journal, 2000 (43): 994-1003.

③ 蒋春燕, 赵曙明. 公司企业家精神制度环境的地区差异: 15 个国家高新技术产业开发区企业的实证研究 [J]. 经济科学, 2010 (6): 101-114.

④ 董志强, 魏下海, 汤灿晴. 制度软环境与经济发展: 基于 30 个大城市营商环境的经验研究 [J]. 管理世界, 2012 (4): 9-20.

常面临较大的进入和成长不确定性①。营商环境对企业家精神的发挥有重要影响。企业家往往通过创新和变革回应外部环境压力②。研究表明，营商环境的诸多方面对企业家精神的发挥均会产生重要影响，例如外部不确定性③、制度环境④⑤、法律体系⑥、金融环境、社会文化⑦等。

现有研究多探讨营商环境对企业家精神的直接影响。斯宾塞和戈麦斯（Spencer et al.，2004）从规范环境、认知环境和规制环境三个维度分析制度环境对企业家活动的影响，并通过多国家样本数据的实证研究发现社会舆论、信息传播速度、政策法令都显著影响企业家精神的发挥。伯克维茨和德容⑧、李后建⑨等学者发现腐败会明显抑制企业家创新和创业精神。安图尼斯等的实证研究表明，金融发展水平越高，越能激发企业家的创新精神⑩。解维敏对我国 2002—2006 年的上市公司样本数据的实证研究发现，法治化水平和金融发展水平越高，越有利于企业家精神培育⑪。韦尔特和斯莫尔伯尼在研究企业家精神的制度嵌入性时发现，处于转型经济期的国

① 肖建忠，易杏花，SMALLBONE D. 企业家精神与绩效：制度研究视角 [J]. 科研管理，2005（6）：44-50，57.

② GEELS F W. Ontologies, socio-technical transitions（to sustainability）, and the multi-level perspective [J]. Research policy, 2010, 39（4）：495-510.

③ TAN J, LITSCHERT R J. Environment-strategy relationship and its performance implications：an empirical study of Chinese electronics industry [J]. Strategic management journal, 1994, 15（1）：1-20.

④ FOGEL K, HAWK A, MORCK R, et al. Institutional obstacles to entrepreneurship [M]. Oxford：Oxford University Press, 2006.

⑤ LIM D S K, MORSE E A, MITCHELL R K, et al. Institutional environment and entrepreneurial cognitions：a comparative business systems perspective [J]. Entrepreneurship theory & practice, 2010, 34（3）：491-516.

⑥ CHEMIN M. The impact of the judiciary on entrepreneurship：evaluation of Pakistan's access [J]. Journal of public economics, 2009, 93：114-125.

⑦ MITCHELL R K, SMITH J B, SEAWRIGHT KW, et al. Cross-cultural cognitions and the venture creating decision [J]. Academy of management journal, 2000, 43（5）：974-993.

⑧ BERKOWITZ D, DEJONG D N. Entrepreneurship and postsocialist growth [J]. Oxford bulletin of economics and statistics, 2005, 67（1）：25-46.

⑨ 李后建. 市场化、腐败与企业家精神 [J]. 经济科学，2013（1）：99-111.

⑩ ANTUNES A, CAVALCANTI T, VILLAMIL A. The effect of financial repression and enforcement on entrepreneurship and economic development [J]. Journal of monetary economics, 2008, 55（2）：278-297.

⑪ 解维敏. 产权性质与企业家创新精神研究：来自中国上市公司的经验证据 [J]. 管理现代化，2013（1）：101-104.

家的制度环境不确定、模糊性和动荡性会影响企业家精神及其创新创业行为①。龙海军实证研究发现政府行政服务质量正向促进企业家创新精神、创业精神②。李娟和马丽莎（2020）认为企业家精神不仅受到企业家个体的影响，而且受到营商环境的影响，优良的营商环境有利于培育企业家精神。但是也有研究提出不同意见，王德才和赵曙明从组织行为学角度研究发现，过强的创业支持环境会成为任务导向战略向公司企业家精神转化的障碍③。

部分学者探讨了营商环境对企业家精神与企业成长间关系的调节作用。例如，扎哈拉首次从创新精神、风险精神和战略更新精神三个维度对企业家精神进行探索性研究，他发现，制度环境对企业家精神与企业绩效间的关系有调节作用④。谢众和张杰通过对上市公司的实证研究发现，营商环境对企业家精神与企业绩效间关系有调节作用⑤。李倩等通过问卷调查研究发现，转型经济环境下的制度环境对企业家精神与企业绩效间的关系有调节作用，制度环境越好，企业家精神与企业财务绩效间的正相关关系越强⑥。杜慧研究发现行业竞争性对企业家创新精神、冒险精神与技术创新绩效间的关系有调节作用⑦。俞仁智等研究发现以创新和变革为主要特征的企业家精神对新产品绩效有促进作用，环境不确定性在二者间有显著的调节作用，动荡的环境会削弱企业家精神对创新绩效的促进作用⑧。李梦雅和严太华认为制度环境对企业家风险投资引致的研发投入与创新产

① WELTER F, SMALLBONE D. Institutional perspectives on entrepreneurial behavior in challenging environments [J]. IEEE engineering management review, 2014, 42 (2): 35-50.

② 龙海军. 制度环境对企业家精神配置的影响：金融市场的调节作用 [J]. 科技进步与对策, 2017, 34 (7): 94-99.

③ 王德才, 赵曙明. 任务导向战略领导行为与公司企业家精神：创业制度环境的调节效应 [J]. 财贸研究, 2013, 24 (5): 131-138.

④ ZAHRA S A. Predictors and financial outcomes of corporate entrepreneurship: an explorative study [J]. Journal of business venturing, 1991, 6: 259-285.

⑤ 谢众, 张杰. 营商环境、企业家精神与实体企业绩效：基于上市公司数据的经验证据 [J]. 工业技术经济, 2019 (5): 89-96.

⑥ 李倩, 邹国庆, 郭杰. 转型经济下的公司企业家精神与企业绩效：制度环境与技术型高管的调节作用 [J]. 山东社会科学, 2019 (5): 143-148.

⑦ 杜慧. 企业家精神对技术创新绩效的影响研究：行业竞争性的调节作用 [D]. 南京：南京师范大学, 2019.

⑧ 俞仁智, 何洁芳, 刘志迎. 基于组织层面的公司企业家精神与新产品创新绩效：环境不确定性的调节效应 [J]. 管理评论, 2015, 27 (9): 85-94.

出间的关系有调节作用①。因此，企业家的创新行为受到环境因素影响，改善营商环境能够激励企业家的创新决策②③。

虽然大部分学者认为监管和法治水平④、司法体系和产权保护完善程度⑤、金融发展水平（Beck et al.，2008）等会激发企业家的创新行为，但是也有部分学者持不同意见，认为激烈的市场竞争、创新支持政策和知识产权保护程度会阻碍企业家精神向企业创新行为转化⑥。研究结论的不一致性表明有必要对其展开进一步的深入研究。

四、营商环境与企业创新的关系研究

目前有关营商环境与企业创新行为间关系的研究是从营商环境的一个或者几个方面展开的，包括市场竞争、政府干预、知识产权保护、融资约束、制度环境等。

1. 市场垄断（竞争）的程度与企业创新

行业竞争程度对企业创新行为的研究尚取得一致的结论。①最早熊彼特认为垄断对企业创新有促进作用，熊彼特认为市场垄断能够促进企业创新。②此后学者提出竞争对企业创新有促进作用（Nickell，1996；Williamson，1965；Bozeman et al.，1983；Mukhopadhyay，1985；Blundell et al.，1999）；新古典理论认为竞争更能促进创新，杰罗斯基（Geroski，1990）认为高度集中的产业在促进企业创新方面不如竞争性产业，垄断对创新有阻碍作用。③还有学者认为竞争与企业创新间是倒 U 形关系⑦⑧，卡米恩和

---

① 李梦雅，严太华. 风险投资、引致研发投入与企业创新产出：地区制度环境的调节作用 [J]. 研究与发展管理，2019，31（6）：61-69.

② BARRO R，SALA I M X. Economic growth [M]. 2rd edition. Cambridge：MIT Press，2004：209-240.

③ 王钦，张崔. 中国工业企业技术创新 40 年：制度环境与企业行为的共同演进 [J]. 经济管理，2018，40（11）：5-20.

④ MARCELIN I，MATHUR I. Privatization，financial development，property rights and growth [J]. Journal of banking and finance，2015，50（6）：528-546.

⑤ 杨进，张攀. 地区法治环境与企业绩效：基于中国营商环境调查数据的实证研究 [J]. 山西财经大学学报，2018，49（9）：1-17.

⑥ 王永进，冯笑. 行政审批制度改革与企业创新 [J]. 中国工业经济，2018（2）：24-42.

⑦ SCOTT W R. Institutions and organizations：theory and research [M]. Thousand Oaks，CA：Sage Publications，1995.

⑧ AGHION P，HOWITT P. A Model of growth through creative destruction [J]. Econometrica，1992，60（2）：323.

施瓦茨（Kamien et al., 1982）认为市场介于完全垄断和完全竞争之间才最有利于企业创新。陈羽（2007）通过研究以勒纳指数表示的行业市场竞争程度与企业创新投入间的关系发现，二者是非线性的倒 U 形关系。

2. 政府干预与企业创新

有关政府干预与企业创新的研究普遍认为政府干预会阻碍企业创新。张龙鹏等（2016）用世界银行发布的《2008 年营商环境报告》有关中国各地区行政审批信息的数据进行实证研究后发现，地区行政审批强度会降低当地的创业意愿和创业规模。顾元媛和沈坤荣（2012）认为政府干预越少，寻租空间越小，地区治理环境越好，企业的 R&D 活动越积极。王海兵和杨蕙馨（2016）发现利益集团式勾结行为对企业创新有明显的破坏作用。然而政府干预并不总是妨碍研发活动，政府的科技资助能够刺激企业技术创新（Gonzalez, 2008；Carboni, 2011），环境规制对制造业企业的研发投入有明显的促进作用（蒋为, 2015）。张保柱和黄辉（2009）对我国上市公司的实证研究发现，政府干预越严重，研发投入越低，主要原因是地方政府的利益和企业自身发展目标不一致。林木西等（2018）发现税收优惠和财政补贴政策对企业研发投入有显著的激励效果。

3. 知识产权保护与企业创新

有关知识产权保护与企业创新行为的研究得出了三种不同的结论：①多数学者认为知识产权保护对企业创新具有促进作用（Claessens et al., 2003；Lin et al., 2010；胡凯 等, 2012），有力的知识产权保护会降低企业技术创新成果及其创新收益被侵蚀和挤压的可能性，进而增强企业研发投入的动机（Chen et al., 2005；王华, 2011）。②部分学者认为二者为倒 U 形关系，即知识产权保护会提高企业的技术创新能力，然而严厉的知识产权保护会障碍企业的技术创新。③部分学者认为知识产权保护与发展中国家的企业技术创新不相干（Branstetter et al., 2006；Kim et al., 2012），甚至会阻碍发展中国家的技术创新（Allred et al., 2007；刘思明, 2015）。

4. 融资环境与企业创新

有关融资环境与技术创新关系的研究普遍认为融资约束对企业的技术创新有抑制作用（陈海强 等, 2015）。市场化改革和法律环境改善有助于推动金融市场发展和金融环境完善，降低企业面临的融资约束和融资成本，增加企业的研发投入，促进企业成长①。但是也有少数学者持反对意见，认为当企业面临融资约束时，管理层为避免企业陷入经营困境会积极挖掘企业生产率以提升潜能，进而有助于技术水平提高。

5. 营商环境与企业创新

营商环境通常是指制度环境②。制度环境将企业行为与公众舆论联系起来，迫使企业遵守外部规则、规范和价值观（Oliver，1991），企业行为不可避免地受制于外部制度环境（DiMaggio et al.，1983），组织创新和变革是对外部制度压力的回应③。工业经济管理体制改革使我国企业技术创新主体的合法地位得到确立，科技体制改革和对外开放促进企业技术创新资源的有效配置和创新资源的全球流动。改革开放的不断深化和市场体系的不断完善促进我国制度环境持续向好。制度环境的改善增加了企业的创新投入和产出，提升了企业的创新效率（王钦 等，2018）。良好的制度信用环境对企业创新成果起到了较好的保护作用，减少了研发风险，进而有助于企业的创新行为（武晓芬，2018）。

五、营商环境与企业成长的关系研究

营商环境是企业经济活动中面临的外部条件的总和。企业作为一个开放性的组织系统，其运行一定程度上依赖于外部环境，并从外部环境中获取资源要素（费显政，2005），企业的行为内生于其所处的营商环境（李维安 等，2010）。高效的政务服务、公平透明的市场监管和完备的资源要素供给可以有效降低企业的不确定性和制度性交易成本，进而降低企业总体成本。营商环境会对企业行为产生重大影响。有关营商环境与企业成长关系的研究主要从营商环境对企业行为的影响展开。

组织理论认为"不确定性"是企业所面临的外部环境的基本特征。环境不确定性是一种客观存在，其根源是企业外部环境的复杂性和多变性，外部环境的变化往往会影响企业的行为方式。环境不确定性是企业行为的外部制约因素，是企业的一种成本，不确定性的降低意味着稳定性预期提

① LEVINE R. Bank－based or market－based financial systems：which is better？ ［C］. NBER Working，2002：9138.

② 董志强，魏下海，汤灿晴. 制度软环境与经济发展：基于30个大城市营商环境的经验研究 ［J］. 管理世界，2012（4）：9-20.

③ GEELS F W. Ontologies，socio－technical transitions（to sustainability），and the multi-level perspective ［J］. Research policy，2010，39（4）：495-510.

升、企业成本降低和收益增加。诺斯（2002）认为建立制度是为了减少交易的不确定性。制度性交易成本是企业由于遵循政府制定的各种规章、制度和政策等所付出的成本，是指机制体制问题产生的时间、机会和经济等的各种成本，分为政策规章类、政府服务类、政府监管类三类制度性交易成本（毛强，2017）。也有学者将制度性交易成本等同于企业为应对不合理制度而引发的成本，如审批流程过多、审批时间过长、检查评比过滥等①。制度性成本源于政府审批、监管和服务等制度性规定。

第六节　研究述评

从以上对相关文献的梳理来看，企业如何保持持续成长依然是战略管理领域研究的核心问题和热点问题。众多学者从不同角度对企业成长的影响因素展开了有益的探讨，并在一定程度上继承了彭罗斯的企业成长内生性观点。另外，企业家精神理论自诞生以来就受到学者的广泛关注，取得了丰硕的研究成果。通过对相关文献的梳理，笔者发现目前的研究尚存在一些不足，这为本书的研究提供了新的研究方向和研究空间。

首先，国内有关企业家精神维度的界定大多来自西方，较少考虑我国转型发展的市场特征和社会文化特征，难以凸显时代对优秀企业家精神的呼唤。企业家精神具有鲜明的时代内涵和本土特征。中国企业处于独特的发展情景之中，企业要想发展起来，其企业家精神凸显的维度必然与西方国家不尽相同，甚至有西方研究框架内尚未探知的维度。因此，推进我国企业高质量发展，需要结合我国企业现状，探讨促进我国企业健康成长的企业家精神内涵，及其对企业健康成长的影响机制，揭示企业家精神对企业成长的独特价值贡献，引导我国企业和企业家健康成长。从已有文献对企业家精神与企业成长关系的研究来看，虽然许多学者对企业家精神的内涵和维度进行了丰富的研究，但是鲜有探讨企业家契约精神的研究。新时代激发优秀企业家精神，推动"两个健康"，需要以企业家契约精神为基础，推动企业家合法诚信经营企业，承担起企业转型升级的经济责任和时代担当。因此，有必要将企业家精神的内涵维度扩展到契约精神方面，以

---

① 卢现祥. 转变制度供给方式，降低制度性交易成本 [J]. 学术界，2017 (10)：36-49.

增厚企业家精神的相关理论，并为培养优秀企业家精神提供理论支撑。

其次，理论界对企业家精神与企业成长关系的研究虽然产生了丰富的成果，但是有关企业家精神与企业成长间中介路径的探讨尚显不足。现有研究集中探讨了机会识别能力、资源整合能力、动态能力、市场能力等组织能力相关因素的中介作用，鲜有关于组织行为因素中介作用的探讨。企业家精神作为意识层面的概念，转化为具体的创新活动，需要相应的内在转换机制和外在条件。虽然学者普遍支持企业家精神对企业创新有积极影响的观点，但是有关企业创新与企业成长间关系的研究结论尚存在分歧，因此难以直观推断企业创新在企业家精神与企业成长间的中介作用。另外，现有关于公司企业家精神的研究大多以企业家精神的后效即企业创新成果，来衡量企业家精神。这种处理方式虽然能够体现企业家精神的核心，但是企业家精神能否顺利转化为企业创新还需要相应的实践检验。因此，有必要从理论和实证的角度论证企业家精神对企业创新的影响机制，剖析企业家精神通过企业创新影响企业成长的路径。

最后，企业作为一个开放性系统，其行为必定受到外部环境的影响。虽然少数学者探讨了营商环境对企业家精神与企业绩效间直接关系的调节效应，但是企业成长不能等同于企业绩效提升。另外，现有研究多将企业家精神作为单一维度，探讨营商环境对企业家精神与企业成长间关系的调节作用。然而企业家精神的内涵具有多维性特征，有必要揭示营商环境对企业家精神不同维度与企业成长间关系的影响的差异性。社会认知理论认为，结合意识、行为及环境的多因素研究能够更好地揭示决策过程和结果 (Wood et al.，1989)。企业创新是企业家精神影响企业成长的重要行为模式，但是鲜有学者将营商环境、企业家精神、企业创新与企业成长放在一个理论框架内进行研究。在我国特殊市场经济背景下，营商环境对企业家精神发挥机制的调节效应有其本土特征，因此有必要结合我国本土情境，揭示营商环境对企业家精神发挥作用的过程及其对经济效果的调节作用。

第三章　企业家精神、企业创新与企业成长关系的理论分析

创新和企业家精神是企业成长的动力之源。加快企业转型升级和高质量发展需要创新与企业家精神的助推。虽然许多学者对企业家精神进行了丰富的理论探讨，然而目前有关企业家精神的研究尚处于探索阶段，有必要进一步探讨企业家精神影响企业成长的作用路径及其边界条件。本章首先从机会识别和资源整合两个视角探讨企业家精神对企业成长的直接影响，然后在分析企业家精神与企业创新的关系、企业创新与企业成长的关系的基础上提出企业创新是企业家精神与企业成长间的中介因素，并进一步分析营商环境对企业家精神发挥作用的调节效应，揭开企业家精神影响企业成长的"黑箱"。

第一节　企业家精神对企业成长的影响

企业家对于企业的重要作用在于机会识别和资源整合。机会识别和资源整合是企业成长的基础。本节首先对企业家精神进行界定，并从企业家的内在因素和外部环境两方面探讨企业家精神的形成基础，然后论述企业家精神对机会识别和资源整合的影响，揭示企业家精神影响企业成长的机理。

一、企业家精神的影响因素

企业家精神内涵的丰富性和模糊性给企业家精神相关研究带来了一定的困难。在研究企业家精神与企业成长的关系之前，首先要界定企业家精神，并从内因和外因两方面分析企业家精神的影响因素。

（一）企业家精神的界定

现有学者从不同视角对企业家精神进行了界定。心理学家多以企业家群体为研究对象，旨在从众多企业家中总结出企业家群体区别于普通人的人格特质，并将其定义为企业家精神。但是诸多成功企业家的人格特质千差万别，用一系列人格特质定义企业家精神存在片面性。德鲁克认为企业家精神是个人或者机构的"一种独特的特性……是一种行动，而不是人格特征"[①]。随着研究的不断深入，管理学领域相关学者更多地以企业为研究对象，探讨影响企业生存和发展的企业家行为倾向[②]，而非企业家群体区别于其他人群的人格特质，例如，柯伟和塞勒文从企业角度将企业家精神定义为面对不确定因素时，承担与投资决策和战略行动相对应的高级管理风险的行为[③]。德鲁克认为企业家精神是一种视变化为常态，并不断寻找变化的行为[④]。另外，以企业为研究对象的企业家精神研究又分为企业家的企业家精神、高管团队企业家精神、公司企业家精神、员工企业家精神等。企业家精神是形成创新创业导向、顾客导向、市场导向和学习导向等企业文化的基础。企业家精神归根结底来源于企业家，企业家的企业家精神是形成团队企业家精神、公司企业家精神和员工企业家精神的基础。基于此，本书以企业为研究对象，探讨企业家的企业家精神对企业成长的影响。

企业家精神内涵的丰富性和模糊性导致了企业家精神界定的差异性。米勒等认为企业家精神是企业家的一种有助于企业生存和成长，并带有预见性和冒险性的创新性活动[⑤]。德鲁克认为"企业家是敢于承担风险和责任，开创并领导了一项事业的人"，企业家必须"有勇气面对决策"。他还认为企业家精神由价值观、认知和态度构成，其本质是创新性。陈寒松认为企业家精神由价值观、行为和能力构成[⑥]。周其仁认为企业家是一种社会

---

① DRUCKER F. Innovation and entrepreneurship [M]. New York：Harper and Row，1985.

② COVIN J G, SLEVIN D P. Strategic management of small firms in hostile and benign environments [J]. Strategic management journal，1989，10（1）：75 -87.

③ COVIN J G, SLEVIN D P. A conceptual model of entrepreneurship as firm behavior [J]. 1991，16（1）：7-26.

④ DRUCKER F. Innovation and entrepreneurship [M]. New York：Harper and Row，1985.

⑤ MILER D, FRIESEN P H. Innovation in conservative and entrepreneurship firms：two models of strategic momentum [J]. Strategic management journal，1982，3（1）：1-25.

⑥ 陈寒松. 家族企业企业家精神的传承与创新研究 [J]. 东岳论丛，2011，32（4）：173-177.

责任，承担了这种责任的人才能成为企业家①。李桂花（2019）认为企业家精神包含企业家动机和企业家能力两个方面。

综上所述，本书认为企业家精神由价值观念体系和行为倾向构成，其本质是创新，其主要内容包括追求创新和卓越、勇于担当和承担风险以及信守契约。

（二）企业家精神形成的内因

企业家精神是一种重要的社会资源，是企业持续发展和社会进步的驱动力，对于个人、组织和社会变得日益重要。企业家精神研究涉及心理学、经济学、管理学、社会学甚至法学等多个学科，属于交叉学科和边缘学科研究。因此，学术界对于企业家精神内涵的界定也存在多样性和边界模糊性的特征。当前对于企业家精神的研究呈现出爆炸式增长的趋势。大量的理论和实践表明，企业家精神同时存在于宏观和微观层面（时鹏程，2006）。宏观层面即社会层面，这个层面的企业家精神，是指激励和培养社会的企业家精神，力争在地区、社会、国家乃至全球形成创新创业的文化氛围，促进社会进步。微观层面的企业家精神又分为个体层面企业家精神和组织层面企业家精神。企业家精神是企业家在内因和外因共同影响下形成的（张敏，2017），企业家精神的形成受到企业家人格特质的影响，并随社会环境的变迁而变化。总结而言，企业家精神的形成受到个体层面、企业层面、社会层面三个层面内外因素的影响。三者之间的关系见图3-1。

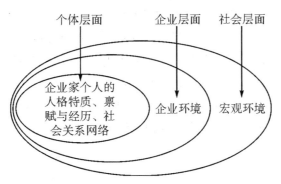

图3-1　企业家精神的影响因素

<hr />

① 周其仁. 竞争与繁荣 [M]. 北京：中信出版社，2013.

管理学区别于经济学的"经济人"假设，提出多元化的人性假设："经济人""社会人""自我实现人"等。随着研究的不断深入，管理学对人性的认识逐渐丰富化和复杂化。人格特质理论是心理学有关人格研究的重点领域。人格特质是个人与他人互动过程中表现出的持久稳定的行为特征和反应方式，比如进取、从众、冒险、畏缩等（叶卫华，2004）。学者认为，企业家具有异乎常人的成就动机（Stewart et al.，2003）、风险偏好（Van Praag et al.，2001）、内控型人格特征（Boyd et al.，1994）等人格特质。这些人格特质是构成企业家精神的必要条件和企业家精神的根源所在，具有难以模仿和复制的特性（Gasse，1982），是企业家区别于其他管理者和普通员工的特质。现有研究一致认为，企业家精神是异质性企业的关键内因（徐飞 等，2015）。企业家个人具有的独特的、不可替代的和难以模仿的个人特质是企业异质性存在的根源。个体方面，一些学者主要从人口特征、成就动机、风险偏好、内控型人格等方面探讨企业家精神的形成内因。

1. 人口特征

早期心理学领域有关企业家精神的研究主要关注企业家群体共同拥有的可以解释其行为的个性特征[①]，这些个性特征主要源自年龄、性别、出生地、种族、童年经历、家庭环境、受教育程度、宗教信仰、社会地位等人口特征以及后天经历。该类研究隐含一个基本假设，就是企业家与普通管理者在某些方面的不同可以从企业家人格特质方面寻得解释[②]。但是经济学家和管理学家认为有关企业家精神的研究应该以企业为载体[③]，企业家精神是企业异质性的关键解释因素（徐飞 等，2015）。本书采纳此类观点，以企业为载体剖析企业家精神的形成机理。企业家精神的独特性是内在和外在、先天和后天、个性和共性等要素共同作用的结果。企业家具有异乎常人的成就动机、风险偏好和内控型人格特质。以创新为核心的企业家精神包含企业家的价值观念，这种价值观念受到企业家个体人格特质的

① LOW M B, MACMILLAN I C. Entrepreneurship: past research and future challenges [J]. Journal of management, 1988, 14 (2): 139-161.

② 宋克勤. 国外企业家理论 [J]. 首都经济贸易大学学报, 2001 (4): 65-69.

③ COVIN J G, SLEVIN D P. A conceptual model of entrepreneurship as firm behavior [J]. 1991, 16 (1): 7-26.

影响。研究表明，人格特质对个体成为企业家具有显著的积极影响①。企业家精神受到企业家的成就动机、风险偏好和内控型人格的影响，企业家的这些人格特质是铸就企业家精神差异性的主要内因。

2. 成就动机

成就动机是区别企业家与普通管理者的关键。企业家精神代表着企业家对成功的渴望和追求，具有高水平成就动机的人为了满足自我成就感，往往会努力谋求成为企业家，而非成为一般管理者（Stewart et al.，2003）。科林斯（Collins，2002）和斯蒂沃特等（Stewart et al.，1999）进一步验证了该结论，得出企业家的成就动机高于普通管理者。卓越的企业家往往不安于现状，主动为自己设定更高的目标，并积极采取行动去实现目标。熊彼特认为企业家有"征服的意志"和"创造的欢乐"以及"创造私人王国"等非享乐主义的动机②。企业家的成就动机是企业家精神产生的内在动因。虽然许多研究都证实了成就动机对企业家精神的影响，但是高水平的成就动机只是企业家成功的必要条件。

3. 风险偏好

企业家超乎常人的风险偏好是企业家冒险精神的根源。沙恩和文卡塔拉曼认为企业家往往表现出较高的风险偏好，这种偏好体现在对商业机会的利用和对创新创业的追求③。德鲁克也认为企业家视变化为常态，追求确定性的人不可能成为优秀的企业家④。企业家是公司重大决策的制定者，制定决策就要直面不确定性。企业家的风险偏好驱使其在面对机遇时主动投入资源，企业家的这种行动是其主动承担风险的外在表现。另外，斯蒂沃特和罗斯（2001）认为企业家较普通管理者具有更高的风险偏好，企业家往往更加关注能否为企业创造价值，而普通管理者则更关心能否增加个人收入。

4. 内控型人格

企业家具有内控型人格特征是研究者们基于内控点理论的一种研究发现。内控点理论认为人们对生活中发生的事情及其结果的控制持有不同的

---

① LEVINE R, RUBINSTEIN Y. Smart and illicit: who becomes an entrepreneur and does it pay? [Z]. CEP discussion, 2013: 1237.

② SCHUMPETER J A. The theory of economic development: an inquiry into profits, capital, credit, interest, and the business cycle [M]. Boston, MA: Harvard University Press, 1934.

③ SHANE S, VENKATARAMAN S. The promise of entrepreneurship as a field of research [J]. Academy of management review, 2000, 25 (1): 217-226.

④ DRUCKER F. Innovation and entrepreneurship [M]. New York: Harper and Row, 1985.

解释（Rotter, 1954）。具有企业家精神的人往往具有较高水平的自我效能感，这是一种内控型人格特征。企业家精神所表现出的坚持不懈和执着追求源自企业家相信自己能够控制事情的发展方向和结果（Boyd et al., 1994）。面对不断变化的外部环境，企业家在意识到危机的同时更加倾向于思考如何抓住环境变化中蕴藏的机会，并凭借个人能力和资源克服重重障碍，积极利用机会为企业创造价值，而普通管理者则更多地思考如何规避风险。心理学中有关人格特质的来源有三种不同的观点。以卡特尔和艾森克为代表的学者认为人格特质主要源于遗传因素而非环境因素；精神分析学派创始人弗洛伊德虽然承认遗传因素的重要性，但是更加强调人格特质主要由早期的童年经历决定；以人本主义心理学家罗杰斯和马斯洛等为代表的学者认为人格是后天习得的，强调人格具有发展性，后天的个人经历对人格特质起到塑造作用。组织行为学理论也认为经历是人格特质形成的重要影响因素，人格特质是企业家精神最为直观和内在的影响因素，会直接影响企业家的判断、决策和行为方式。一些研究表明，企业家的成就动机是企业家精神产生和发扬的内在驱动力。以创新为核心的企业家精神是企业家本人的价值观念，受到个体人格特质的影响。创新性的人格特质源自个体的禀赋和独特的成长经历。

成就动机、风险偏好和内控型人格是企业家区别于普通管理者和员工的主要人格特质。

（三）企业家精神形成的外因

现代经济与管理理论认为企业家在经济发展和企业运营中具有不可替代的作用。企业家不是孤立存在的，而是被嵌入相应的企业、社会、制度、文化以及市场环境之中的，企业家精神被打上了特定的时代烙印。环境观认为外部环境的动态性、异质性和敌意性是企业成长的外力，对企业家精神产生重要影响[①]。企业家精神的形成受到外部环境的深刻影响。马克斯·韦伯在《新教伦理与资本主义精神》一书中认为欧洲企业家精神来源于对新教精神的弘扬，吴（Wu, 1983）认为华人企业家精神受到儒家思想的深刻影响。熊彼特指出培育企业家精神需要完善的市场经济体系和金融市场。高度集权的计划经济体制下，企业和资源完全由政府控制，私人无法办理企业，政府在行政和经济中的自主权可能会导致政企不分，政

---

① 陈卫东，卫维平. 企业家精神与企业绩效关系的结构方程建模 [J]. 系统工程学报，2010，25（2）：171-176.

府处理行政和经济事务的随意性较强，经济利益和政治权力方面的因素使企业家的决策难以自由化（Luthans，2000）。经济转型时期地方政府有较大的动机干预企业家经营决策（田伟，2007），从而抑制企业家精神的产生和发展。

1. 企业制度

企业制度等对企业家精神的形成有着重要影响。在市场竞争环境下，公司制度差异影响企业家个体的企业家精神的形成，最终使企业在识别和利用市场机会、开发新产品和市场、企业能力形成等方面形成竞争优势上的差异（Estrin，2002）。现代公司治理的意义在于发挥代理人的积极性、主动性，以及奈特所说的企业家精神，即不确定性和风险承担性。兼顾公司利益和代理人利益的报偿机制是公司治理的企业家路径，可以有效激发经理人的企业家精神，并解决代理问题（Rajan et al.，2003），对公司价值实现有积极影响（李新春 等，2006）。

不同类型的企业组织对企业家精神的要求也存在较大差异。商业企业更加重视盈利能力，强调冒险精神和竞争精神，而非营利性社会企业则更倾向于爱岗敬业、奉献精神和社会责任等。国有企业、民营企业和三资企业等类型的商业组织对企业家精神的培养也有较大区别。国有企业因产权制度的缺陷而缺乏形成企业家精神的激励动因，而民营企业大多属于企业主企业，能较好地激励企业家精神（邵传林，2015）。

企业处于不同的成长阶段，企业家给企业提供的资源和战略决策完全不同。初创企业由于规模小，组织较为脆弱，抵抗风险的能力较弱，企业家必须具备较强的风险意识和敏锐的首创精神才能带领企业快速成长。成熟期的企业家战略是开拓与发展，即在维持现有市场地位的基础上，进行更大程度的市场渗透。衰退期的企业家更需要勇敢地放弃和果敢地决策，要具有寻求二次创业的敏锐的市场洞察力。Lumpkin 和 Dess（2001）通过对 96 家企业 CEO（首席执行官）的调查发现，进取性战略导向在产业发展初期及成长期对企业业绩更有利，但是产业发展成熟期对企业业绩更有利的是竞争性战略。

2. 社会制度

现代经济与管理理论中，企业家在经济发展和企业运营中具有不可替代性。企业家不是孤立存在的，而是嵌入社会关系网络和特定的社会制度、文化和市场之中。企业家的行为受到社会制度和文化的深刻影响。百度百科指出，社会制度是为了满足人类基本社会需要而建立的具有普遍性和稳定性的社会规范体系。社会制度影响企业家个体的企业家精神的路径包括直接路径和间接路径。直接路径是社会制度通过社会整合和行为导向功能对企业家的思想和行为模式产生直接影响；间接路径是通过文化传递和创造功能对企业家思想和行为模式产生间接影响。罗桑斯（Luthans，2000）认为高度集权的计划经济体制下，企业和资源完全由政府控制，极大地限制了企业家精神的产生和发扬。

3. 社会文化

Zukin 和 DIMaggio（1990）提出文化嵌入性理论。文化嵌入性是指社会文化环境对经济现象的影响。文化是分层次的。文化包括组织文化、区域文化和社会文化。张佑林（2005）将区域文化划分为精神层、价值观层和知识层三个不同层面。社会文化也存在精神层、价值观层和知识层。①精神层的社会文化是核心，是一种抽象的高层次的人类精神活动，集中体现为社会群体的信仰和追求，为企业家精神的形成提供不竭动力。②价值观层的社会文化集中体现为社会成员的共同人生态度和观念。社会价值观经历长期稳定的传承、积淀和内化，形成了一种稳定的社会心理定式和实践定规。现代企业伦理理论认为各个社会均具有核心价值体系，并据此形成社会普遍接受的道德标准、行为规范、政策倾向和制度框架等。价值观是社会文化中比较稳定和最根本的文化因素。企业家受到社会核心价值体系的潜移默化的影响，决策中自然而然地遵从文化道德伦理规范约束，并积极迎合社会核心价值观念以寻求广泛的社会认可和合法性基础，这影响了企业家精神的形成。③知识层的社会文化是一系列隐性的知识、惯例和常规。隐性知识具有非编码性，因此，知识层的社会文化对企业家精神的影响，以长期耳濡目染的自然熏陶机制为主导，而非以正式教育培训的方式影响企业家精神。

马克斯·韦伯认为欧洲企业家精神来源于对新教精神的弘扬，有学者认为华人企业家精神受到儒家思想的深刻影响（Wu，1983）。环境因素和时代背景是构筑企业家精神所蕴含的爱国敬业、诚信守法等价值观的外在动因和社会基础。现代社会中，社会文化的长期积习形成的观念对人们的思想和行为产生了潜移默化的影响，从而塑造了具有企业家精神的企业家个体。而企业家个体又反过来不断强化、重构和改造社会文化。

4. 市场竞争

Daen 和 Meyer（1996）基于环境决定企业家创业和成长机会的理论提出，企业面临的市场需求对企业家精神存在重大影响，而这在市场需求爆发阶段表现得尤为明显。市场竞争能够激发企业家精神，促进在位者不断革新。离开了竞争和市场，企业家精神的形成将会受到极大阻碍。中国改革开放初期的民营企业发展状况，是市场环境影响企业家精神的有力证据。计划经济时期的指令性生产方式，群众所需皆按计划分配，不存在市场竞争。此时的企业家活动被严格禁止，企业家精神无法得到发挥，最终导致市场供给单一、缺乏竞争、资源稀缺和民营市场凋零等问题。随着改革开放的不断推进和市场机制的引入，企业家精神逐渐被激活，从而涌现出大批下海经商的民营企业家。改革开放初期的市场环境见证了旺盛的市场需求对企业家精神的驱动作用。奈特认为企业家活动源自不确定性环境下的利润追求和创造。激烈的市场竞争可能会大大挤压企业家的剩余利润，挫伤企业家的积极性。基于此，熊彼特提出垄断市场竞争环境、对企业家超额利润的保护机制能完全激发人们的企业家精神。而阿罗则认为垄断利润对创新利润的替代作用反而会抑制企业家的创新意愿，并认为竞争对创新有激励作用①。程锐和马莉莉认为激烈的市场竞争有利于激发"创造性破坏"的企业家精神，企业家精神的"创造性破坏"行为对于从无到有的增量创新尤为关键②。由此可以发现，无论垄断型市场结构，还是竞争型市场结构都强调市场竞争对企业家精神的重要影响。

随着我国市场环境的不断优化，中国企业家精神也在不断演化。改革开放初期形成了企业家的冒险精神。在这类企业家精神的示范作用下，很多人投入商品经济活动中，这推动了中国市场经济发展，也助长了不少企业家的投机行为，同时也使企业家遭到很多诟病。这种野蛮生长的现象反过来抑制了中国企业家精神的发展。改革开放的推进和技术水平的不断提升，促成了一批具有探索精神的企业家，改变了中国的商业文明和商业生态体系，改善了中国的市场经济秩序。新时代在"两个健康"的推动下，提倡弘扬优秀企业家精神，提倡企业经营者做爱岗敬业、诚信经营、回报

---

① ARROW K. Economic welfare and the allocation of resources for invention [M]. London：Industrial Economics，1972.

② 程锐，马莉莉. 市场化改革、金融发展与企业家精神 [J]. 北京工商大学学报（社会科学版），2019，34（4）：100-114.

社会的新时代企业家,鼓励企业家积极行动起来发挥表率作用,以创新驱动企业转型升级和质量提升。新时代的营商环境正潜移默化地影响着企业家的价值观和行为,逐渐使企业家精神蕴含爱国敬业、诚信守法、责任担当等价值观念。企业家精神受到市场环境的影响,反过来也不断影响和塑造着市场环境。市场环境对人们的思想和行为产生潜移默化的影响,从而塑造企业家个体的企业家精神。越来越多的企业家个体,其行为反过来又强化、重构和再造市场环境,形成具有创新创业精神、竞争精神的市场氛围。企业家精神形成的内外因素及其影响机制如图3-1所示。

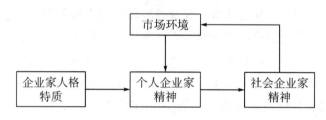

图 3-1　企业家精神的形成

本书认为有关企业家精神的研究最终应该回归到企业家个人层面,包括企业家以创新性为本质的价值观念体系和行为倾向性,其价值观念体现为一种对机会的把握和对风险的担当,其行为倾向体现为对事业与成就、利益与卓越的不懈追求。

二、企业家精神对企业成长的影响

企业家精神涵盖企业家识别机会和整合利用资源创造新财富的过程中所表现出的机敏性、进取性、创造性和冒险性等特征。企业家精神不仅意味着企业家的思维,而且意味着相应的企业家能力和企业家行动。与企业家精神相对应的企业家能力主要是机会识别能力、资源整合能力[①]。随着市场竞争越来越激烈,市场机遇稍纵即逝,市场资源不断变化。企业要想永续经营,企业家必须积极发现机会,整合利用资源。企业家精神不仅是企业成长的关键资源,而且是企业成长的重要能力,是机会识别和资源整合的重要驱动。

---

① 王坤,荣兆梓. 小企业向大公司演化的机理:一种新企业家精神视角 [J]. 华东经济管理,2005(10):52-56.

（一）企业家精神对机会识别的影响

机会是企业成长的限制性因素①。面对激烈的市场竞争，企业需要不断地从充满不确定性的环境中识别和利用机会，才能保持企业的竞争优势。机会识别理论认为，机会识别是企业对于具有市场潜力的商业机会的感知和挖掘过程，它包括机会感知、机会开发和机会评估三方面。企业家精神是企业家围绕机会展开的包括机会发现、评估和利用的一系列机会识别行动②。具有企业家精神的企业通常专注于识别市场中潜在的获利机会。企业家识别机会的方式有两种，一是依靠"直觉"敏锐地捕捉偶然发现的机会，二是有目的地发展现有商业机会。企业家精神能够帮助企业识别出具有更大商业价值或社会价值的机会③④，缺乏企业家精神的企业将难以识别到扩张机会，或者没有能力、没有意愿利用机会。企业家精神对机会识别的影响体现为，企业家精神驱动企业家的机会识别自觉性和提升组合成员的机会识别能力。

1. 企业家精神能有效地驱动企业家识别成长机会的自觉性和敏感性

市场具有不完善性，供需不均衡的市场潜藏着诸多机会。企业家具有一般人所不具备的洞察力，这种能力使其能够敏锐地识别市场中潜在的获利机会，并能够利用机会快速适应环境变化⑤。企业家精神是企业家基于利润追逐动机对市场中尚未被识别的可获利机会的敏感性和洞察力（Kirzner，1997），企业家的这种敏感性和洞察力对于机会识别尤为重要，它影响着企业家对机会的感知、评估和利用。企业家精神有助于企业家更好地洞察外部环境⑥。企业家精神驱使企业家一直关注市场变化，企业家不仅关注本领域的发展，而且关注其他领域的变化，企业家通过观察获取

---

① PENROSE E. The theory of the growth of the firm [M]. Oxford：Oxford University Press，1959.

② SHANE S，VENKATARAMAN S. The promise of entrepreneurship as a field of research [J]. Academy of management review，2000，25（1）：217-226.

③ DRUCKER F. Innovation and entrepreneurship [M]. New York：Harper and Row，1985.

④ 张玉利. 创业与企业家精神：管理者的思维模式和行为准则 [J]. 南开学报，2004（1）：12-15.

⑤ KIRZNER I M. Competition and entrepreneurship [M]. Chicago and London：The University of Chicago Press，1973：14-41.

⑥ DJANKOV S，QIAN Y，ROLAND G，et al. Who are China's entrepreneurs？[J]. Cepr discussion papers，2006，96（2）：348-352.

识别机会的关键信息①。根据柯兹纳的企业家理论，企业家不但能够感知到机会的存在，而且有能力抓住机会并创造利润。

机会能否被识别取决于客观机会是否能够引起注意，换句话说也就是企业家是否具有客观机会的先验知识。德鲁克认为企业家精神并非天生的，只有极少数人天生拥有敏锐的机会感知能力，任何敢于面对变化和做出决策的人，都可以通过实践和学习成为一名优秀的企业家②。企业家精神是在认知结构、先验知识和组织学习的实践中逐渐形成的。不断进取的企业家价值观在实践中转化为企业家的学习动力，鼓舞着企业家不断学习，并形成良好的学习习惯和能力，使企业家积累更多的知识。企业家精神有利于企业家对外部知识的保存和吸收，驱使企业家积极获取外部知识和信息③。企业家对新知识和现有知识的融合利用能够形成系统化的机会认知基础，有助于其发现市场机会④。

企业家对机会的识别和利用属于企业家决策，企业家决策并不是建立在信息和数据分析基础上的科学决策，而是依据"直觉"、想象力和判断力所做的决策，企业家决策决定着企业的前途和命运（张维迎，2019）。企业家精神以及企业家积累的机会认知，形成企业家对机会的"直觉"。企业家精神影响着企业家对内外环境的判断，形成对机会和市场的预判力。企业家依靠这种"直觉"和预判力识别市场中潜在的获利机会。西蒙（1998）提出，企业家面临的风险在性质上与其他管理者面临的风险没有太大差异，其差异体现为对风险的认识和控制方式，企业家不可能冒自认为不值得的风险。企业家的风险偏好影响其对机会潜在价值的评估，从而使每个企业拥有"独一无二"的扩张机会。

———————

① SONG G, MIN S, LEE S, et al. The effects of network reliance on opportunity recognition: a moderated mediation model of knowledge acquisition and entrepreneurial orientation [J]. Technological forecasting and social change, 2017 (C), 117: 98-107.

② DRUCKER F. Innovation and entrepreneurship [M]. New York: Harper and Row, 1985.

③ 李伟, 聂鸣, 李顺才. 企业家精神对外部知识能力及网络能力的作用 [J]. 科学学研究, 2010, 28 (5): 763-768.

④ WIKLUND J, SHEPHERD D. Knowledge-based resources, entrepreneurial orientation, and the performance of small and medium-sized businesses [J]. Strategic management journal, 2003, 24 (13): 1307-1314.

2. 企业家精神有助于促进组织成员机会识别能力的提升

企业家精神有助于提高组织学习能力①，企业家精神通过影响组织学习进而影响组织成员的机会识别能力。面对复杂多变的外部环境，企业家只有通过不断学习，才有能力应对不断变化的外部环境。王林生认为企业家精神是企业家在快速变化和竞争激烈的市场环境下，面对优胜劣汰的巨大压力逐渐形成的价值观和思维方式②。企业家精神作为企业家的一种价值观，在长期的企业发展过程中被不断植入企业文化中。企业家的这种学习和探索精神指导企业家为组织成员营造良好的学习氛围，提倡和鼓励组织成员不断学习。企业家创新精神还引导企业家通过组织设计鼓励员工积极主动的交流和分享经验，加强团队的知识分享和扩散，有助于组织成员形成更多识别机会的先验知识。具有冒险精神的企业家会积极进行跨领域的机会识别，引导企业发展战略转移。企业跨领域的发展战略会给组织成员带来更加丰富的知识和信息，进而促进跨界思维和机会发现。企业家精神引导企业持续投入人力和资金，对技术和市场变化、管理和生产条件等环境进行扫描，形成组织成员识别机会的关键信息。组织成员的知识、经历和技能是企业成长的能力基础③。

企业家精神通过企业愿景和发展战略影响组织成员对机会的筛选和评估。企业家精神驱使企业家通过企业愿景、发展战略和组织设计形成企业家导向的文化氛围，这种文化氛围会影响组织成员对机会的认知。一般的组织成员缺乏企业家的那种对机会的准确"直觉"，往往根据先验知识和对组织发展目标的认知，初步筛选感知到的机会，并将筛选出的自认为有价值的机会反馈给组织。组织的机会评估往往是组织成员基于价值取向的一种主观判断。企业家精神是企业家价值观和行为倾向的综合表现。企业家精神通过企业愿景和发展战略将企业家的价值观念传达给组织成员，进而影响组织成员的价值观取向和行为规范④；然后组织成员依据价值观体系对机会进行评价，发掘机会的不确定性因素和对实现企业战略目标的危

① 毛良虎，王磊磊，房磊. 企业家精神对企业绩效影响的实证研究：基于组织学习、组织创新的中介效应 [J]. 华东经济管理，2016，30 (5)：148-152.

② 王林生. 企业家精神与中国经济 [J]. 管理世界，989 (4)：147-151.

③ RICHARDSON S. Over-investment of free cash flow [J]. Review of accounting studies, 2006, 11 (2)：159-189.

④ 辛杰，兰鹏璐，李波. 企业家文化价值观的双元影响效应研究：以企业家精神为中介 [J]. 中央财经大学学报，2017 (4)：72-80.

害性（Aharoni，1993），并利用那些在可控范围内且与企业发展战略大体一致的机会。企业成长正是建立在企业家及组织成员机会识别基础之上的。企业家精神对于机会识别的影响路径见图3-2。

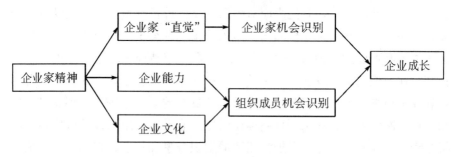

图 3-2　企业家精神影响企业机会识别的路径

（二）企业家精神对资源整合的影响

资源是企业创立与发展过程中拥有和可以支配的用以实现企业发展目标的各种要素及其组合①。企业内部尚未被充分利用的资源往往以无序和分散状态存在。学者大都认同聚焦外部资源识别和内部资源配置的资源整合行为对企业成长的积极影响②。资源基础观认为尚未被完全利用的资源是企业成长的基础。企业竞争优势不仅源自其拥有的独特资源，而且源自其对资源的有效利用。资源整合是企业提高资源利用效率的有效途径（Reymen et al.，2015）。企业通过采取科学、合理和高效的方式配置现有资源并不断开发新资源，将资源应用于细分市场，挖掘资源利用价值，有利于企业竞争优势形成③。西蒙（2007）也认为整合利用公司内外部资源以创造价值是企业竞争优势的重要来源。企业家的核心职能是提供一种经营思想以实现企业资源的新组合，为企业创造巨大利润。资源整合是企业家重新组合资源，并采取行动开发新机会、解决新问题的行为（Senyard et al.，2014）。资源整合过程中企业家不仅面临失败的风险，而且需要承受来自各部门的压力。企业家的领导地位及企业家精神使其在资源整合过

---

①　BARNEY J. Firm resources and sustained competitive advantage［J］. Journal of management，1991，17：99-120.

②　程松松，董保宝，杨红，等. 组织即兴、资源整合与新创企业绩效［J］. 南方经济，2019（3）：54-70.

③　WERNERFELT B. A resource-based view of the firm［J］. Strategic management journal，1984，5（2）：171-180.

程中起着无可替代的主导作用。企业家精神包括对不确定性的容忍和风险承担精神、合作和分享精神。企业家精神通过引导公司的业务流程重组，营造一个容错和宽松、共享和协作的组织氛围，缓解资源整合过程中可能出现的矛盾，为资源整合提供文化和流程保障，从而有利于实现资源的"新组合"。企业家精神对资源整合的影响主要体现在资源识别、获取与重新配置方面。

1. 企业家精神直接决定着对不同资源的价值判断，进而影响到获取有价值的资源的努力程度

资源识别是以内部现有资源为基础，识别企业发展所需的外部核心资源，并对其进行分类。资源获取是在资源识别后，通过某种方式获取外部核心资源的过程。资源识别和获取是解决企业成长过程中资源短缺难题的重要途径。企业家通过识别和获取核心资源帮助企业建立独特的能力，推动企业持续成长（Desa et al.，2013）。企业家精神包括企业家的信息汇集、整理和总结能力，企业家通过评估企业相关的文化资源、社会资本、财务资源和技术资源，确定其资源的价值性，识别出对本企业产品开发、竞争优势形成和战略目标实现起决定性作用的外部资源。企业对这些资源的需求形成了企业的资源依赖。企业家是企业与外部联系的桥梁和纽带。企业家精神驱使企业家努力与外界沟通，拓宽资源搜寻与获取渠道。有进取心的企业家往往积极与拥有相关资源的外部单位建立联系，从而获取高质量和高效率的外部资源补充，以便利用识别到的发展机会创造经济效益[①]。企业家精神驱使企业积极进行外部联盟，打造合理的联盟资源库，在联盟企业内部进行资源共享。企业家精神推动企业家积极通过并购等方式将影响企业战略目标实现的外部核心资源内部化，形成企业专用型资源。企业家精神驱使企业积极进行新市场和新业务开拓，不但能够发现内部原本分散和未被完全利用的资源的新用途，而且能够通过与外部单位的积极沟通，拓宽企业的社会关系网络和获取外部核心资源的渠道，从而有助于企业的资源识别和获取。

2. 企业家精神决定着企业有限资源的配置方向

资源配置是融合利用企业内外部资源，提高资源利用效率和价值创造

---

① 鲁喜凤，郭海. 机会创新性、资源整合与新企业绩效关系 [J]. 经济管理，2018（10）：44-57.

能力的过程①。企业成长伴随着资源的不断积累，在此过程中容易出现"资源冗余"。资源冗余的主要原因是资源未得到充分吸收和利用。企业需要通过整合利用这些资源，发挥资源的最大价值，为企业开拓新的成长空间②。科斯认为企业家是企业内部资源配置的主体和权威，"在企业外部，价格运动指挥着生产，它是通过一系列市场交易协调的。在企业内部，这些市场交易被取消，代替市场结构的是指挥生产的企业家"③。企业拥有的异质性、难以模仿和不可流动的资源是企业获得持续竞争优势和成长的基础④。企业家和管理人员能够帮助企业更好地识别、配置和融合内外部资源，是企业最重要的异质性资源。企业家资源和管理者资源不仅是企业内部的核心资源，而且是企业内部资源利用的主体。企业家精神通过引导企业家资源和管理者资源配置方向进而影响企业内部的资源利用效率。

企业家作为企业成长的关键性人力资本，其作用的发挥受到企业家精神的直接影响。企业家才能的高低是企业能否有效整合利用其他资源的决定性因素。鲍莫尔开创性地将企业家服务分为生产性服务和非生产性服务，认为企业家才能可以投入创新生产等领域增加企业绩效，也可能会投入寻租等非生产性领域获得参与社会财富分配的机会⑤。企业家所具有的创新精神、进取心、风险精神和机敏性影响着企业家对于新业务和新领域的兴趣与偏好，进而影响着企业家才能配置到创新生产领域的数量和质量。企业家精神还影响着企业的管理资源配置效率。资源整合源自企业对机会的识别和利用。彭罗斯认为企业需要根据识别到的机会制定和实施扩张计划，才能实现扩张成长⑥。这意味着企业必须储备管理资源以便随时抓住市场机会。企业家精神驱动企业家根据对市场的预见性，有计划地储备管理人才，以便企业随时抓住并利用扩张机会。一个有责任心、有担当的企业家总是会围绕企业长期发展战略构建企业管理团队，为企业持续成长未雨绸缪。

① 张影. 跨界创新联盟资源整合机制研究 [D]. 哈尔滨：哈尔滨理工大学，2019.
② 裴旭东，黄聿舟，李随成. 资源识取与新创企业成长的动态匹配机制研究 [J]. 科研管理，2018，39（8）：169-176.
③ COSSE R H. The firm, the market and the law [M]. Chicago：University of Chicago Press，1988：35-36.
④ BARNEY J. Firm resources and sustained competitive advantage [J]. Journal of management，1991，17：99-120.
⑤ BAUMOL W. Entrepreneurship：productive, unproductive, and destructive [J]. Journal of political economy，1990，98（5）：893-921.
⑥ PENROSE E. The theory of the growth of the firm [M]. Oxford：Oxford University Press，1959.

3. 企业家精神引导企业进行流程重组，为围绕机会的资源整合提供组织保障

企业识别和利用扩张机会，不仅需要人力资源，而且需要流程保障。企业规模扩张的过程中，其组织结构不断扩大，管理越来越复杂。企业成长为成熟企业后，流程化是必不可少的。然而到了一定时期，流程便开始占据主导地位，甚至变得根深蒂固而成为一种常识。流程的高度成熟，让人们只依靠流程来做决定而不再思考，人们的判断力也开始减弱。快速成长起来的企业可能会将几乎所有的注意力和资源都集中在核心业务上，从而给与企业核心业务联系不那么紧密或者根本没有任何联系的新业务设下巨大障碍。企业需要通过流程变革，为新业务开展、新机会识别清除障碍。另外，随着组织的不断扩大，企业内部也开始出现官僚作风、漠视危机、沟通障碍等影响工作效率的一系列"大企业病"，导致大量资源闲置和资源利用效率低下。德鲁克认为企业患上"大企业病"的根本原因是企业规模扩大导致的官僚作风盛行和企业家精神的缺失[①]。像华为这样的大企业也未对"大企业病"产生免疫。

企业家精神引导企业家关注企业发展中存在的流程性问题，及时进行业务流程重组。流程重组有利于企业利用新技术产生新的资源或者资源的"新组合"，提高资源利用效率。同时，企业的人力、物力和财力都附着于业务流程之上，业务流程重组是对公司内部资源的重新配置。业务流程重组过程中会损害部分人的利益，因此需要有足够力量和权威的公司领导提供"空中掩护"。企业家的魄力和地位使其成为业务流程再造当仁不让的角色。企业家精神驱使企业家担当起流程再造的职责。在华为的发展壮大过程中，任正非敏锐地发现流程已经成为制约华为发展壮大的关键因素，并通过强有力的流程变革，打破企业成长的流程性障碍，为企业发展注入新的活力。

第二节　企业创新是企业家精神发挥作用的中介因素

虽然许多学者探讨了企业家精神对企业成长的影响以及企业创新对企业成长的影响。但是少有链接企业家精神、企业创新和企业成长的相关研

---

① DRUCKER F. Innovation and entrepreneurship [M]. New York: Harper and Row, 1985.

究。本节从技术创新和商业模式创新两个维度探讨企业家精神对企业创新的影响，企业创新对企业成长的影响，以及企业创新在企业家精神与企业成长间的中介作用。

一、企业家精神对企业创新的影响

企业家精神的核心是创新精神。企业家精神在企业创新中发挥着关键性作用，它决定了企业创新的方向和运作机制，是企业创新的首要条件以及原动力。熊彼特认为企业家精神是一种"创造性破坏"精神，即打破既有均衡建立新均衡的精神[①]。这种"创造性破坏"精神是企业创新永不枯竭的动力。法国经济学家萨伊认为企业家是"将经济资源从生产力和产出比较低的领域转移到较高领域的人"，其中的转移手段可以理解为创新[②]。企业家是创新的主体，企业家精神是企业创新的动力之源。

（一）企业家精神是企业创新的原动力

企业家是解释企业创新行为的关键[③]。企业家的特点是魄力、想法和执行力，企业家的这些特点表现为创新过程中开阔的视野、创新战略规划和创新实施。公司重大创新决策皆是企业家根据自身偏好对内外环境感知所做出的战略调整。缺乏预见性的企业家可能会因现有成功带来的巨大市场回报而难以割舍对当前领域的偏爱，进而对新领域的创新机会视而不见。例如，曾经照相机领域的霸主柯达，因傻瓜相机的旺盛市场需求而无视公司内部员工已经开发出的数码相机的技术先进性，使柯达坐失抢占数码相机市场的先机，最终导致帝国陨落。企业家精神特别是创新精神主要通过企业家的创新行为来体现。根据梅奥的行为动机理论，人的创新动机是创新动力的来源。企业家的创新动力源自企业家想要通过创新影响企业成长发展的内在动机。企业家的创新动机使其关注创新机会，走创新发展之路[④]。企业家高层次自我需求的满足是企业最重要的创新动力[⑤]。企业家

① SCHUMPETER J A. The theory of economic development: an inquiry into profits, capital, credit, interest, and the business cycle [M]. Boston, MA: Harvard University Press, 1934.

② SAY J B. 政治经济学概论 [M]. 北京: 华夏出版社, 2014.

③ 高传贵. 企业自主创新内生性驱动因素的影响机制与系统构建研究 [D]. 济南: 山东大学, 2018.

④ ROMERO I, MARTÍNEZ-ROMN J A. Self-employment and innovation, exploring the determinants of innovative behavior in small businesses [J]. Research policy, 2012, 41 (1): 178-189.

⑤ HANSEN M T, BIRKINSHAW J. The innovation value chain [J]. Harvard business review, 2007, 85 (6): 121-130.

精神是企业创新动力的核心和驱动因素①，IBM 从电动机械制表机业务向电子工业领域转型，再到引领计算机技术发展，这些都与小沃森的企业家精神密不可分。德鲁克认为有目的、有计划地开展系统的、持续的创新活动是企业家精神的本质特征②。

熊彼特认为创新活动发生的根源是企业家创新精神。企业家越有创新精神，企业创新意愿就越高。企业家与商人或者投机者的本质区别在于企业家不仅有致富动机，更重要的是有建立私人王国的愿望、创造的喜悦，以及对胜利的追求和坚强的意志力。企业家的创新动力源自对"个人实现"的追求。德鲁克（1985）认为成功的企业家无论是出于追逐金钱、权力还是出于猎奇，或者出于追求名誉、希望博得社会认同的动机，当他们发现非常重要而且有意义的机会时，都会为了创造价值或者为社会做贡献而全身心投入充满风险和挫折的创新工作之中并获取成功，这一行动恰是企业家精神的表现。企业家的创新性、先动性和冒险性是推动企业探索新市场和新机会的内在动因。鲍莫尔（2010）研究发现，企业家群体在新创意、新技术和新工艺的传播过程中发挥着关键作用。具有较强企业家精神的企业家往往不是墨守成规，而是抛开公共认知和常规思维，尝试从不同的视角进行能提高生产效率的改变或变革，并通过差异化获得竞争优势。林毅夫将这种能够产生利润的改变或变革的行为定义为创新，认为创新是将创意或者发明转化为利润的市场逐利行为。伍刚认为企业家精神是企业创新动力的重要构成要素，并构建了企业家精神驱动企业创新的路径，见图 3-3③。

（二）企业家精神是企业持续创新的驱动力

韦斯特和法尔④认为创新是"个人、团队或者组织对观点、流程、产品或程序等有意识的引入和使用"。企业内部大部分的创新成果来源于组织成员。企业家精神作为企业创新的动力之源，不仅影响企业家的创新行为，而且影响企业成员的创新行为。

---

① 葛宣冲. 企业家精神与民营企业创新发展的耦合机制研究 [J]. 经济问题, 2019 (6)：43-48, 54.

② DRUCKER F. Innovation and entrepreneurship [M]. New York：Harper and Row, 1985.

③ 伍刚. 企业家创新精神与企业成长 [D]. 武汉：华中科技大学, 2012.

④ WEST M, FARR J L. Innovation and creativity at work：psychological and organizational strategies [J]. Health policy, 1991, 45 (3)：175-186.

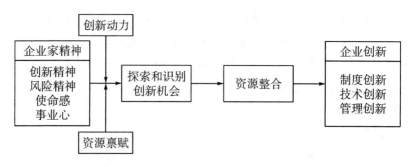

图 3-3　企业家精神驱动企业创新的路径

　　学者们通常采用创造力描述员工个人的创新活动，采用创新描写团队或者组织的创新活动。员工创造力是企业创新的重要来源。根据创造力组成理论，员工的内在动机、知识技能和工作环境是员工创造力的构成要素①。企业家精神主要通过影响员工的内在动机、知识技能和工作环境，进而影响员工的创造力。企业家精神驱使企业家赋予下属创新和变革的机会，以及挑战的冲动，进而影响组织成员的内在动机和创造力。企业家精神驱使企业家给予组织成员更高的自主权和决策权，使其感受到企业对于创新的支持而专注于解决问题；激发员工创新积极性并带来创新的快乐，进而提高员工创造力。企业家的成功在于将创新作为持续追求的精神和发现机会并付诸行为的主动性。企业家的这种追求鼓励着员工自我表现，提高了员工的工作和学习热情，激发其内在动机，增强其创新意图，使员工愿意承担一定的风险，创造性地使用新方法解决问题。企业家对创新的重视不仅能引导企业内部员工的学习热情，而且能引导企业对创新型人才的招聘和培养，以及资源投入。企业家还通过构建内部创新机制影响员工工作环境要素，塑造一个有利于发挥员工创造力的公司环境。熊彼特认为企业家本质上是创新者，制定创新战略是企业家经营企业的重要活动，企业创新战略是在企业家远见卓识基础上制定的发展决策。企业家创新动力驱使企业家制定创新型战略，构建创新型组织。企业家对企业创新战略的规划和实施将推动企业内部形成创新管理机制、组织协调机制和风险管控机制，构建系统化的内部创新机制，并最终形成支持创新的企业内部环境，激发员工的创造力（郑建君 等，2009；Jaussi et al.，2003），推动企业持续创新。企业家精神影响员工创造力的机制见图 3-4。

<hr />

① AMABILE T M. Creativity in context：update to the social psychology of creativity ［M］. Ohio State：Westview，1996.

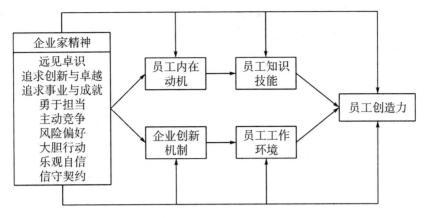

图 3-4　企业家精神影响员工创造力的机制

二、企业创新对企业成长的影响

创新在企业成长中居于核心地位。创新不仅影响企业绩效，而且决定企业生存。创新是企业创造和重塑竞争优势的重要途径，是企业不断发展壮大的内在驱动。企业成长内生决定理论的开拓者彭罗斯以单个企业为分析单元，强调了创新对企业扩张的重要性[①]。后来的能力基础观也从企业内部寻找企业成长的动力。无论是资源基础观还是能力基础观，都支持创新对企业成长的推动作用。

（一）创新驱动企业竞争能力提升

熊彼特认为创新的意义不在于发明，而在于用发明推动企业生产实践，实现企业价值[②]。企业进行产品和服务创新必定需要考虑市场需求。只有产品受到消费者青睐才能扩大市场占有率，加快企业发展。由于创新具有高风险和高收益的特点，创新一旦成功会对企业效益提高和实力增强起到巨大的推动作用。

1. 创新通过要素投入和产出形成企业的新优势

资源基础理论认为，只有竞争优势才能使企业在市场中立于不败之地。创新能够提高企业的竞争优势。一方面，创新投入给企业输入新的增长活力。创新要素投入是企业创新活动的前提，创新要素投入的量和方

---

① PENROSE E. The theory of the growth of the firm [M]. Oxford: Oxford University Press, 1959.

② SCHUMPETER J A. The theory of economic development: an inquiry into profits, capital, credit, interest, and the business cycle [M]. Boston, MA: Harvard University Press, 1934.

向，决定着企业的创新能力及创新活动的经济效果（万勇，2014）。企业创新需要加大创新型人力资本和研发资金的投入。创新型人才能为企业成长注入新的增长活力。人力资本投入有助于企业把握发展机遇，抓住成长机会创造更多价值。研发资金投入也有助于提升企业竞争力（张彦 等，2005）。另一方面，创新产出能够形成企业的技术优势。企业的技术创新能够改进工作方法，有利于企业在设计、研发、生产和销售等方面的高度专业化以及生产分工和规模经济，进而提高工作效率、降低生产成本，实现企业的成本领先，增加收益。创新活动产生的新产品和服务有助于构筑企业的产品特色和实现差异化经营，形成产品优势。产品优势有利于吸纳更多客户，提高市场占有率。企业在市场竞争中脱颖而出的不是价格而是产品创新（Baumol，2002）。企业可通过引进先进技术，生产制造出更能满足消费者需求的产品或服务，进而增强企业的核心竞争优势（高建，2000）。另外，由于技术创新的周期长、门槛高，企业的技术优势可以长时间保持而不易被模仿和复制。

2. 创新通过组织学习保持企业的竞争优势

竞争优势的核心在于难以模仿的专属于企业的知识。知识结构和知识存量决定企业的核心竞争力。创新包括寻找和发现机会，开发和改进产品与技术，采用和推广新工艺、新产品、新流程和新组织结构等过程。创新过程涉及较大的不确定性、冒险性和探索性，需要内部人员不断学习、消化和吸收新知识。莱波宁和赫尔芬特（2010）认为，研发活动是一个知识的不断搜索、获取、转换和积累的过程。知识经济时代，知识是企业成长的主导因素。足够的知识储备和不断更新的知识技能是企业稳定发展和持续运行的保障。知识积累过程会提升管理服务质量和工作效率。这些积累的知识是企业难以模仿的稀缺资源，并形成企业的核心竞争力。

企业内部的创新学习和创新过程管理有助于企业创新能力提升。徐萌（2017）认为知识获取能够通过组织惯例影响企业竞争力，并认可"知识获取—组织惯例—组织能力"的企业成长路径。创新能力能够显著提高企业的创新效率和创新绩效[1][2][3]。Yam 等对北京企业的实证研究发现，创新

① MCEVILY S K, EISENHARDT K M, PRESCOTT J E. The global acquisition, leverage, and protection of technological competencies [J]. Strategic management journal, 2004, 25 (8/9): 713-722.

② TSAI K H. The impact of technological capability on firm performance in Taiwan's electronics industry [J]. Journal of high technology management research, 2004, 15 (21): 183-195.

③ CAMISON C, VILLAR-LOPEZ A. Organizational innovation as an enabler of technological innovation capabilities and firm performance [J]. Journal of business research, 2014, 67 (1): 2891-2902.

能力对企业绩效有显著的促进作用，其中研发能力对大中型企业绩效的促进作用更加明显，资源配置能力对中小企业的绩效提升作用更加明显①。企业通过创新促进成长，才能在长期的市场竞争中立于不败之地②。

（二）创新推进企业规模扩张

创新推动企业不断开发新产品、创造新市场，突破来自竞争对手的约束和市场容量的限制。企业通过创新创造新需求，拉动企业实现量变成长模式向质变成长模式转换，甚至推动企业转型发展。

企业成长最直观的表现是规模扩张，创新驱使企业组织规模逐渐扩张。创新发生的机理在于企业家在资源和制度中发现新的资源组合方式的机会并予以实施。创新对企业成长的拉动作用体现在推动技术进步和创造新需求两方面。企业通过引进或者开发新技术提高生产效率，降低生产成本，增加产品销售量，推动企业生产规模扩张。技术进步和新产品开发还可能导致生产工艺改变，企业需要调整生产流程和生产规模，实现多元化扩张。高建（2000）认为技术创新是企业成长的重要推动力量。企业通过引进先进技术，生产制造满足消费者需求的产品或服务，并借助新产品和服务的性能、用途优势及时响应市场需求，甚至创造新的市场需求并将其产业化。彭罗斯认为企业一直处于生产的"非均衡"状态，并不断为发现的新需求生产相应的产品③。企业为响应新市场需求而进行的多元化生产将进一步拉动企业生产规模扩张。创新不仅会促进企业生产规模扩大，而且会推动企业人力资源规模扩张。创新是一个系统的连续性工作，新技术和新产品开发、新市场开拓，无一例外需要人的参与。任何创新活动从最初创新思想的产生到创新资源投入，再到研发、生产、营销和市场化，都需要经过一个漫长的过程。创新活动的各个环节均需要投入人力资源。研发活动管理、新技术应用、新产品推广和新市场维护会给企业带来新的管理业务、市场业务和服务业务等。这些新增业务均需要相应的人才负责，企业需要不断扩招人才进行新增业务管理，使企业人才以及创新型员工数量逐渐增加，实现规模扩张式成长。

① YAM R C M, GUAR J C, PUN K F, et al. An audit of technological innovation capabilities in Chinese firms: some empirical findings in Beijing, China [J]. Research policy, 2004, 33 (8): 1123-1140.

② 陈晓红，彭子晟，韩文强. 中小企业技术创新与成长性的关系研究 [J]. 科学学研究，2008 (5): 1098-1104.

③ PENROSE E. The theory of the growth of the firm [M]. Oxford: Oxford University Press, 1959.

三、企业创新的中介作用分析

根据上述分析可以看出，企业家精神是企业创新的重要驱动，企业创新是企业成长的内在推力。因此企业家精神能够通过企业创新保持企业的持续竞争优势和成长，即企业创新是企业家精神推动企业成长的重要中间路径。企业家精神是技术创新及其产业化的动力之源（Mueller，2006）。企业家精神通过推动市场创新、组织创新和技术创新进而突破规模限制，实现资源积累和能力提升，以及企业的"量变"和"质变"。李宇和张雁鸣认为企业成长包括规模扩张和技术创新水平提升，并认为快速适应新环境、成长机会搜寻、预见性和创新性等企业家精神是推动技术水平进步、突破企业规模成长极限、获取持续竞争优势的内在驱动力①。创新在企业家精神与企业成长间的中介机制表现为创新型机会利用和创新型资源整合，从而打破企业资源、技术、市场和制度等约束条件并创造出新条件，突破企业成长的规模限制。

如图3-5所示，模型从理论上揭示企业家精神在整合企业内外部资源和能力，以及推动企业成长过程中的重要作用。

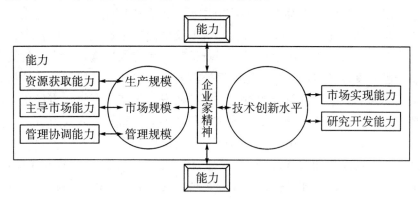

图3-5　企业家精神驱动企业创新成长模型

---

① 李宇，张雁鸣. 大企业情境下企业家精神驱动的创新成长导向研究：以苹果公司为例 [J]. 科学学与科学技术管理，2013，34（1）：154-163.

（一）创新是企业家把握成长机会的重要途径

创新是企业持续成长的关键，是成长机会利用的重要途径。企业的机会包括政策机会、技术机会和市场机会等一系列的发展机会。这些机会的利用均离不开企业的创新活动。企业需要通过产品创新、服务创新和分销渠道创新等来把握和利用这些成长机会。德鲁克认为企业不仅需要发现成长机会，还需要有所创新，主动利用创新机遇才能实现创新回报①。企业需要审视自身是否适合利用发现的机会，以及利用机会时需要进行哪些业务流程、市场和技术等方面的变革，并发展相应的能力。企业需要不断寻找创新，并积极加以组织和管理，才能够更好地利用机会。

企业家精神通过自上而下的战略机制影响企业的机会利用。企业家精神在企业内部自上而下传递，形成企业的创新文化氛围。这种支持创新的文化氛围能够引导员工积极识别和利用机会开展创新活动，提高组织成员利用机会的积极性和能力，从而直接影响企业内部的机会利用（Walter et al.，2011）。企业对创新的支持和重视程度会影响企业创新行为的经济效果（Hornsby et al.，2009），企业家在创新支持方面所起的作用尤为关键。一方面，企业家在企业的资源配置方面拥有得天独厚的优势，能够为创新机会识别活动提供强有力的支持。另一方面，企业家对创新的支持能够在企业内部形成对创新的高度重视，从而激发企业上下一致的创新积极性和创新行为，促进企业识别和利用机会。机会利用需要企业有所创新，而创新活动存在较高的风险性，创新失败可能给企业带来较大损失，这种风险是阻碍企业利用创新机会和实施创新的关键因素（Weisenfeld et al.，2008）。企业家对创新的支持和重视，能够形成企业内部对失败的容忍。企业能够在多大程度上利用识别到的机会，取决于企业家的创新精神和风险承担精神对组织创新的支持。

（二）创新是企业家进行资源整合的重要方式

学者将资源整合方式划分为稳定型、完善型和开拓型三种方式。稳定型资源整合是指不改变企业的人力、技术等基础性资源结构的资源整合方式，强调对现有资源利用的"熟能生巧"。完善型资源整合方式强调对传统资源的深度挖掘和整合，形成新的资源结构，提高传统资源的利用效率

---

① DRUCKER F. Innovation and entrepreneurship［M］. New York：Harper and Row，1985.

和价值创造能力。开拓型资源整合方式强调引进新型资源，创造性地组合利用新型资源和传统资源，生成新的价值创造能力（Sirmon，2007）。完善型资源整合和开拓型资源整合是对资源的创新利用。完善型资源整合是"稳健性"或"利用式"创新的一种方式，开拓型资源整合则契合熊彼特意义上的"破坏性"创新逻辑。基于利用式创新的完善型资源整合往往能够形成企业的短期经济价值，基于破坏性创新的开拓型资源整合能够形成企业的长期成长动力。熊彼特认为企业家是将资源配置于有利于技术创新的人。"企业家的职能是通过利用一种新的发明，或更一般地，利用一种生产新商品或用新方法生产老商品的没有使用过的技术的可能性，通过开辟原料供应的新来源或产品的新销路，通过重组产业等等来改革生产模式或使它革命化。"① 德鲁克认为创新是将"物质"转换成"资源"，或者将现有资源重新组合以创造新价值的行为②。因此，企业家整合利用资源、创造新价值的过程本身就是一种创新行为。

企业家精神驱动企业形成创新导向的企业文化氛围。创新文化氛围推动组织成员积极识别创新机会，创新机会的利用及其商业化需要配合相应的资源整合③。企业在评估内部资源体系的基础上，确定新产品开发和项目推进过程中的资源缺口，积极搜寻和获取外部资源，整合利用内外部资源，实现资源的融合和发展。在技术创新导向、市场创新导向和产品创新导向下，企业家还会通过组建高度专业化的管理团队，指导和监督企业整合利用内外资源，抓住创新成长机会，并对资源利用过程中的风险进行评估和纠正，实现企业健康成长。图3-6是企业家精神通过创新实现资源整合和机会利用的路径，该路径揭示了企业家精神通过创新实现企业成长的内在机制。

---

① 熊彼特. 资本主义、社会主义和民主主义 [M]. 绛枫，译. 北京：商务印书馆，1979：164.

② DRUCKER F. Innovation and entrepreneurship [M]. New York：Harper and Row, 1985.

③ 鲁喜凤，郭海. 机会创新性、资源整合与新企业绩效关系 [J]. 经济管理，2018（10）：44-57.

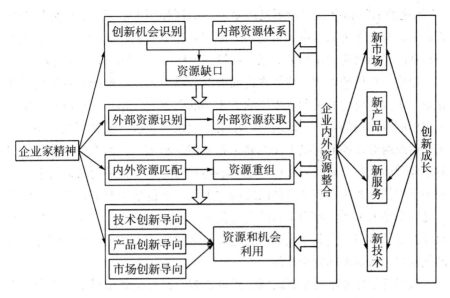

图 3-6　企业家精神通过创新实现资源整合和机会利用的路径

第三节　营商环境是企业家精神发挥作用的调节因素

营商环境是企业经营面临的外部环境，其好坏对企业成长与否和企业成败产生重要影响（Stenholm，2013）。企业蓬勃发展需要良好的营商环境支撑。营商环境越好的地区，企业家精神越活跃（Klapper et al.，2009）。企业家精神是企业和地区的稀缺资源，这种稀缺资源表现为微观的企业家行为，同时也是市场和制度的产物。市场化水平较低时，企业家精神会被雪藏，只有在适宜的市场和制度环境下，企业家精神才能被唤醒，并迸发出巨大的能量，成为企业成长的重要资源。

一、营商环境的构成

目前，相关学者多认为营商环境与政府工作密切相关，并从政府服务效率、法律体系、金融环境、政商关系、腐败和外部不确定性等方面探讨营商环境的某些方面对企业家行为产生的影响。然而营商环境是一个综合性的概念，虽然政府在塑造营商环境方面起着重要作用，但是营商环境是政府、社会和市场等多方面因素共同作用的结果。由于经济运行是在政府

"看得见的手"和市场"看不见的手"的共同作用下展开的，因此结合现有研究成果，本书从政府和市场两方面因素界定营商环境的内容，并认为营商环境包括政府与市场的关系、市场竞争环境、法制环境等构成要素。

政府与市场的关系主要体现为政府对市场的干预。政府对资源配置的比重、干预程度以及干预规模影响着市场的资源配置作用。政府对市场的干预影响着市场的发展。政府对市场的干预包括直接干预和间接干预。研究表明政府对市场的间接干预有利于企业创新和成长，而直接干预却会阻碍企业健康成长。政府对市场干预过多还容易形成非正常的政商关系。政商关系包括企业法人和政府部门之间的关系，也包括企业负责人与政府官员之间的私人关系。政商关系的关键是企业家和官员之间的关系。政府对市场的干预过多，会驱使企业家通过非正常的政商关系获取政府资源配置的优先权，从而破坏公平竞争。

市场竞争环境不仅受到政府干预的影响，而且受到市场垄断程度、市场发育水平以及国企与民企空间结构的影响。企业所处外部环境的最重要方面是企业面临的竞争环境。在竞争性很强的市场上，企业无力控制市场价格，企业将在一定价格下选择合适的产量。相反，在缺乏竞争的市场上，企业将同时选择价格与产量。市场竞争水平会形成市场壁垒。市场壁垒包括进入壁垒与退出壁垒，用以描述进入或退出特定产业的障碍。市场进入壁垒的成因主要包括规模经济性、产品差异性、特有资源（如专利）以及政府特许经营等。退出壁垒的成因主要包括沉淀成本、企业信誉、违约损失、政策法令限制与市场发育程度等。市场进入壁垒越大，越容易形成垄断市场；退出壁垒越大，越容易形成低水平的竞争。另外，我国国有经济与非国有经济的空间结构失衡容易形成国强民弱的局面，这种不均衡局面容易形成不公平竞争的经济失衡局面。

法治环境是营商环境的重要组成部分。只有完善制度并加强监管，才能构建统一开放和竞争有序的市场体系，打造公平公正的竞争环境。法治化营商环境对促进经济社会健康发展具有重要意义。良好的法治环境，是地区经济和社会生活规则得以有效遵守的前提和基础。受传统计划经济的影响，我国过去往往按照"正面清单"的理念来管理市场，从而导致准入文件繁多、审批程序烦琐，企业上个项目"说破嘴""跑断腿"的事屡见不鲜。完善的法治水平不仅能够指引商事主体的活动方式，形成鼓励创新和禁止违法行为的市场秩序，而且能够明晰政府与市场的关系，减少政府对微观经济主体的干预，规范政府和市场的边界，尊重市场在经济运行中的主导作用，并在法治框架内调整各类市场主体的利益关系。产权制度是社会主义市场经济的基石，保护产权就是保护生产力。产权保护法治化会让市场竞争更公平，市场活力更充盈，并依法平等保护各类市场主体的产权和合法权益。法治程度决定着经济发展的质量。

二、营商环境的调节作用分析

企业是一个开放系统。开放系统理论认为组织都不是完全自给的，都必须与环境进行交换，从而导致企业对环境的高度依赖。企业依赖于外部环境，并从外部环境中汲取资源①，企业行为内生于所处的营商环境②。企业组织的一切运作完全受内部环境与外部环境的交互性影响。在开放性系统理论的推动下，许多学者展开了资源依赖理论和"合法性"理论的探讨，用于解释组织与环境之间的交互。资源依赖理论是从资源交换的角度解释企业对外部环境的依赖性，即任何企业都必须从环境中获取某些资源才能维持生存。资源依赖理论认为，为了获得某些资源，企业需要同所处环境中控制这些资源的其他组织进行互动，从而导致企业的资源依赖（Pfeffer et al.，1978）。营商环境是企业面临的外部环境综合，企业成长受到营商环境的限制，并对其产生严重依赖。"合法性"理论认为，企业需要通过构建自身的"合法性"，才能生存并获得企业成长所需的土地、技术、信息、人才、资金等资源。外部环境是企业"合法性"的基础。外部环境不仅影响企业的资源依赖和"合法性"，而且通过社会激励机制影响企业家报酬结构。企业成长是内外部因素共同作用的结果。企业快速成长的前提是企业规模、经营管理水平与地理位置、市场定位相适应。任一因素不匹配或者失效都可能抑制企业成长，甚至引致企业衰退（Storey，1994）。企业家是企业的主要决策者，企业家在营商环境的影响下进行各种战略决策。营商环境特别是转型期的营商环境会对企业家决策产生重要影响③。

---

① 费显政. 资源依赖学派之组织与环境关系理论评介［J］. 武汉大学学报（哲学社会科学版）2005，58（4）：451-455.

② 李维安，邱艾超，阎大颖. 企业政治关系研究脉络梳理与未来展望［J］. 外国经济与管理，2010，32（5）：48-55.

③ 孙早，刘庆岩. 市场环境、企业家能力与企业的绩效表现：转型期中国民营企业绩效表现影响因素的实证研究［J］. 南开经济研究，2006（2）：92-104.

当前中国区域法制环境尚不完善且存在较大差异，政府控制着市场规则的制定权和执行权①。地方政府的行政自由裁量权以及体制性秩序和投资保护形成了各地区差异化的政府干预。我国当前"权力+市场"的经济背景有时给企业家的生产活动带来很大困扰。在此背景下，企业家的面孔是多重的，他们既是开拓创新的能手又是投机人脉的巧匠。企业家既从事生产创新活动，也积极从事寻租等非生产性活动（Dong et al.，2015）。从事寻租等非生产性活动会挤占企业家从事创新生产活动的时间，甚至使其萌生退出市场的念头。这种营商环境现状对中国企业家精神发挥作用的过程和经济效果均产生重大影响，其影响主要包括三方面："合法性"、资源依赖和企业家报酬结构。营商环境通过影响企业家的经营策略，进而影响企业家精神对企业成长和企业创新的作用。

（一）营商环境调节作用的"合法性"解释

作为一个开放性系统，企业是由特定的社会、市场因素铸就而成并嵌入社会网络这一开放性和动态性系统之中的社会实体。企业组织必须适应外部环境才能生存。外部环境通过文化传递、社会整合和行为导向等对企业家的思想和行为模式产生影响，并建构企业家的行为依据，塑造企业家的行为方式。作为经济领域的重要组织，生存是企业最关心的问题。新制度理论用"合法性"（legitimacy）解释制度环境和企业行为间的关联。组织合法性是组织面临的与社会行为者价值观和期望一致的一种社会状态。诺斯（2002）认为，各种经济活动都是由社会和经济制度决定的。企业家的行为方式并非仅仅基于效率，而且需要迎合外部环境对其提出的"合法性"要求。因此，企业家会选择一定的"合法性"的策略，使其与所处外部环境特别是所在组织域设定的准则保持一致。

营商环境对企业家的"合法性"策略产生重要影响。营商环境是外部环境对企业"合法性"要求的制度性基础。作为边界扫描者的企业家往往依据营商环境对企业提出的"合法性"要求而对外部环境做出响应。企业家会主动采取一些"合情合理"的行为来获取社会认可，构建企业的"合法性"（Xiang et al.，2009）。在"关系"型社会中，企业家自然而然会希望通过构建社会关系网络为企业获得更宽广的生存空间；处于市场型社会中，企业家会选择构筑其竞争力，以得到市场的认可。营商环境还会影响

---

① 夏清华，黄剑. 市场竞争、政府资源配置方式与企业创新投入：中国高新技术企业的证据[J]. 经济管理，2019，41（8）：5-20.

企业的诚信守法观念、环保策略、慈善策略等。我国当前营商环境虽然得到较大程度的优化，但是对于大多数中小企业来说，营商环境依然给企业生存带来较大压力，一些地方的企业家常常需要花费较多的时间和精力与政府搞好"关系"。企业家的时间和精力是有限的，企业家精力在"关系"方面的分配势必会影响其对创新发展的关注，从而抑制企业家精神发挥，进而影响企业长期发展。

（二）营商环境调节作用的资源依赖解释

企业作为一个开放系统，必须从环境中获取某些资源才能维持生存，从而产生对环境的严重依赖。企业需要采取策略减少对关键资源供应组织的依赖程度。资源依赖理论的开创者塞尔兹尼克（Selznick，1949）通过对当时美国最大的公共管理机构田纳西流域管理局的研究发现，该管理局推广自己的政策往往需要得到田纳西精英集团的支持，否则无法推行下去。田纳西流域管理局为了减少南方精英集团的限制，将南方精英集团成员吸纳进自己的决策机构，并称这种做法为"共同抉择"。随后普费弗和萨兰西克（1978）进一步完善了资源依赖理论。根据资源依赖理论，为了获得某些资源，企业需要采取策略，同所处环境中控制这些资源的其他组织进行互动，降低企业对外部资源的依赖程度。

企业创新和成长均是在对内外资源整合的基础上实现的。企业家作为管理外部不确定性的主要角色，资源依赖会对企业家决策产生直接影响。中国经济正处于转型发展时期，政府直接或者间接控制着土地、资金等稀缺资源的配置[1]，这些资源是企业生存的关键资源，从而导致企业严重的资源依赖，以及外部单位对企业的控制，进而影响企业的发展决策。政治关联不仅可以为企业获得"合法性"基础，而且可以缓解企业的资源依赖程度。为了摆脱或者缓解企业对外部资源的依赖，获得经营自主权，企业家往往会花费大量精力与政府搞好关系。企业家依赖政府"人脉"关系可以获得更多投资机会、资源和政策支持，降低与政府审批部门的协调成本和行业进入壁垒[2]，还可以更加容易地获得银行贷款，降低融资约束，为

---

① 夏清华，黄剑. 市场竞争、政府资源配置方式与企业创新投入：中国高新技术企业的证据[J]. 经济管理，2019，41（8）：5-20.

② 雷倩华，罗党论，王珏. 环保监管、政治关联与企业价值：基于中国上市公司的经验证据[J]. 山西财经大学学报，2014，36（9）：81-91.

企业家的投资决策提供充足的资金保障，增强其失败容忍度①。缺乏公平竞争的市场环境下，民营企业还可能会通过与国有企业、银行等外部控制关键资源的单位合作，缓解外部资源依赖。营商环境影响着企业家构建社会关系网络的努力程度，即营商环境通过影响企业家的资源策略进而影响企业家精神发挥作用的结果。

（三）营商环境调节作用的企业家报酬结构解释

营商环境还会通过影响企业家报酬结构（Murphy et al., 1991；庄子银，2007），进而影响企业家精神对企业成长的贡献。美国制度经济学派代表学者凡勃伦（1959）在熊彼特关于企业家创新理论的基础上首次提出了企业家才能配置理论，认为企业家是一群追逐利润增长的人，他们不断地采用创造性的方法增加企业财富以及巩固自身权力和地位。在这个过程中，企业家的行为并不都是创新和有利于社会生产进步的。企业家的有些逐利行为只是投机行为甚至是对社会进步产生危害的行为。例如某些房地产开发商通过投机积累巨额财富。他们虽然是柯兹纳意义上的企业家，也具备柯兹纳意义上的企业家精神，但他们只是实现了社会财富的转移，并未实现任何形式的生产创新，不属于熊彼特意义上的企业家精神。鲍莫尔在其经典论文《企业家精神：生产性、非生产性和破坏性》中开创性地将制度环境、企业家创新行为联系起来，并采用长历史跨国比较法系统地研究了制度因素对企业家创新行为的影响，认为政策会影响企业家服务向创新生产领域的配置，进而影响经济增长②。因为企业家可能在市场领域通过创新进行财富创造，也可能在政府部门通过寻租等行为为企业谋取利益。前者属于企业家才能在创新生产性领域的配置，后者属于企业家才能在非生产性甚至破坏性领域的配置。制度环境是两种活动的成本和收益差异性产生的根本原因。企业家会根据利益最大化原则在二者间权衡取舍。在好的营商环境下，司法公正性、产权保护、契约执行、法治程度等方面表现得更有效，相应的企业家才能配置到生产性服务领域的收益较配置到非生产性服务领域的收益更高，此时企业家会将更多的精力投入创新生产服务领域，反之则会配置到非生产性领域。鲍莫尔认为非洲和其他落后地

---

① 严若森，姜潇. 关于制度环境、政治关联、融资约束与企业研发投入的多重关系模型与实证研究 [J]. 管理学报，2019, 16 (1)：72-84.

② BAUMOL W. Entrepreneurship: productive, unproductive, and destructive [J]. Journal of political economy, 1990, 98 (5)：893-921.

区的生活水平一直难以改善的主要原因在于其制度环境抑制了创新发展领域的企业家才能配置。随后的诸多研究也证实了这一点（Baumol，2002；Vaska et al.，2008）。营商环境是影响企业家精神发挥作用的重要因素。市场化程度较高时，企业家必须通过市场竞争才能获取超额利润，企业家会更加关注产品开发和技术进步，进而最大限度激发企业家的创新行为，推动企业通过自主创新活动提高企业的竞争优势（马小龙，2014）。好的营商环境有助于保护企业的创新成果和创新收益，并减少研发风险[①]，激发企业家精神通过创新推动企业成长。而在落后的市场环境中，政府干预程度较高，企业家会通过寻租获取生产资源和超额利润，而非提高产品质量，这会诱发企业家花费更多的时间和精力收买官员、游说政府，进而对企业家精神发挥产生抑制作用。因此，从企业家报酬结构方面来讲，营商环境也是影响企业家精神发挥作用的过程和经济效果的重要因素。

[①] 武晓芬，梁安琪，李飞，等. 制度信用环境、融资约束和企业创新 [J]. 经济问题探索，2018（12）：70-80.

第四章 理论模型与研究假设

本章根据前面的文献梳理和理论分析，构建企业家精神与企业成长间关系的理论模型，解释企业家精神与企业成长间的内在逻辑关系，以及企业创新在二者间的中介作用和营商环境的调节作用，并对主要变量进行维度划分，提出细分维度的假设猜想。

第一节 概念模型与变量界定

一、概念模型

企业如何更好地获得成长以及维持成长性是学者普遍关注的重点话题。企业家既是企业的资源控制者，又是企业的经营决策者，其行为在很大程度上影响着企业的资源配置效率和成长方向。我国处于转型发展时期，营商环境存在较高的不确定性。在此环境下，企业家更加需要积极发挥企业家精神，敏锐地识别和利用机会，才能使企业持续成长。随着我国营商环境的不断向好，市场竞争日趋激烈，从而加速了技术和产品迭代，企业需要积极通过变革获得进一步的发展。在当前优化营商环境和弘扬优秀企业家精神的大背景下，营商环境如何影响企业家精神发挥作用已成为理论界和企业界关注的焦点。基于此，本书通过构建以营商环境为调节因素的"企业家精神—企业创新—企业成长"的研究模型，将企业家精神、企业创新、企业成长和营商环境纳入一个研究框架，概念模型如图4-1所示，并在此基础上提出各变量细分维度的研究假设，解释其内在作用机理。

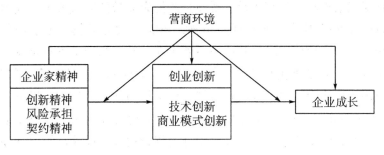

图 4-1　概念模型

二、变量维度划分

（一）企业成长

企业成长是一个综合性的指标，有关企业成长的研究多将企业成长作为单一维度进行探讨。随着研究的不断推进，企业成长评价从单一指标向多指标过渡。目前的实证研究多采用综合反映企业绩效和能力的多项指标度量企业成长（孙丽华，2017），度量方式包括客观指标和主观调查两种方式。结合前人的研究成果，本书将企业成长作为单一维度进行研究，并采用主观调查法，从经济价值增加、社会价值增加以及能力提升三方面设计指标评价企业综合实力变化，并以此度量企业成长。

（二）企业家精神

德鲁克认为，企业家精神的核心是创新精神，另外还包括承担风险的精神[①]。柯伟和塞勒文将企业家精神分为创新精神、冒险精神、竞争精神等维度[②]。基于这样的企业家精神维度划分，国外学者围绕创新精神和冒险精神对企业家精神维度进行了多方面扩展，目前尚无统一的维度划分标准。国内相关研究主要参考西方研究成果。本书认为企业家精神与特定的社会环境和经济发展水平分不开，现有学者对企业家精神维度的划分难以体现我国特殊的时代背景。我国经济转型发展时期的企业家精神内涵与西方成熟市场必定存在一定的差异，照搬西方的研究结论难以满足我国当前弘扬优秀企业家精神的时代要求。

---

①　DRUCKER F. Innovation and entrepreneurship［M］. New York：Harper and Row，1985.

②　COVIN J G, SLEVIN D P. A conceptual model of entrepreneurship as firm behavior［J］. Entrepreneurship theory and practice，1991，16（1）：7-26.

面对当前推动经济高质量发展和企业健康成长的时代要求，我国企业家不仅需要弘扬创新精神和冒险精神，还需要大力弘扬奉献、诚信、合作、敬业和自我价值实现等其他一系列优秀品质。结合本书对企业家精神的定义（企业家精神由价值观念体系和行为倾向构成，其本质是创新性，其主要内容构成包括追求创新和卓越、勇于担当和承担风险，以及信守契约），本书将企业家的这些优秀品质归纳为契约精神，并结合企业家精神的核心内容，将企业家精神的维度划分为创新精神、风险承担精神和契约精神三个维度。周其仁在2016正和岛新年论坛暨新年家宴上也提到，现代企业家精神应该包括创新精神、承担对应市场不确定性的决策重任和契约精神。

1. 创新精神

创新精神是企业家追求新机会的行为倾向性[①]。企业家往往有目的地在环境变化和一系列征兆中寻找创新机会，并积极抓住新机会，制定和实施创新计划，企业家的这种行动是企业家创新精神的体现（德鲁克，1985）。创新精神体现在企业家寻找、评估和利用机会并创造新产品和服务的全过程之中[②]。创新精神包括企业家的创新思维方式、创新行为倾向性以及采取创新活动的一系列行动。

2. 风险承担精神

冒险是企业家的天性，企业家的创新创业活动伴随着诸多不确定性，随时会有难以预料的风险。德鲁克认为企业家将资源从生产率较低的领域转移到较高的领域必然存在失败的风险[③]。李和彼得森（2000）认为风险承担精神是企业家对风险的接受程度。坎提隆和奈特也将企业家精神与风险承担和不确定性联系在一起。奈特（1916）认为不能独立承担风险的人不能成为企业家。企业家必须有承担风险的勇气才能抓住稍纵即逝的发展机会。米勒认为风险承担精神是指将重要资源投入不确定性机会的意愿，以及对庞大且具有风险性的项目做出承诺的程度[④]。因此，风险承担精神

① LUMPKIN G T, DESS G G. Clarifying the entrepreneurial orientation construct and linking it to performance [J]. Academy of management review, 1996, 21 (1): 135-1721.

② SHANE S, VENKATARAMAN S. The promise of entrepreneurship as a field of research [J]. Academy of management review, 2000, 25 (1): 217-226.

③ DRUCKER F. Innovation and entrepreneurship [M]. New York: Harper and Row, 1985.

④ MILLER D. The correlates of entrepreneurship in three types of firms [J]. Management science, 1983, 29 (7): 77-91.

应是面对风险与不确定性的态度和采取的积极大胆的行动，以及承担对应风险与不确定性损失的程度。

3. 契约精神

契约精神是自然经济向商品经济，身份社会向契约社会过渡的产物，是伴随市场经济、商品经济和民主政治而生长起来的一种精神文化[①]。契约精神来源于契约关系。企业本身是一系列契约关系的集合[②]，包括成文的法律法规、商业契约等显性契约，以及不成文的社会契约、心理契约等隐性契约。诚信是契约精神的伦理基础，法律是契约精神的底线要求。违反显性契约或者隐性契约均会影响企业的长久生存和持续发展[③]。企业家对内是企业代理人，对外代表着企业。因此，企业家不仅需要履行代理经营企业的义务，而且需要遵守成文的法律法规和商业契约等显性契约，以及不成文的道德规范和约定俗成的规则等隐性契约。契约精神是企业家信守各种契约关系的意识和行动。

（三）企业创新

学者已经从不同角度对企业创新进行了维度划分，包括创新内容、创新方式、创新强度、创新模式等。本书从创新内容角度划分企业创新的维度。熊彼特有关企业创新内容的划分涉及技术创新和非技术创新两大类。大部分学者强调技术创新的重要性，并围绕技术创新展开了深入的研究。施穆科勒（Schmookler，1966）在《发明和经济增长》一书中认为理解产品和工艺的技术创新是理解企业创新的关键。但是德鲁克（1985）却认为非技术的管理创新、市场创新和社会创新等可能意味着资源产出效率的更大提升。切斯堡和罗森布鲁姆认为商业模式创新是挖掘企业技术创新的潜在价值，并通过一系列的价值结构设计，将其转化为经济产出[④]。商业模式创新是市场创新、组织创新、管理创新和制度创新的基础。基于此，本书将企业创新划分为技术创新和商业模式创新两个维度。

---

① 李璐君. 契约精神与司法文明 [J]. 法学论坛，2018，33（6）：64-72.

② 王立宏. 企业契约性质理论的问题研究 [J]. 社会科学辑刊，2014（6）：134-138.

③ 刁宇凡. 企业社会责任标准的形成机理研究：基于综合社会契约视阈 [J]. 管理世界，2013（7）：180-181.

④ CHESBROUGH H, ROSENBLOOM R S. The role of the business model in capturing value from innovation: evidence from Xerox Corporation's technology spin-off companies [J]. Industrial and corporate change, 2002, 11（3）：529-555.

1. 技术创新

Zhou 等明确将技术创新定义为采纳新的或者先进的技术，以提高产品和市场的顾客价值[1]。技术创新是产品创新、工艺创新和市场创新的前提。产品创新是由于引进先进技术或者开发新技术带来的新产品的商业化。工艺创新（或称生产方式创新或过程创新）是由于生产技术提升导致的新工艺和新生产设备的引入以及管理方式的变革[2]。技术创新还可以开发出新的顾客需求，开拓新市场。

2. 商业模式创新

商业模式是企业生存和发展的独特业务逻辑[3]，包括价值体系、价值主张、价值网络、价值捕获[4]。商业模式创新是对企业业务模式的结构性调整和重构[5]，是一种更加全面的组织创新[6]。佐特和埃米特从商业模式要素角度认为商业模式创新是在产品和服务市场中对新颖性商业要素的吸纳和对现有商业要素的重构[7]。莱蒙·卡萨德苏斯-马萨内尔和朱从价值创造角度将商业模式创新界定为新的价值逻辑和新的价值创造方法，并侧重于寻找新方法为顾客、合作者和供应商等利益相关者创造收入和价值[8]。本书认为商业模式创新是企业在不确定性环境下的业务模式变革和盈利模式创新。商业模式创新是包括市场创新、产品创新、服务创新、管理创新和组织创新在内的系统化创新过程。

（四）营商环境

现有研究通常将营商环境作为单一维度进行探讨，或者仅探讨营商环

---

① ZHOU K Z, YIM C K, TSE D K. The effects of strategic orientations on technology-and market-based breakthrough innovations [J]. Journal of marketing, 2005, 69 (2): 42-60.

② 冯磊东, 顾孟迪. 纵向差异下工艺创新对产品创新的影响 [J]. 管理工程学报, 2018, 32 (3): 73-81.

③ ZOTT C, AMIT R, MASSA L. The business model: recent developments and future research [J]. Social science electronic publishing, 2011, 37 (4): 1019-1042.

④ AL-DEBEI M M, AVISON D. Developing a unified framework of the business model concept [J]. European journal of information systems, 2010, 19 (3): 359-376.

⑤ ZOTT, C, AMIT R. Business model design and the performance of entrepreneurial firms [J]. Organization science, 2007, 18 (2): 181-199.

⑥ SAEBI T, LIEN L, FOSS N J. What drives business model adaptation? The impact of opportunities, threats and strategic orientation [J]. Long range planning, 2016.

⑦ ZOTT C, AMIT R. Business model design: an activity system perspective [J]. Long range planning, 2009, 43 (2): 216-226.

⑧ CASADESUS-MASANELL R, ZHU F. Business model innovation and competitive imitation: the case of sponsor-based business models [J]. Strategic management journal, 2013, 34 (4): 464-482.

境的某一方面的影响。营商环境是企业经营所面临的综合性外部环境。为了对当前优化营商环境提供指导性依据，本书将营商环境作为单一维度进行探讨。结合本书对营商环境内容的讨论，本书借鉴王小鲁等的研究从政府与市场的关系、市场竞争环境和法治水平等方面评价营商环境①。

第二节 研究假设

一、企业家精神与企业成长

企业家精神对企业成长的推动作用已经得到学者的普遍认可。企业家精神能提高企业竞争力和企业信誉，促进企业成长。企业家精神能够通过提升企业家能力进而促进企业成长。企业家精神的创新性、先动性、牺牲精神和冒险精神等特征均对企业成长具有重要影响。柯伟和塞勒文的研究表明，企业领导者所具备的企业家精神越强，企业的业务水平越高、能力越强，企业获利性越好②。企业家精神是企业业绩提升、市场规模扩大和竞争优势形成的原动力，对企业成长有重要的推动作用。本节从创新精神、风险承担精神、契约精神三个维度揭示企业家精神对企业成长影响的内在机制，并提出研究假设。

（一）创新精神与企业成长

企业家创新精神对企业成长的推动作用已经得到诸多学者的支持。企业成长的动力来源于企业家的创新意识，企业家是否具有创新意识决定企业的成长能力的高低。如果企业家创新意愿和创新动力不足，企业很难具有持续成长性，并导致最终脱离市场。企业家创新精神能让企业家有效把握市场机遇，优化资源配置，提升企业绩效。企业家创新精神是一股促使企业维持客户忠诚度和稳定市场声誉的强大力量（Mille et al.，1986）。孙慧琳等的实证研究发现企业家创新精神对企业的盈利能力、营运能力、偿

① 王小鲁，樊纲，朱恒鹏. 中国分省份市场化指数报告（2016）[M]. 北京：社会科学文献出版社，2017.

② COVIN J G, SLEVIN D P. A conceptual model of entrepreneurship as firm behavior [J]. Entrepreneurship theory and practice, 1991, 16 (1)：7-26.

债能力和成长能力均有显著促进作用①。实践表明敢于先动性地采用新技术、开发新产品、开拓新市场的人才能获得巨额收益，追随者只能获得正常利润。

（二）风险承担精神与企业成长

利润来源于不确定性②，企业家与其他人的差异在于对待不确定性与风险的态度③。市场充满着不确定性，企业家能够从不确定性中感知到机会。那些愿意承担不确定性风险的企业家所采取的投资行为是利润的重要来源。企业的成本和收入预算是企业对未来运作过程的期望，这一期望的不确定性程度会随着产量的增加而增加，因此企业扩张必须考虑不确定性。企业家的远见和洞察力使其能够得到更加准确的利润预期。冒险精神使企业家对大家都认为赚钱的项目不感兴趣，而更加喜欢从事有风险的项目，喜欢采取积极大胆的行动实现目标。冒险精神实际上也是一种承担风险的行为倾向。在当前激烈的市场竞争环境下，风险所暴露的危险众所周知，然而具有冒险精神的企业家面对有利可图的机会时，会想方设法抓住机会超越自我或者超越竞争对手。即使面对困难，具有冒险精神的企业家也会积极寻找解决方案，帮助公司解决冲突，度过危机，并承担未知的风险。刘畅认为冒险精神有利于企业获取成长所需资源④。张玉利认为企业家风险承担精神有助于提升企业竞争力和绩效⑤。

（三）契约精神对企业成长的影响

公平、公正和平等的市场交易是建立在契约精神的基础上的。契约精神是企业立足于市场之本。企业家的契约精神与企业的契约精神一脉相承。契约精神是企业家信守各种契约关系的行为和意识。企业家契约精神是牵引企业成长的伦理基础。企业家精神通过契约精神的牵引，使企业成长的价值衡量置于社会和利益相关者之中。契约精神使企业家充分尊重、

---

① 孙慧琳，张蓉，崔凯. 企业家创新精神与企业财务绩效关系的实证研究 [J]. 华东经济管理，2015，29（2）：179-184.

② KNIGHT K E. A descriptive model of the intra-firm lnnovation process [J]. Journal of business，1967. 40（4）：478-496.

③ LUMPKIN G T, DESS G G. Clarifying the entrepreneurial orientation construct and linking it to performance [J]. Academy of management review，1996，21（1）：135-1721.

④ 刘畅. 创新生态系统视角下企业家精神对创新绩效的影响关系研究 [D]. 长春：吉林大学，2019.

⑤ 张玉利. 创业与企业家精神：管理者的思维模式和行为准则 [J]. 南开学报，2004（1）：12-15.

承诺和兑现交易各方的利益诉求。①企业家契约精神在企业层面体现为企业家对企业持续成长和长期发展的责任担当。这种责任担当不仅能够驱使企业家以企业长远利益为重，制定企业发展愿景和战略目标，努力克服重重困难和挫折，逐步实现企业发展目标，而且能够激发企业家坚持不懈、追求卓越的精神，并勇于担当起企业家的责任，同时还注重员工培训和工作满意度提升，进而提升公司竞争力。②契约精神在市场层面体现为诚信经营和合作共赢。高契约精神的企业家会严守法律和诚信底线经营企业，这不仅能够降低企业发展过程中的法律责任和商业纠纷，而且有利于维护市场秩序①。企业家对市场秩序的维护能为企业带来品牌溢价。张维迎（2019）认为企业家对市场秩序的维护是企业利润的重要源泉。企业经营的是信誉，信誉是企业的重要资源和价值，是企业竞争力的基础（张维迎，1994）。企业家对市场秩序的维护是企业信誉之根本，基于信誉的品牌效应可以节约交易成本，从而为企业带来更多的利润和市场价值。另外，高契约精神的企业家倾向于秉承双赢的理念签订商业合同，认同并满足双方的预期利益目标，积极减少合同执行过程中的不确定性和不安全性因素，从而有利于企业品牌创建。这方面典型的有红豆集团周海江的"八方共赢"理念。③契约精神在社会层面体现为企业家的社会责任意识。契约精神使企业家倾向于采取符合社会道德和伦理期望的公平竞争行为经营企业。契约精神驱使企业家立足于社会进步和人民生活水平提高的角度发展企业，例如，华为任正非的实业报国伟大梦想等。这种行为能够为企业成长创造融洽的空间、生态环境以及合法性基础。杨利军认为企业家契约精神有利于企业得到社会认可②。实践证明优秀的企业家都具有较强的契约精神。企业家的契约精神具有良好的社会示范作用（梁静，2017）。中国经济转型时期，发展任务异常艰巨，需要大力弘扬企业家契约精神，激励更多具有时代担当的企业家迎难而上，推动企业健康发展。相比于风险承担精神，契约精神则着眼于企业的长远发展。基于上述分析，本书提出如下研究假设：

H1a：企业家创新精神正向促进企业成长；

H1b：企业家风险承担精神正向促进企业成长；

H1c：企业家契约精神正向促进企业成长。

---

① 李瑜青. 当代契约精神与法律意识 [J]. 学术月刊，1999（2）：13-16，30.

② 杨利军. 企业家契约精神的历史脉络及维度 [J]. 河南科技大学学报（社会科学版），2016，34（3）：84-88.

二、企业家精神与企业创新

德鲁克认为企业家精神是企业的异质性资源，是企业创新的重要驱动①。企业家敏锐的觉察力能为企业识别更多的创新机会。随着市场竞争加剧，产品和技术更迭周期不断缩短，市场在不断变化。企业家精神可以帮助企业不断寻找商业机会，推动企业创新成长。企业家精神与创新密切相关，企业家精神能够激励企业的创新活动。企业家精神的充分发挥可以推动企业产生越来越多的创新，并不断提高企业的工作效率。

（一）企业家精神对技术创新的影响

企业家精神，在本质上是创新精神，即用创新的心态创造新组织，革新企业的老化、陈旧和过时等问题。企业家是创新的倡导者和观念的革新者。创新精神使企业家从新的角度看待问题。企业家创新精神能够引领企业的创新实践，并培养企业的创新文化。创新精神能够转化为企业的创新动力，进而转化为企业的创新行为②。企业家精神对机会的机敏性有助于企业家识别和把握技术创新的商业机会。企业技术创新行为使企业倾向于支持和利用新观点、新方法，开发新产品、新技术和新设备。熊彼特认为企业家的创新动力来源于对超额利润的追求③。技术创新带来的先进设备、生产工艺改善和新原材料等，能够降低生产成本、提高工作效率、优化产品品质、提高服务质量，进而获得产品优势，增加企业效益。同时，技术创新还是实现产品差异化的重要途径，从而使企业获得市场优势。企业家创新精神通过推动企业技术创新实现价格优势和产品差异化，从而创造超额利润。另外，企业的重大技术创新产生的新组合在市场上拥有绝对的优势，不仅是企业家创造超额利润的重要工具，而且是企业家实现自身价值的重要途径。企业家在创新精神驱动下，会积极进行技术创新创造超额利润和社会价值。

创新面临着不确定性和风险。企业家的收入源自不确定性承担（奈特，1916），企业家必须有勇气面对变化和决策④。企业家的不确定性和风

---

① DRUCKER F. Innovation and entrepreneurship [M]. New York：Harper and Row, 1985.

② LUMPKIN G T, DESS G G. Clarifying the entrepreneurial orientation construct and linking it to performance [J]. Academy of management review, 1996, 21 (1)：135-1721.

③ SCHUMPETER J A. The theory of economic development：an inquiry into profits, capital, credit, interest, and the business cycle [M]. Boston, MA：Harvard University Press, 1934.

④ DRUCKER F. Innovation and entrepreneurship [M]. New York：Harper and Row, 1985.

险偏好决定着企业家决策的创新性（汪宜丹，2007）。企业家风险承担精神推动其选择高不确定性的创新项目[①]，使其有勇气承担与创新活动相伴的风险，并积极为创新去除风险。高风险承担精神的企业家对技术成果商业化充满信心，敢于从事投资大、技术复杂和经济效益显著的技术创新活动，也愿意配置较多的人力和资金开展技术创新活动。技术创新活动存在高风险和高不确定性特征，企业家的风险偏好和胆识在权衡技术创新投入和产出方面，会对技术创新投资产生积极的影响。企业家不是鲁莽的，而是基于市场洞察力做出创新决策。企业家的市场机会识别能力使其对技术创新需求的发展趋势有较为准确的预测。企业家的冒险精神与其自信心密不可分，自信心使企业家敢于冒风险，超前行动抓住市场机会，先于竞争对手推出新产品或服务，并相信自己具备在竞争中获胜的能力。高风险承担精神的企业家往往表现出较高的乐观水平，研究表明乐观的企业家会充分发挥自身特长推动研发活动和企业成长[②]。

契约精神有利于识别和获取技术创新所需的外部资源。契约精神是以企业家诚信为基础，并在经营企业过程中逐渐习得的守则意识。契约精神有助于企业家与外部的社交活动，有助于企业家扩大以自我为中心的社会关系网络，从而打破现有组织和技术边界，帮助企业从外部搜寻知识和信息，形成跨界搜寻和思维，为企业创新提供异质性的知识和信息[③]，知识和信息的多样化会形成创新思维[④]，从而有助于企业的技术和产品创新（曹兴 等，2019）。企业家契约精神能够提高企业信誉，从而缓解企业的融资约束。中国的融资环境较差，商业信用在中小企业和私营企业的融资过程中发挥着重要作用（孙浦阳 等，2014）。企业信誉提升不仅可以让企业更加容易地获取银行贷款，而且可以拓宽企业的融资渠道，进而推动企业的研发活动（Hall，2002）。另外，创新特别是自主创新是一个高风险高回报的企业行为。在竞争激烈的市场环境下，企业需要积极创新保持竞争优

---

① 高展军，李垣. 市场导向、企业家导向对技术创新的影响研究 [J]. 经济界，2004 (6)：20-22.

② 江新峰，张敦力，汪晓飞. 管理者乐观情绪、研发支出与企业成长性 [J]. 科学决策，2018 (2)：22-39.

③ LAURSEN K, SALTER A. Open for innovation: the role of openness in explaining innovation performance among uk manufacturing firms [J]. Strategic management journal, 2006, 27 (2)：131-150.

④ BIAIS B, GOLLIER C. Trade credit and credit rationing [J]. Review of financial studies, 1997, 10 (4)：903-937.

势。契约精神使企业家更加关注企业的长期发展和社会价值而非短期收益，从而推动企业持续创新。对创新的不懈追求不仅需要企业家创新精神，而且需要企业家的责任担当意识。在契约精神的引导下，企业家会持续追求艰苦卓绝的自主创新。

（二）企业家精神对商业模式创新的影响

企业家精神使企业不局限于简单的逐利行为，而是升华到自我成就动机①。商业模式创新是系统化的创新活动，其过程艰辛且复杂，需要的不仅仅是企业家的创新性和冒险性，还需要企业家对事业有高度的忠诚和责任心。企业家的忠诚和责任心是企业家永不枯竭的创新动力。伦普金和德丝的研究表明，企业家精神不仅体现在新产品和新技术的开发上，而且体现在企业战略和组织结构的革新上②。阿梅尔认为商业模式创新是企业保持持久和难以模仿竞争优势的重要途径③。商业模式创新与企业家精神紧密相连，正是企业家勇于追求创新的精神及其资源整合能力和人格魅力成就了商业模式的独特之处。企业家有关商业模式的创意是商业模式创新的基础。企业家创新精神使其能够通过对市场变化的积极探索，洞察市场需求走向，捕捉商业机会，从商业机会中演变出商业概念，在此基础上提出创新活动的创意。企业家根据创意进行资源整合，并将商业概念付诸实施转化为创新，通过商业模式创新实现资源的优化配置。在商业概念演变成创新的过程中，需要企业家积极发挥其资源整合能力、信息加工能力和领导能力。企业家拥有的公司控制权和资源配置权使其不可让渡地成为商业模式创新的主体④。德鲁克认为企业家的创新热情使企业家能够持之以恒地投入充满挫折的创新工作之中⑤。

商业模式创新不仅需要企业家创新精神，而且需要企业家冒险精神、契约精神。商业模式创新是一种引入可盈利商业模式而打破既有游戏规则

① 赵薇，德登. 企业家创新精神原动力研究 [J]. 山东社会科学，2010 (7)：91-96.

② LUMPKIN G T, DESS G G. Linking two dimensions of entrepreneurial orientation to firm performance：the moderating role of environment and industry life cycle [J]. Journal of business venturing, 2004, 16 (5)：429-451.

③ HAMEL. The future of management [J]. Human resource management international digest, 2007, 16 (6)：1-6.

④ LINDER T, CANTRELL S. Chancing business models：surveying the landscaped [R]. Accenture Institute for Strategic Change, 2000.

⑤ DRUCKER F. Innovation and entrepreneurship [M]. New York：Harper and Row, 1985.

以创造更多经济价值的"破坏性"创新活动①。因此,商业模式创新通常需要企业家对公司资源进行重新整合和分配,这往往意味着打破既有的利益格局,需要企业家承担更加巨大的风险。商业模式创新更需要企业家的风险承担能力和风险偏好来推动。企业家追求卓越和敢闯敢试的态度及勇于承担风险的精神,使其有胆识、有能力推动公司的业务模式创新。企业家精神的先动性和风险承担性使其对外界环境较为敏感,推动企业以富有创造性的活动挖掘新的利益创造方式和盈利模式,并成为领域开拓者②。

商业模式创新是企业家通过识别商业机会,发现商业创意,并整合资源实现创意,其最终目的是创造顾客价值。在顾客价值创造过程中需要诸多部门和外部单位的协作。契约精神驱使企业家从心理契约角度考虑员工诉求,将其合作意识传达给企业内部员工,从而有利于商业模式创新实施。商业模式创新推动企业家以合作共赢的价值观念与协作单位展开合作。企业家的这种价值观有助于其获得外部单位的积极配合。契约精神引导企业家以符合顾客价值和社会价值的发展战略,积极开展创新活动③,从而有利于商业模式创新的价值创造。商业模式创新不仅包括新商业模式创造,而且包括商业模式的持续改进。在企业家价值创造责任驱使下,企业家还会持续改进业务流程,提高工作效率,降低管理成本。

基于上述分析,本书提出如下研究假设:

H2a:企业家创新精神越强的企业越倾向于进行技术创新;

H2b:企业家风险承担精神越强的企业越倾向于进行技术创新;

H2c:企业家契约精神越强的企业越倾向于进行技术创新。

H3a:企业家创新精神越强的企业越倾向于进行商业模式创新;

H3b:企业家风险承担精神越强的企业越倾向于进行商业模式创新;

H3c:企业家契约精神越强的企业越倾向于进行商业模式创新。

---

① MARKIDES C. Disruptive innovation: in need of better theory [J]. Journal of product innovation management, 2005, 23 (1): 19-25.

② 杨东,李垣. 公司企业家精神、战略联盟对创新的影响研究 [J]. 科学学研究, 2008, 26 (5): 1114-1118.

③ 胡保亮,疏婷婷,田茂利. 企业社会责任、资源重构与商业模式创新 [J]. 管理评论, 2019, 31 (7): 294-304.

三、企业创新与企业成长

根据熊彼特①和德鲁克②的创新理论，创新是一种财富创造行为，敢于创新才能获得超额利润，创造竞争优势。余传鹏等也认为创新对企业成长有推动作用③。企业要想在竞争市场上立于不败之地就必须致力于创新，缺乏创新的企业最终会被淘汰。本部分将从技术创新和商业模式创新两个维度剖析企业创新对企业成长影响的内在机理。

（一）技术创新对企业成长的影响

虽然有关技术创新与企业创造间关系的研究，得出的结论不统一，包括正相关关系、负相关关系、无关、倒 U 形关系等；但是实践表明，技术创新对企业成长起着不可忽视的推动作用。技术创新是企业成长的动力④⑤。企业主要通过产品和服务与市场产生联系。产品和服务是企业竞争的载体。企业需要通过技术创新获得产品和服务优势，进而获取市场优势。技术创新不仅可以改进现有产品和服务质量，而且可以推出新产品和服务。技术创新还能够通过改进生产工艺、完善生产流程，从而降低生产成本，创造价格优势。市场竞争导致产品生命周期缩短，技术更新换代加速，这种变化最终会影响企业成长。企业只有通过持续的技术创新，优先推出新产品和服务占领市场先机，才能够保持市场竞争优势。研究表明，高水平的研发投入能产生积极的市场响应⑥，提升企业竞争力（于俊秋，2002）。企业技术开发过程中会不断积累知识和资源，知识的不断积累也是企业保持竞争优势的关键。企业要想实现持续成长，必须注重知识创造和技术创新。

企业要想获得长期成长，必须重视技术创新（李宝新 等，2008）。企

---

① SCHUMPETER J A. The theory of economic development: an inquiry into profits, capital, credit, interest, and the business cycle [M]. Boston, MA: Harvard University Press, 1934.

② DRUCKER F. Innovation and entrepreneurship [M]. New York: Harper and Row, 1985.

③ 余传鹏, 张振刚, 林春培. 基于技术接受模型的企业管理创新过程机制研究 [J]. 科研管理, 2019, 40 (8): 206-214.

④ SCHUMPETER J A. The theory of economic development: an inquiry into profits, capital, credit, interest, and the business cycle [M]. Boston, MA: Harvard University Press, 1934.

⑤ PENROSE E. The theory of the growth of the firm [M]. Oxford: Oxford University Press, 1959.

⑥ LEE C Y. Competition favors the prepared firm: firms' R&D responses to competitive market pressure [J]. Research policy, 2009, 38 (5): 861-870.

业对技术的重视程度决定企业的成长速度①。企业需要不断引进先进技术、改进现有技术、开发新技术，并关注技术市场发展趋势，探索新的技术方向。例如，华为对未知领域的科学探索使公司的技术水平遥遥领先于国内竞争对手，并领导国际通信市场的发展方向。芒福德（Mumford，2000）认为，各种创新形式中，技术创新对企业绩效的影响最大。陈晓红和马鸿烈通过414家中小上市公司样本的实证研究发现，企业技术创新水平与企业成长性显著正相关②。

（二）商业模式创新对企业成长的影响

商业模式创新是企业成长的重要路径③，是企业新的价值来源④。商业模式创新是企业战略层面的交易结构创新，能使企业获得更大幅度的成长⑤。商业模式创新旨在通过战略转型和组织变革改善企业绩效⑥，并产生长时间的价值回报⑦。例如苹果公司和 Facebook 的快速成长得益于其平台型商业模式创新形成的用户和商家、用户之间的正反馈，从而加强了利益相关者间的依存关系，加速了企业成长。商业模式创新能够改变企业的成本结构和收益来源⑧。商业模式创新不仅包括单项产品或者服务的商业化流程设计，而且包括业务关系变革⑨。商业模式创新可以通过新的业务关系提高客户支付意愿，降低供应商和合作伙伴的机会成本，为商业模式的利益相关者创造更多的价值，提高企业的议价能力。商业模式创新可以促

① 许秀梅，李敬锁，温琳. 技术董事、技术资源配置与企业成长：来自上市公司的经验数据 [J]. 科技进步与对策，2019，36（20）：94-102.

② 陈晓红，马鸿烈. 中小企业技术创新对成长性影响：科技型企业不同于非科技型企业 [J]. 科学学研究，2012（11）：1749-1760.

③ 罗兴武，杨俊，项国鹏，等. 商业模式创新双重属性如何作用创业企业成长：裸心的案例研究 [J]. 管理评论，2019，31（7）：133-148.

④ ZOTT C, AMIT R, MASSA L. The business model: recent developments and future research [J]. Social science electronic publishing, 2011, 37（4）：1019-1042.

⑤ ZOTT C, AMIT R. Business model design and the performance of entrepreneurial firms [J]. Organization science, 2007, 18（2）：181-199.

⑥ AMIT R, ZOTT C. Value creation in e-business [J]. Strategic management journal, 2001, 22（6/7）：493-520.

⑦ TAPANI T, KARI H. Elements of sustainable business models [J]. International journal of innovation science, 2014, 6（1）：43-54.

⑧ TEECE D J. Business models, business strategy andinnovation [J]. Long range planning, 2009, 43（2）：172-194.

⑨ TEECE D J. Business models, business strategy andinnovation [J]. Long range planning, 2009, 43（2）：172-194.

进信息共享，减少信息不对称性以及协调成本，降低交易风险①。美国学者韦尔（Weill，2006）通过美国大型企业样本的实证研究发现，商业模式创新能有效提高企业绩效。

商业模式创新能够保障技术创新活动的连续性和技术创新成果的商业化。企业的创新活动是在一系列规则指导下进行的，商业模式是企业保障创新意图实现的规则集合和结构安排。通过商业模式创新，可以将技术、产品等非连续性和偶发性的创新活动转变为持续动态的创新活动。海尔公司稳固的市场地位源自其商业模式创新而构建的创新机制，而非孤立的几个市场、产品或技术创新。海尔的商业模式从组织体系、研发过程管理和创新激励机制三方面保证海尔对技术创新速度、产品品类、组织设置和市场效果方面高标准和高效率的要求。商业模式创新通过系统性的规则优化帮助企业克服产品、技术创新过程中面临的不确定性，保障新技术和新产品商业化的顺利开展，提高创新行为的可预见性。商业模式创新的最终目的是创造顾客价值，商业模式创新能够实现市场需求和资源组合的有效结合。商业模式创新能够奠定企业技术成果的应用情景和顾客价值主张，有利于将技术创新成果商业化，并提高技术创新的价值创造能力②。商业模式创新的价值贡献甚至超过技术创新③。

商业模式创新能够形成企业的竞争优势，使企业在市场竞争中脱颖而出，从而创造出更高的价值④。商业模式创新对于企业适应动态环境并获取竞争优势至关重要。市场环境瞬息万变，在动态变化的环境中，企业必须顺应环境变化，重新设计其与供应商、顾客和合作伙伴等商业模式参与者间的交易规则和方式，即进行商业模式创新⑤。商业模式创新旨在颠覆

---

① PEDERSEN E R G, GWOZDZ W, HVASS K K. Exploring the relationship between business model innovation, corporate sustainability, and organisational values within the fashion industry [J]. Journal of business ethics, 2018, 149 (2): 267-284.

② WEI Z, YANG D, SUN B, et al. The fit between technological innovation and business model design for firm growth: evidence from China [J]. R&D management, 2014, 44 (3): 288-305.

③ MARTINS L L, RINDOVA V P, GREENBAUM B E. Unlocking the hidden value of concepts: a cognitive approach to business model innovation [J]. Strategic entrepreneurship journal, 2015, 9 (1): 99-117.

④ AMIT R, ZOTT C. Value creation in e-business [J]. Strategic management journal, 2001, 22 (6/7): 493-520.

⑤ ZOTT C, AMIT R, MASSA L. The business model: recent developments and future research [J]. Social science electronic publishing, 2011, 37 (4): 1019-1042.

既有的价值创造结构以应对市场变化。企业通过商业模式创新可以为商业模式参与者提供差异化的价值回报,帮助企业获取竞争优势。商业模式创新可以通过构建主动型市场导向的业务模式,促进企业市场开拓、交易网络构建和市场网络拓展,帮助企业迅速回应市场变化,促进企业成长。商业模式创新还包括对原有业务模式的完善和改进①,这种改变能带来企业核心业务的变革。持续的尤其是改变企业关注焦点的商业模式创新能够使企业超越竞争对手,并从行业竞争中脱颖而出②。当新的商业模式能够改变整个企业的业务逻辑,并且难以复制时,会给企业带来强大的竞争优势并使其快速成长③。基于上述分析,本书提出如下研究假设:

H4a:企业技术创新对企业成长有正向促进影响;

H4b:企业商业模式创新对企业成长有正向促进影响。

四、企业创新的中介作用

根据上述分析可以看出,技术创新和商业模式创新是企业家精神与企业成长间的重要中介因素。创新是展示企业家精神的重要手段,企业家通过创新赋予资源新的能力,创造新的财富④。企业创新是企业家精神向企业成长传递的重要媒介。企业家精神通过内部创新机制,提高员工创造力,进而提升企业创新能力,推动企业创新成长。企业创新发展的前提是创新机会的识别。企业家的预见性和感知力使其对创新机会更加敏感,并通过整合利用资源抓住创新机会,实现企业创新成长。熊彼特⑤和德鲁克⑥的创新理论也支持企业创新在企业家精神与企业成长间的中介作用。

(一) 技术创新的中介作用

企业家精神通过推动企业的技术创新机会识别,对企业成长产生重要

---

① DUNFORD R, PALMER I, BENVENISTE J. Business model replication for early and rapid internationalisation: the ING direct experience [J]. Long range planning, 2010, 43 (5-6): 655-674.

② MITCHELL D, COLES C. The ultimate competitive advantage of continuing business model innovation [J]. Journal of business strategy, 2003, 24 (5): 15-21.

③ MAGRETTA J. Why business models matter [J]. Harvard business review, 2002, 80 (5): 86-92.

④ DRUCKER F. Innovation and entrepreneurship [M]. New York: Harper and Row, 1985.

⑤ SCHUMPETER J A. The theory of economic development: an inquiry into profits, capital, credit, interest, and the business cycle [M]. Boston, MA: Harvard University Press, 1934.

⑥ DRUCKER F. Innovation and entrepreneurship [M]. New York: Harper and Row, 1985.

影响。相较于一般机会,技术创新机会识别过程更加复杂多变①。企业家精神的感知力使企业家能够准确预知技术创新需求的发展趋势。企业家精神的机会识别能力有利于企业家识别技术创新的商业机会。企业家的洞察力使企业家能够预知技术创新的市场效益。另外,企业家精神的机会识别特征能够推动企业成员积极进行信息扫描②,并努力识别技术创新机会③。创新机会对企业成长和市场发展有更大的价值创造潜力④。面对激烈的市场竞争,企业只有在企业家精神指引下,先动性地识别技术创新机会并实施技术创新才能形成竞争优势。企业家责任担当意识使企业家根据拥有的资源和能力,从企业长久发展考虑,应选择风险可承受且与企业发展战略相契合的技术创新机会,从而避免技术创新的盲目性。

企业家精神通过促进企业研发资源配置对企业成长产生重要影响。技术创新通过整合知识和技能,满足甚至创造市场需求,是企业价值创造的重要工具。技术创新的复杂性和高投入性,导致技术创新的制约因素较多。企业家作为企业经营的主体,对研发资源配置产生重大影响。企业家对未来技术发展的预见性和勇于尝试的冒险精神能够帮助企业选择具有市场潜力的研发方向,并积极投入研发资金和研发人员开展技术创新活动。企业家精神通过新产品研发和工艺改进等技术创新活动,将原本缺乏生命力的资源和物质嬗变为能够获利的产品和服务,为企业创造价值,提高资源利用效率,促进企业成长。另外,企业家精神通过创新性、风险承担精神和契约精神,吸引高质量的技术研发人才,激发员工的创新热情,推动企业有效实施技术创新,提高研发效率,促进企业成长。企业家的创新精神、风险承担精神和契约精神可以帮助企业获取更多的外部技术支持,保障技术创新的成功实施,促进企业创新成长模式⑤。

① GAGLIO C M, KATZ J A. The psychological basis of opportunity identification: entrepreneurial alertness [J]. Small business economics, 2001, 16 (2): 95-111.

② CORNER P D, KINICKI A J, KEATS B W. Integrating organizational and individual information processing perspectives on choice [J]. Organization science, 1994, 5 (3): 294-308.

③ 纪炀,周二华,李彩云,等. 创业者信息扫描与创新机会识别:直觉和环境动态性的调节作用 [J]. 外国经济与管理,2019,41 (8): 29-42.

④ 张爱丽,张瑛. 特质性调节定向、感知机会创新性与创业意图 [J]. 科学学研究,2018 (12): 2233-2241.

⑤ 曾景伟. 高新技术企业创新投资的融资约束与社会资本管理变革策略 [J]. 改革与战略,2018,34 (1): 125-128.

（二）商业模式创新的中介作用

商业模式创新是创造新的商业模式，或者在原有商业模式基础上，通过优化关键资源、关键流程、盈利方式和客户价值主张等帮助企业适应环境变化形成企业成长的动态能力和难以模仿的竞争优势。企业家精神通过商业模式创新促进企业成长①。商业模式创新是企业家精神推动企业成长的重要中介因素。企业家的机会识别特征和变革精神决定企业的发展战略和发展方向，并驱使企业家通过商业模式创新抓住商业机会。企业家精神推动企业通过商业模式创新确保技术创新、产品和服务创新的有用性和获利性，并与企业发展愿景相契合。企业家创新精神、风险承担精神和契约精神推动企业家根据企业发展战略，大胆进行业务流程变革，改变影响组织工作效率和业务拓展的业务关系和资源配置方式，保障商业机会利用和商业目标实现②，并为新产品和服务的开发及其商业化提供强有力的资源保障和制度支持，以保证高风险的创新活动具有连续性。企业家创新精神推动企业家积极创新盈利模式，为企业创造更多的获利机会。黄慧的实证研究表明商业模式创新在企业家精神与企业竞争优势之间起中介作用③。基于上述分析，本书提出如下研究假设：

H5a：企业技术创新在企业家创新精神与企业成长间起着中介作用；

H5b：企业技术创新在企业家风险承担精神与企业成长间起着中介作用；

H5c：企业技术创新在企业家契约精神与企业成长间起着中介作用。

H6a：企业商业模式创新在企业家创新精神与企业成长间起着中介作用；

H6b：企业商业模式创新在企业家风险承担精神与企业成长间起着中介作用；

H6c：企业商业模式创新在企业家契约精神与企业成长间起着中介作用。

---

① ZOTT C, AMIT R. Business model design and the performance of entrepreneurial firms [J]. Organization science, 2007, 18（2）：181-199.

② RICHARDSON S. Over-investment of free cash flow [J]. Review of accounting studies, 2006, 11（2）：159-189.

③ 黄慧. 跨国公司商业模式创新的影响因素研究 [D]. 广州：广东工业大学, 2018.

五、营商环境的调节作用

营商环境是全面深化改革的重要依托。在推动经济转型升级和高质量发展的新时代，我国各地区营商环境不断得到优化，法律法规不断完善，市场准入门槛不断降低，政府干预逐渐减少，制度性交易成本不断降低，然而总体而言我国营商环境水平仍然不高。另外，由于历史、地理和经济发展愿意等，各地区呈现不均衡发展，区域营商环境存在较大差异。经济转型期的营商环境下，规则和关系同时发挥作用，这种营商环境对企业家的行为和决策带来一定程度的影响。企业家精神是市场活力的重要来源①。作为市场经济的微观主体，企业家精神的发挥受到营商环境的影响。企业家在市场机会识别、资源整合、推动企业转型和产品升级等方面发挥重大作用②。营商环境在企业家精神影响企业成长的过程中起着重要的间接作用。

1. 营商环境调节企业家精神与企业成长间的直接关系

营商环境是企业家精神的保障，地区营商环境差异性会影响企业家精神发挥作用的经济效果③④⑤。随着以完善法律法规、简化审批流程、取消前置证明和强化监督等为特征的营商环境的持续优化，围绕不完善法律法规的投机行为和行政审批的寻租行为将被逐渐取消，而围绕竞争生产的企业家精神将会被强化，从而激发和增强企业家的创新精神、风险承担精神和契约精神。在良好的营商环境下，市场竞争较为激烈，市场准入门槛较低，能够提供更多的市场机会。无论是出于利润考虑还是自我价值实现考虑，企业家都会更加积极地发挥创新精神、冒险精神和契约精神，识别成长机会，并整合资源、抓住机会，从而增强企业家精神对企业成长的推动作用。另外，良好的营商环境下，市场竞争较为激烈。激烈的市场竞争能够培养企业家的市场敏感度，增强其机会识别能力，进而强化企业家精神

---

① 陈怡安，赵雪苹. 制度环境与企业家精神：机制、效应及政策研究 [J]. 科研管理，2019，40 (5)：90-100.

② MCMILLAN J，WOODRUFF C. The central role of entrepreneurs in transition economies [J]. Journal of economic perspectives，2002，16 (3)：153-170.

③ 程俊杰. 制度变迁、企业家精神与民营经济发展 [J]. 经济管理，2016，38 (8)：39-54.

④ GARELLO. Tax structure and entrepreneurship [J]. Small business economics，2014 (42)：165-190.

⑤ 陈怡安，赵雪苹. 制度环境与企业家精神：机制、效应及政策研究 [J]. 科研管理，2019，40 (5)：90-100.

对企业成长的推动作用①。因此，营商环境会增强企业家创新精神、风险承担精神、契约精神对企业成长的推动作用。当前研究一定程度上支持了该观点，例如，谢众和张杰采用上市公司数据，将企业家精神作为单一维度，并采用专利申请数、董事会独立性、人均固定资产、人均无形资产和人均收入衡量企业家精神，结果发现良好的营商环境能够加强企业家精神对实体企业经济绩效的推动作用②。李倩等（2019）将企业家精神作为单一维度，采用问卷调查法并从创新性、风险性和先动性三个方面对其进行测量，结果发现营商环境越好，企业家精神对企业绩效的推动作用越强。基于此，本书提出如下假设：

H7a：营商环境对企业家创新精神与企业成长间的关系有调节作用，即营商环境越好，企业家创新精神对企业成长的推动作用越强；

H7b：营商环境对企业家风险承担精神与企业成长间的关系有调节作用，即营商环境越好，企业家风险承担精神对企业成长的推动作用越强；

H7c：营商环境对企业家契约精神与企业成长间的关系有正向调节作用，即营商环境越好，企业家契约精神对企业成长的推动作用越强。

2. 营商环境调节企业创新的中介作用

营商环境对企业家精神转化为企业行为的过程发挥着重要作用。企业家精神通过企业家决策加以体现。营商环境作为企业开设和经营所面临的综合性外部环境，会对企业家决策产生重要影响。企业家决策是企业创新的重要引擎。

（1）良好的营商环境下，企业家精神对企业创新的影响加强。一方面，良好的营商环境会通过激发企业家创新精神、风险承担精神和契约精神，加强企业家精神对企业创新的影响。良好的营商环境下，市场资源配置作用较强，进而激发企业家创新精神、风险承担精神和契约精神。企业家精神的核心是创新性，企业家精神增强会激发企业家投入更多的时间和精力识别创新机会，整合创新资源。营商环境越好意味着法律法规越完善，政府干预越少，技术创新成果和企业家的创新收入越能够得到完善的

---

① 叶作义，吴文彬. 企业研发投入的驱动因素分析：基于中国上市公司企业家精神角度 [J]. 上海对外经贸大学学报，2018，25（2）：40-51，86.

② 谢众，张杰. 营商环境、企业家精神与实体企业绩效：基于上市公司数据的经验证据 [J]. 工业技术经济，2019（5）：89-96.

法律保护，从而激发企业家分配更多的资源进行创新①。同时，良好的营商环境下，企业家的地位感知更高。企业家的地位感加强有利于开展企业创新活动②。而政府管制和法律法规不完善则会抑制企业家的创新决策③。另一方面，营商环境影响企业家精神在企业内部的传递，进而影响企业家精神对创新的推动作用。企业家精神通过企业的创新机制，在企业内部形成创新氛围，进而影响员工创造力和企业创新积极性。较差的营商环境下，企业家往往花费较多的时间和精力开展寻租活动，影响其对企业内部创新活动的关注度，企业成员难以感知到领导对创新的重视，从而影响员工创造力和企业创新机制的形成，进而抑制企业家精神向企业创新行为的传递。良好的营商环境下，市场的竞争较为激烈，创新氛围较好。企业家会积极关注企业内部的创新活动，进行相应的创新激励以及创新型人才引进，从而加强企业家创新精神、风险承担精神和契约精神在公司内部的传递，形成较为完善的企业创新机制，进而加强企业家精神对企业创新的影响。研究表明，产权保护、法治环境等是激发企业创新行为的关键④⑤⑥。

（2）良好的营商环境会加强企业创新成果向企业成长的转换。良好的营商环境下，企业面临的制度性交易成本较低，市场化水平较高，资源配置效率较高。企业技术创新和商业模式创新均需要整合内外资源。好的营商环境通过提高资源配置效率，进而提高企业创新效率。同时，企业创新成果需要商业化过程才能够实现创新收益。市场需求不断变化，创新成果如果不能及时商业化会影响其市场效果。好的营商环境下，创新成果商业化的门槛会降低而且效率会提高，使企业能够快速抢占市场先机，创造创新收益。另外，好的营商环境下，产权保护较为完善，使企业前期创新活动投入的巨额资金，在其商业化的过程中能够得到保护。当产权保护不力时，创新成果容易被模仿甚至剽窃，进而影响创新收益。因此，好的营商

---

① 何文剑，苗妙，张红霄. 制度环境、企业家精神配置与企业绩效：来自中国制造业上市公司的经验证据 [J]. 山东大学学报（哲学社会科学版），2019（4）：40-54.

② 马骏，罗衡军，肖宵. 私营企业家地位感知与企业创新投入 [J]. 南开管理评论，2019，22（2）：142-154.

③ 王效俐，马利君. 政府管制对企业家精神的影响研究：基于 30 个省份的面板数据 [J]. 同济大学学报（社会科学版），2019，30（2）：107-117.

④ 何轩，马骏，李胜文. 报酬结构、税收制度与企业家精神配置 [J]. 科研管理，2017，38（2）：44-51.

⑤ 吴晓松. 国家创新体系与企业创新研究 [M]. 北京：社会科学文献出版社，2013.

⑥ 周其仁. 竞争与繁荣 [M]. 北京：中信出版社，2013.

环境通过提高创新效率和创新收益，进而加强企业创新对企业成长的推动作用。

综合上述分析可知，良好的营商环境会激发企业家创新精神、风险承担精神和契约精神，推动企业积极识别技术创新机会和商业模式创新机会，并整合内外部资源实施创新活动；同时良好的营商环境还通过提高资源配置效率和降低交易成本，进而提高企业的创新效率和创新收益，加速企业成长，即良好的营商环境会加强技术创新和商业模式创新在企业家精神与企业成长间的中介作用。基于此，本书提出如下假设：

H8a：营商环境对"技术创新在企业家创新精神与企业成长间的中介作用"有调节效应，即营商环境越好，技术创新的中介作用越强；

H8b：营商环境对"技术创新在企业家风险承担精神与企业成长间的中介作用"有调节效应，即营商环境越好，技术创新的中介作用越强；

H8c：营商环境对"技术创新在企业家契约精神与企业成长间的中介作用"有调节效应，即营商环境越好，技术创新的中介作用越强。

H9a：营商环境对"商业模式创新在企业家创新精神与企业成长间的中介作用"有调节效应，即营商环境越好，商业模式创新的中介作用越强；

H9b：营商环境对"商业模式创新在企业家风险承担精神与企业成长间的中介作用"有调节效应，即营商环境越好，商业模式创新的中介作用越强；

H9c：营商环境对"商业模式创新在企业家契约精神与企业成长间的中介作用"有调节效应，即营商环境越好，商业模式创新的中介作用越强。

第五章　实证研究设计

第一节　变量测量

量表是将抽象化概念性变量转变为可测量的多个题项并进行量化测量的一种工具。为了检验本书提出的理论模型，需要对模型所涉及的概念性变量进行定量化度量，因此需要设计出科学、规范、合理的量表。量表设计是进行样本选择、数据定量检验的重要环节，它的准确化程度直接决定了变量间关系假设检验结果的有效性和可靠性。在变量选择和使用过程中，除了契约精神量表是自行开发外，本书其他量表均借鉴了国外成熟量表。为了更好地表达研究构念和题项的意思，本书遵循"翻译—回译"的程序和原则，并根据实际情况和中文表达习惯，结合专家讨论结果对量表进行修订，使量表设计尽可能有效化和合理化。

一、被解释变量：企业成长

企业成长是本书的被解释变量。本书借鉴哈柏和雷赫尔[①]、赵忠伟[②]等的相关研究，从经济价值、社会价值和能力提升三个方面综合评价企业的综合实力变化，以此衡量企业成长，并据此设计包含13个题项的量表，详见表5-1。量表涵盖企业"量"的扩张和"质"的提升两方面，从而契合彭罗斯的企业成长理论[③]。

---

① HABER S, REICHEL A. Identifying performance measures of small ventures: the case of the tourism industry [J]. Journal of small business management, 2005 (3): 257-286.

② 赵忠伟. 组织柔性对中小型高科技企业成长影响研究 [J]. 科研管理, 2019, 40 (7): 247-256.

③ PENROSE E. The theory of the growth of the firm [M]. Oxford: Oxford University Press, 1959.

表 5-1 企业成长量表

测量层面	编号	测量题项	来源
经济价值增加	CZ1	公司固定资产总额有明显的增加	Haber 和 Reichel（2005）、赵忠伟（2019）
	CZ2	公司市场占有率有明显的增加	
	CZ3	公司的销售收入有明显增加	
	CZ4	公司利润率有明显增长	
社会价值增加	CZ5	公司的消费者满意度有明显提高	
	CZ6	公司市场价值有明显提高	
	CZ7	公司社会形象有明显改善	
	CZ8	公司主营产品的行业地位有显著提高	
企业能力提升	CZ9	公司资产结构有明显的改善	
	CZ10	公司风险管理水平有明显提高	
	CZ11	公司应对环境变化的能力有明显提高	
	CZ12	公司识别发展机会的能力有明显提高	
	CZ13	公司整体竞争力有明显提高	

二、解释变量：企业家精神

企业家精神是企业克服内外困难、基业长青的动力所在，是成功打造企业的原动力。企业家精神外显为创新精神、风险承担精神、契约精神等，体现为企业家永不停歇的价值追求。基于前文对企业家精神的定义，本书从创新精神、风险承担精神、契约精神三个维度度量企业家精神。具体的测量过程描述如下：

（一）创新精神

柯伟和塞勒文最早从创新性、冒险性和开创性三个维度开发企业家精神量表[①]，该量表的内部一致性为 0.937，创新性、冒险性和开创性三个因素的一致性分别为 0.857、0.853、0.842，具有良好的建构效度。该量表为国内外学者普遍采纳。本书也借鉴柯伟和塞勒文（1989）开发的量表度量企业家创新精神，具体测量题项见表 5-2。

---

① COVIN J G, SLEVIN D P. Strategic management of small firms in hostile and benign environments [J]. Strategic management journal, 1989, 10（1）：75-87.

表 5-2　企业家创新精神量表

维度	编号	测量题项	来源
创新精神	CXJS1	本人总是考虑向市场推出新产品/服务	Covin 和 Slevin（1989）
	CXJS2	本人总是考虑将产品/服务推向新市场	
	CXJS3	本人总是考虑采用新方式/方法开展业务	
	CXJS4	本人喜欢尝试新方式/方法实现目标	
	CXJS5	本人喜欢用创新的方法解决问题	
	CXJS6	本人常常将问题和变化看成机会	
	CXJS7	本人擅长整合不同来源的思想/问题/资源并应用于新领域	

（二）风险承担精神

风险承担精神是企业家的风险偏好和面对不确定性的态度。本书在借鉴柯伟和塞勒文（1989）开发的成熟量表的基础上，从企业家面对不确定性的态度、冒险性和承担风险的程度等方面衡量企业家风险承担精神，具体测量题项见表 5-3。

表 5-3　企业家风险承担精神量表

维度	编号	测量题项	来源
风险承担精神	FXJS1	本人总是采用乐观的态度面对不确定性	Covin 和 Slevin（1989）
	FXJS2	本人对未来的不确定性有高度的承受能力	
	FXJS3	本人面对难以预测的未来，总是会尽最大努力抓住机会	
	FXJS4	本人倾向于采取大胆、积极的行动把握机会	
	FXJS5	本人倾向于采取大胆、积极的行动来实现目标	
	FXJS6	本人愿意为较高的收益承担较高的风险	
	FXJS7	本人能够接受产品囤积/弃标/亏损	

（三）契约精神

根据本书对企业家契约精神的定义，契约精神应该包括企业家以诚信为基础，遵纪守法，履行作为代理人的义务，并遵守约定俗成的规则的意识和行为习惯。由于目前暂无企业家契约精神的量化研究，笔者借鉴相关文献，结合专家讨论和访谈结果，自行开发量表。

1. 企业家契约精神的内涵

公平、公正和平等的市场交易是建立在契约精神基础之上的（Acemo-glu, et al., 2007）。契约精神是企业立足于市场之本。虽然已有研究对契约精神的内涵进行了初步探析①，然而这些研究主要从公民契约精神或者社会契约环境的角度展开。企业家有其必须履行的经济和社会职责，以及必须遵守的契约关系，因此，企业家契约精神难以完全照搬公民契约精神的内涵。本书将从企业家职责角度诠释企业家契约精神的内涵，并进一步通过质性研究对企业家契约精神的多维度内涵进行深入分析。

企业家的契约精神与企业的契约精神一脉相承。契约精神是企业家信守各种契约关系的行为和意识。企业家契约精神是牵引企业成长的商业伦理基础，并引导企业家将企业价值衡量置于社会和利益相关者之中。契约精神使企业家充分尊重、承诺和兑现交易各方的利益诉求。作为企业与社会的桥梁，企业家不仅承担着对企业的责任与担当，而且承担着对社会和市场的责任与担当。因此企业家契约精神应包括企业、市场和社会三个层面的内涵。

（1）企业层面即履行与所在组织间的契约关系。企业家契约精神在企业层面体现为企业家对企业持续成长和长期发展的责任担当。这种责任担当不仅能够驱使企业家以企业长远利益为重，制定企业发展愿景和战略目标，努力克服重重困难和挫折，逐步实现企业发展目标，而且能够激励企业家坚持不懈追求卓越，并勇于担当起企业家的责任，同时还注重员工培训和工作满意度提升，进而提升公司竞争力。

（2）市场层面即履行与市场其他组织间的契约关系。契约精神在市场层面体现为诚信经营和合作共赢。契约精神强的企业家会严守法律和诚信底线经营企业。企业家的这种经营方式不仅能够降低企业发展过程中的法律责任和商业纠纷，而且有利于维护市场秩序②，提高产品满意度③。信誉是企业的重要资源和价值，是企业竞争力的基础。企业家对市场秩序的维护是企业信誉之根本，基于信誉的品牌效应可以节约交易成本。企业家对市场秩序的维护还能为企业带来品牌溢价，从而为企业带来更多的利润和市场价值。张维

---

① 夏杰长，刘诚. 行政审批改革、交易费用与中国经济增长 [J]. 管理世界，2017 (4)：47-59.

② 李瑜青. 当代契约精神与法律意识 [J]. 学术月刊，1999 (2)：13-16, 30.

③ 杨利军. 企业家契约精神的历史脉络及维度 [J]. 河南科技大学学报（社会科学版），2016, 34 (3)：84-88.

迎（2019）认为企业家对市场秩序的维护是企业利润的重要源泉，即企业经营的是信誉①。契约精神强的企业家倾向于秉承双赢的理念签订商业合同，认同并满足双方的预期利益目标，积极减少合同执行过程中的不确定性和不安全性因素。

（3）社会层面即履行与社会公众间的契约关系。契约精神在社会层面体现为企业家积极履行社会责任的行为和意识。契约精神使企业家倾向于采取符合社会道德和伦理期望的公平竞争行为经营企业。契约精神驱使企业家立足于社会进步和人民生活水平提高角度发展企业。企业家的这种社会责任担当能够为企业成长创造融洽的空间、生态环境以及合法性基础。杨利军②认为企业家契约精神有利于企业得到社会认可。实践证明优秀的企业家都具有较强的契约精神。企业家的契约精神具有良好的社会示范作用。中国经济转型时期，发展任务异常艰巨，需要大力弘扬和普及企业家契约精神③，激励更多具有时代担当的企业家迎难而上，推动企业健康发展。相比于风险承担精神，契约精神更加着眼于企业的长远可持续发展。

2. 企业家契约精神质性研究

高质量发展时期，契约精神概念具有丰富的内涵。部分学者依靠主观总结概括对契约精神的内涵进行了初步探讨。然而，目前尚没有针对企业家契约精神的多维度研究。本书通过质性研究对企业家契约精神的多维度内涵进行深入分析。

（1）建立初始语义池。

本书结合相关文献，采用网络文献研究方法，提炼企业家契约精神的多个维度的内涵。在综合考虑权威性、代表性和可获取性等因素的前提下，3名研究员将财经网、新华网、人民日报等媒体及其附属微信公众号，以及中国知网、万方数据库等作为素材来源池，并将文章标题含有"契约精神""契约关系""履约""履行合同""诚信""信任"作为搜索条件，删去重复和内容相关性较低的文章，最终获得146篇有关企业家契约精神的专题报道和企业家个人专辑资料；并将其中与"契约精神"内涵和表现

① 张勇. 独立董事关系网络位置与企业商业信用融资：基于程度中心度和结构洞视角 [J]. 中南财经政法大学学报，2021（2）：40-52.

② 杨利军. 企业家契约精神的历史脉络及维度 [J]. 河南科技大学学报（社会科学版），2016，34（3）：84-88.

③ 赵乐祥，汪春雨. 新时代企业家精神的内涵、作用与环境培育 [J]. 广西社会科学，2020（12）：93-98.

相关而且含义清晰的语句标注出来，拆分成单独语义。在语义拆分时尽量保留完整语义而非核心词汇，以便对其进行准确归类。由两名研究员标注语义，另一名研究员复核标注结果，以提高研究信度。最终我们提取625条语义，合并同一文章作者上下文重复提到的含义相同的描述，最终保留357条语义。

（2）语义归类与提炼。

由3名研究员对相同和类似语义进行合并、归纳和精简。首先，由两名研究员对描述完全相同的语义进行合并；其次，由两名研究员对表述或者含义接近的语义进行合并，合并完后交由另外一名研究员对合并结果进行复核；再次，由两名研究员对未合并的项进行分析判断，去掉其中含义模糊（如"共赢"）、表达宽泛（如"责任担当"）或者包含多个维度（如"家国情怀"）的语义；最后，由两名研究员判断并删除已经包含在其他学术概念中的语义，以保持企业家契约精神概念内涵的独立性（如"慈善""道德"已包含在"社会责任"概念之中，故将这些语义删除）。上述步骤完成后，最终得到15个语义。根据15个独立语义的内容，我们将其归纳为企业家积极履行社会契约的精神（简称"社会契约履行"）、企业家积极履行心理契约的精神（简称"心理契约履行"）、企业家积极履行商业合同的精神（简称"商业契约履行"）三个类别。详见表5-4。

表5-4　编码与精简后的14个独立语义

编号	独立语义	频次	类别
1	坚持诚信经营，努力成为诚信守法的表率	91	社会契约履行
2	使企业的经营活动在法治的轨道运行	61	
3	规范做事，要把真实的情况提供给大众，提供给公众，让你的利益关系人彻底了解你	16	
4	遵守整个环境和社会制定的规则	8	
5	遵守符合社会利益且具有积极意义的伦理价值观	6	
6	与社会立约："丰富人们的沟通和生活，实现客户的梦想""爱祖国、爱人民"	2	
7	依据市场法则确定员工与企业双方的权利、义务关系、利益关系	25	心理契约履行
8	与员工立约"关爱员工"	11	
9	作为企业家，有让企业发展保持持续性的责任和义务	8	

表5-4(续)

编号	独立语义	频次	类别
10	一旦达成了合约,不管中间多做了什么,发生了什么,最后都会按照合约进行,原来约定好的就必须照做	66	商业合同履行
11	作为企业必须遵守的,现代商业最本质的就是签合同,履行合同	29	
12	双方的契约是我们之间的最高约束	7	
13	交易各方在自愿前提下达成合意	7	
14	坚持互惠原则	16	
15	公平地达成和忠实地履行契约	7	

根据15条独立语义,我们邀请组织管理领域和战略管理领域的两名专家,对15个独立语义进行凝练归纳,形成包括15个题项的初始测量题项(见表5-5)。

表 5-5 企业家契约精神初始量表

序号	测量题项	来源
1	本人认为以符合每股收益最大化的方式执行非常重要	Caroll、(1991)Lu(2015)、和 You(2018)、严玲(2018、2019)
2	本人认为保持企业尽可能盈利是非常重要的事情	
3	本人认为保持企业的强大竞争地位非常重要	
4	本人认为保持企业高效运行非常重要	
5	本人认为坚决兑现对员工的嘉许非常重要	
6	本人认为遵守各种法律法规来经营企业非常重要	
7	本人认为以符合社会习俗和道德期望的方式经营企业非常重要	
8	本人认为以符合社会公益和慈善期望的方式经营企业非常重要	
9	本人认为不应该承诺无力完成或者根本不去做的事情	
10	即使不需要承担违约责任,本人也会认真履行合同	
11	本人总是自愿为交易契约履行付出额外努力	
12	本人总是自愿承担未完全履行合同的经济责任	
13	本人认为无论合同是否明确规定都应承担实际应该承担的责任	
14	本人认为契约关系应该是基于双赢的	
15	本人认为以满足特定的商业习惯和期望的方式经营企业非常重要	

3. 专家访谈修订量表

研究团队根据定性的专家访谈结果对契约精神初始量表进行修订。访谈对象包括 3 名不同企业的企业家、2 名企业管理专业的教授和 2 名创新研究方向的博士研究生。我们详细记录专家意见，整理访谈结果，并结合访谈结果从科学性、系统性、可行性和易读性等方面修订量表。

访谈过程中，首先，我们向专家发放设计好的初始量表内容材料，并系统解释本研究的目的和研究内容，逐项陈述各个题项的作用及题项间的逻辑关系。其次，我们请专家针对初始量表的题项提出自己的疑问和意见，并遵循科学性、可行性和易读性筛选、合并与修订题项。最后，我们认真修订测量题项文字表述方面的歧义性和不规范性，形成包括 12 个题项的企业家契约精神修订量表（见表5-6）。

表5-6   企业家契约精神修订量表

维度	编号	测量题项
契约精神	QYJS1	本人倾向于尽可能保持企业的利润增长
	QYJS2	本人倾向于尽最大可能保持企业的强大竞争地位
	QYJS3	本人倾向于保持企业的高效运行
	QYJS4	本人会坚决兑现对员工的承诺
	QYJS5	即使不需要承担违约责任，本人也会认真履行合同
	QYJS6	本人总是自觉承担交易契约中未明确规定但是实际上应该承担的责任
	QYJS7	本人总是自愿为交易契约的履行付出额外的努力
	QYJS8	本人总是坚守诚信经营企业的原则
	QYJS9	本人绝对不承诺无力完成或者根本不去做的事情
	QYJS10	本人倾向于以遵守法律法规和符合政府政策的方式经营企业
	QYJS11	本人倾向于以符合社会公益和慈善期望的方式经营企业
	QYJS12	本人倾向于以符合社会习俗和道德规范的方式经营企业

三、中介变量：企业创新

企业创新的度量方式包括客观度量和主观评价两种方式。一般而言采用客观指标的研究通常将企业创新作为一个整体进行研究，而不再对其进行维度划分。现有研究采用的客观度量方式主要包括研发投入、专利产出、新产品销售收入等客观指标。研发活动的高风险性特征，导致研发失败率较高，而有些创新行为不需要或者需要较少的投入即可实现，且无专利或者新产品的产出，因此客观指标衡量企业创新难以全面反映企业创新的内涵。有关企业创新区分不同维度的研究通常采用主观评价方式度量，因此本书在借鉴成熟量表的基础上，采取主观方式度量技术创新和商业模式创新。

（一）技术创新

技术创新是产业型企业最重要的创新内容。通常包括对现有产品和技术的改进，以及开发应用新技术以改进工艺流程、设备、产品和服务等。因此本文借鉴 He 和 Wong[①] 开发的成熟量表衡量企业技术创新，具体测量题项见表 5-7。

表 5-7　技术创新量表

维度	编号	测量题项	来源
技术创新	JSCX1	公司经常改善产品的质量，对产品进行更新换代	He 和 Wong（2004）
	JSCX2	公司经常引进/开发新技术，提高服务质量	
	JSCX3	公司经常开发区别于已有成熟产品的全新产品	
	JSCX4	公司经常引进/开发新技术以扩展产品的门类	
	JSCX5	公司不断引进/开发新技术以降低生产成本	
	JSCX6	公司不断引进/开发新技术以提高生产灵活性	
	JSCX7	公司不断引进/开发新技术以提高生产效率	
	JSCX8	公司主导产品的更新周期较短	

（二）商业模式创新

商业模式包括业务模式和盈利模式，是企业技术创新价值实现的内在业务逻辑，其中业务模式包括内部业务处理模式和与外部组织的业务互动

---

① HE Z L, WONG P K. Exploration vs exploitation: an empirical test of the ambidexterity hypothesis [J]. Organization science, 2004, 15 (4): 481-494.

模式。商业模式创新是对现有商业模式的完善和变革。本书借鉴克劳斯①开发的成熟量表测量商业模式创新，具体测量题项见表5-8。

表5-8　商业模式创新量表

维度	编号	测量题项	来源
商业模式创新	SYMS1	公司定期评估业务流程，并在需要时对业务流程进行重大变革	Clauss（2017）
	SYMS2	公司的业务流程得到不断改善，并提高了工作效率	
	SYMS3	公司致力于关注行业变化趋势，并不断调整在商业生态圈中的定位	
	SYMS4	公司致力于寻找新的合作伙伴	
	SYMS5	公司倡导与合作伙伴合作共创、共享共赢的合作理念	
	SYMS6	公司致力于捕捉来自新市场/新兴市场的业务机会	
	SYMS7	公司致力于寻找新客户群以推广产品或服务	
	SYMS8	公司利用多种渠道增加销售量，提高市场份额	
	SYMS9	公司致力于关注新的或者尚未被满足的用户需求	

四、调节变量：营商环境

营商环境是企业经营面临的外部环境综合，营商环境评价需要基于大规模的企业调查，因此现有研究大多采用二手数据。国内学者常用世界银行有关中国各省份的营商环境调查结果②③④，以及王小鲁等的各省份市场化进程评价结果进行相关的实证研究⑤。世界银行的营商环境调查是基于国际市场的分析，难以突出中国本土营商环境特征。我国目前处于转型发

---

① CLAUSS T. Measuring business model innovation：conceptualization，scale development and proof of performance［J］. R&D management，2017，47（3）：385-403.

② 薄文广，周燕愉，陆定坤.企业家才能、营商环境与企业全要素生产率：基于我国上市公司微观数据的分析［J］.商业经济与管理，2018（11）：1-13.

③ 何冰，刘钧霆.非正规部门的竞争、营商环境与企业融资约束：基于世界银行中国企业调查数据的经验研究［J］.经济科学，2018（2）：115-129.

④ 张美莎，徐浩，冯涛.营商环境、关系型借贷与中小企业技术创新［J］.山西财经大学学报，2019，41（2）：35-49.

⑤ 谢众，张杰.营商环境、企业家精神与实体企业绩效：基于上市公司数据的经验证据［J］.工业技术经济，2019（5）：89-96.

展时期，相关法律法规尚不健全。政府对市场的干预较大，从而影响企业自由发展。本书采用樊纲和王小鲁的中国市场化指数衡量各地区营商环境。樊纲和王小鲁的中国市场化指数从政府与市场的关系、市场中介组织发育和法律制度环境的关系、产品和要素市场发育程度、非国有经济发展情况等方面对各省份的市场化程度进行评价，详细的评价指数见表5-9。

表5-9 中国市场化指数评价指标

变量	评价方面	评价指标
营商环境	政府与市场的关系	市场分配经济资源的比重
		政府对企业的干预
		政府规模缩减
	市场中介组织的发育和法律制度环境	律师、会计师和行业协会等市场中介组织发育程度
		市场法治环境维护
		知识产权保护
	产品市场的发育程度	价格的市场决定程度
		商品市场的地方保护性
	要素市场的发育程度	金融业市场竞争和信贷资金分配的市场化
		技术、管理和熟练工人的市场化
	非国有经济发展情况	技术成果市场化
		市场导向的非国有经济收入占工业企业主营业务收入的比例
		非国有经济在全社会固定资产投资中所占的比例
		非国有经济就业人数占城镇总就业人数的比例

资料来源：根据樊纲、王小鲁《中国分省份市场化指数报告》（2018版）整理所得。

该评价体系与我国目前营商环境所表现的突出问题较为贴合，评价数据主要采用权威机构的统计数据，统计数据缺乏时采用企业的抽样调查数据。该报告发布的是以2008年为基数，自2008年至2016年各省份的市场化指数。本书的样本调查发生在2019年，由于营商环境具有滞后性，因此本书采用2016年的营商环境匹配样本企业注册地所在省份作为实证研究的基础。

五、控制变量

由于公司特征可能会对回归结果造成影响，因而本书将公司规模、公司年限、公司性质、行业类型等企业特征作为控制变量。已有研究通常采用总资产、员工总数的对数等衡量企业规模。本书按照固定资产将企业规模分为五个水平。不同年限的企业成长存在较大差异，特别是处于不同生命周期的企业。本书借鉴企业生命周期的划分标准，将企业年限划分为五个水平。另外，本书的样本数据包括国企、民企和其他。实际调研结果显示，仅有不到1%的企业类属于"其他"类别，因此变量设置时仅设置为国企和非国企，1＝国企，0＝非国企。本书调查的样本包含多个行业，并将行业类别区分为传统制造业、服务业、高新技术业和其他四个类别，并以"其他"为基期，设置3个行业虚拟变量。为了便于统计分析，本书以代码表示变量名称，各变量对应的代码见表5-10。

表 5-10　变量与代码

变量	维度	代码
企业成长		CZ
企业家精神		QYJJS
	创新精神	CXJS
	风险承担精神	FXJS
	契约精神	QYJS
企业创新		QYCX
	技术创新	JSCX
	商业模式创新	SYMS
营商环境		YSHJ
控制变量		Control
	企业家性别	Sex
	企业家年龄	Age
	企业家受教育程度	Edu
	公司规模	Scale
	公司年限	Age
	公司性质（虚拟变量）	Nature
	行业类别（虚拟变量）	Industry

第二节　问卷与数据

一、问卷设计

（一）问卷设计过程

问卷设计过程包括：文献分析、访谈与讨论、预调研和正式调研等环节。

（1）国内外相关文献分析。

首先，我们搜集国内外相关文献，对文献进行分类整理与分析，并翻译外文文献中的相应测量题项。为了保证译文的准确性，我们采取双向翻译的方法。首先由一位研究员将其译为中文，再由另一位研究员翻译为英文，并反复推敲语义，力求准确表达英文原意。文献整理和分析为本书的变量测量题项提供基础来源，形成包括企业家创新精神、企业家风险承担精神、社会责任意识、合同履行意识、企业技术创新、商业模式创新和企业成长的变量问项题库。其次，我们追踪本研究领域的研究成果，了解所研究问题的最新进展，提高问卷前瞻性。最后，为了确保问卷的系统性和适用性，我们与相关领域的专家进行讨论，形成变量测量题项的初步选择。

（2）访谈与讨论。

本书在初步选择的变量测量题项的基础上，结合我国企业实际情况拟定调查提纲，对企业家进行半结构化访谈。为了保证问卷内容的有效性，半结构化访谈的对象仅针对公司总经理或者实际控制人。之后我们整理访谈资料，与相关领域的专家讨论，对题项进行修订，该过程反复两次完成。

（3）预调研和正式问卷。

问卷调查的常用方法包括 Likert 量表、Thurston 量表和 Guttman 量表。由于 Likert 量表的设计容易、操作简单，而且能够测量多维概念，因此被普遍应用到经济学、管理学、社会学和心理学等领域的研究中。根据研究条件和本书研究目的，我们也选择 Likert 量表设计调查问卷。常用的 Likert 量表是五级、七级量表。由于中国人语言用词敏感度较低，为了便于被试者回答，我们采用 Likert 五级量表进行问卷设计。我们根据访谈和讨论结果，设计初始调查问卷，进行小规模调查，分析预调研结果，发现问卷存在的问题并对问卷进行优化，力求问卷设计简洁明了且易于理解，避免诱导性、含糊不清和难以理解的题目，并最终形成正式问卷。

（二）问卷结构和内容

本书问卷包含企业家精神、企业创新和企业成长三个变量共六个子量表的所有测量题项，另外还包括公司和被调查者的基本情况，最终形成正式问卷。本书的问卷内容多为定性问项，并使用程度询问的方式对定性变量进行定量测量。

第一部分是基本情况收集。本部分的调查目的是收集受访者及其所在单位的基本情况。受访者特征包括受访者的性别、年龄、学历、工作年限等信息。企业特征包括企业注册地、所属行业、注册资本、销售收入、员工人数等信息。

第二部分是企业成长情况收集。该部分根据问卷调查讨论结果，从企业规模扩张、业绩增加、社会影响力提升和企业能力提升等方面设计题项，综合评价企业的"硬实力"和"软实力"提升，以此评价企业成长。

第三部分是企业家精神情况收集。该部分从企业家创新精神、风险承担精神和契约精神三个维度设计子量表的测量问项。

第四部分是企业创新情况调查。该部分从企业技术创新和商业模式创新两个维度设计子量表的测量问项。

（三）正式调查问卷

我们根据预调研结果，组织专家对调查问卷进行修订，并将问卷小范围发送，以保证问卷表达无歧义，形成正式调查问卷。

关于企业家精神、企业创新与企业成长关系的调查问卷

编号：＿＿＿＿＿＿

亲爱的先生/女士：

您好！

感谢您在百忙之中拨冗参与本次关于企业家精神的研究课题！本次调查旨在研究企业家精神的经济效果及其影响因素。本次调查由企业副总经理及以上高层管理人员填写。您的填写无"对错"或"好坏"之分，请您根据个人感知到的实际情况客观地填答。问卷所有信息仅作为科学研究使用，我们

保证对您的回答严格保密，不会对您个人和贵公司产生任何影响，请您放心作答。请您将完成填答的问卷直接交给研究人员或者本单位工作人员。

衷心感谢您对本次调查活动的大力支持和配合！

基本信息

1. 贵公司名称：_____

2. 注册地：_____（市）

3. 主营业务所属行业：□传统制造业　□服务业 □高新技术产业 □其他

4. 贵公司性质：□国有企业　□民营企业　□其他

5. 贵公司成立历史：

□3 年及以内　□>3~5 年　□>5~10 年　□>10~20 年　□20 年以上

6. 贵公司注册资本（人民币）：

□100 万元及以下　□>100 万~500 万元　□>500 万~3 000 万元 □>3 000 万~1 亿元　□1 亿元以上

7. 贵公司目前员工人数：

□小于 100 人　□100~199 人　□200~499 人　□500~999 人 □1 000 人及以上

8. 贵公司主营业务年收入（人民币）：

□100 万元及以下　□>100 万~1 000 万元　□>1 000 万~1 亿元 □>1 亿~10 亿元　□10 亿元以上

9. 贵公司近三年来是否有并购或收购活动：

□有并购活动　□有收购活动　□二者皆无

10. 您的性别：□男　□女

11. 您的年龄：□20 岁及以下　□21~30 岁　□31~45 岁　□46~55 岁 □55 岁以上

12. 您的最高学历：□大专以下　□大专　□大学本科　□硕士研究生 □博士研究生

13. 您在贵公司的工作年限：□3 年以内　□3~5 年　□>5~10 年 □10 年以上

14. 您在贵公司所处的管理层级：

□副总经理或总经理　□其他高管

各量表测量题项

说明：本部分是有关您日常工作中的事件、事物或者关系的调查。请您根据您在过去半年内的实际工作状况回答。所列答案的含义为：1. 非常不同意；2. 比较不同意；3. 不确定；4. 比较同意；5. 非常同意。请在最符合您个人情况的答案的相应位置上打"√"。

企业成长情况调查 以下问题是有关企业成长情况的，请您根据贵公司最近三年的情况选出相应选项，如果您在这家公司工作时间不足三年，则从您上任时间算起						
序号	测量题项	非常不同意	比较不同意	不确定	比较同意	非常同意
CZ1	公司固定资产总额有明显的增加	1	2	3	4	5
CZ2	公司市场占有率有明显的增加	1	2	3	4	5
CZ3	公司的销售收入有明显增加	1	2	3	4	5
CZ4	公司利润率有明显增长	1	2	3	4	5
CZ5	公司的消费者满意度有明显提高	1	2	3	4	5
CZ6	公司市场价值有明显提高	1	2	3	4	5
CZ7	公司社会形象有明显改善	1	2	3	4	5
CZ8	公司主营产品的行业地位有显著提高	1	2	3	4	5
CZ9	公司资产结构有明显的改善	1	2	3	4	5
CZ10	公司风险管理水平有明显提高	1	2	3	4	5
CZ11	公司应对环境变化的能力有明显提高	1	2	3	4	5
CZ12	公司识别发展机会的能力有明显提高	1	2	3	4	5
CZ13	公司整体竞争力有明显提高	1	2	3	4	5

	企业家精神情况调查 以下问题是有关您经营企业时的个人偏好的，请您根据个人实际情况作答					
序号	测量题项	非常不同意	比较不同意	不确定	比较同意	非常同意
CXJS1	本人总是考虑向市场推出新产品/服务	1	2	3	4	5
CXJS2	本人总是考虑将产品/服务推向新市场	1	2	3	4	5
CXJS3	本人总是考虑采用新方式/方法开展业务	1	2	3	4	5
CXJS4	本人喜欢尝试新方式/方法实现目标	1	2	3	4	5
CXJS5	本人喜欢用创新的方法解决问题	1	2	3	4	5
CXJS6	本人常常将问题和变化看成机会	1	2	3	4	5
CXJS7	本人擅长整合不同来源的思想/问题/资源并应用于新领域	1	2	3	4	5
FXJS1	本人总是采用乐观的态度面对不确定性	1	2	3	4	5
FXJS2	本人对未来的不确定性有高度的承受能力	1	2	3	4	5
FXJS3	本人面对难以预测的未来，总是会尽最大努力抓住机会	1	2	3	4	5
FXJS4	本人倾向于采取大胆、积极的行动把握机会	1	2	3	4	5
FXJS5	本人倾向于采取大胆、积极的行动来实现目标	1	2	3	4	5
FXJS6	本人愿意为较高的收益承担较高的风险	1	2	3	4	5
FXJS7	本人能够接受产品囤积/弃标/亏损	1	2	3	4	5
QYJS1	本人倾向于尽可能保持企业的利润增长	1	2	3	4	5
QYJS2	本人倾向于尽最大可能保持企业的强大竞争地位	1	2	3	4	5
QYJS3	本人倾向于保持企业的高效运行	1	2	3	4	5
QYJS4	本人会坚决兑现对员工的承诺	1	2	3	4	5
QYJS5	即使不需要承担违约责任，本人也会认真履行合同	1	2	3	4	5

企业家精神情况调查 以下问题是有关您经营企业时的个人偏好的，请您根据个人实际情况作答					
序号	测量题项	非常不同意	比较不同意	不确定	比较同意	非常同意
QYJS6	本人总是自觉承担交易契约中未明确规定但是实际上应该承担的责任	1	2	3	4	5
QYJS7	本人总是自愿为交易契约的履行付出额外的努力	1	2	3	4	5
QYJS8	本人总是坚守诚信经营企业的原则	1	2	3	4	5
QYJS9	本人绝对不承诺无力完成或者根本不去做的事情	1	2	3	4	5
QYJS10	本人倾向于以遵守法律法规和符合政府政策的方式经营企业	1	2	3	4	5
QYJS11	本人倾向于以符合社会公益和慈善期望的方式经营企业	1	2	3	4	5
QYJS12	本人倾向于以符合社会习俗和道德规范的方式经营企业	1	2	3	4	5

企业创新情况调查 以下问题是有关企业创新行为的，请您根据贵公司最近三年来相对于主要竞争对手的情况选出相应选项，如果您在这家公司工作时间不足三年，则从您上任时间算起					
序号	测量题项	非常不同意	比较不同意	不确定	比较同意	非常同意
JSCX1	公司经常改善产品的质量，对产品进行更新换代	1	2	3	4	5
JSCX2	公司经常引进/开发新技术，提高服务质量	1	2	3	4	5
JSCX3	公司经常开发区别于已有成熟产品的全新产品	1	2	3	4	5
JSCX4	公司经常引进/开发新技术以扩展产品的门类	1	2	3	4	5
JSCX5	公司不断引进/开发新技术以降低生产成本	1	2	3	4	5

企业创新情况调查

以下问题是有关企业创新行为的，请您根据贵公司最近三年来相对于主要竞争对手的情况选出相应选项，如果您在这家公司工作时间不足三年，则从您上任时间算起

序号	测量题项	非常不同意	比较不同意	不确定	比较同意	非常同意
JSCX6	公司不断引进/开发新技术以提高生产灵活性	1	2	3	4	5
JSCX7	公司不断引进/开发新技术以提高生产效率	1	2	3	4	5
JSCX8	公司主导产品的更新周期较短	1	2	3	4	5
SYMS1	公司定期评估业务流程，并在需要时对业务流程进行重大变革	1	2	3	4	5
SYMS2	公司的业务流程得到不断改善，并提高了工作效率	1	2	3	4	5
SYMS3	公司致力于关注行业变化趋势，并不断调整在商业生态圈中的定位	1	2	3	4	5
SYMS4	公司致力于寻找新的合作伙伴	1	2	3	4	5
SYMS5	公司倡导与合作伙伴合作共创、共享共赢的合作理念	1	2	3	4	5
SYMS6	公司致力于捕捉来自新市场/新兴市场的业务机会	1	2	3	4	5
SYMS7	公司致力于寻找新客户群以推广产品或服务	1	2	3	4	5
SYMS8	公司利用多种渠道增加销售量，提高市场份额	1	2	3	4	5
SYMS9	公司致力于关注新的或者尚未被满足的用户需求	1	2	3	4	5

请您检查问卷是否填写完整，并请及时将问卷反馈给我们！

再次感谢您对我们工作的支持！

二、数据收集

(一) 样本选择

企业家这个特殊群体对中国市场经济的发展起到重大的推动作用。作为企业转型升级的掌舵人,企业家在经济高质量发展中起着尤为关键的作用。基于这样的现实需求,本书将研究对象定位为企业家所具有的企业家精神与企业成长的关系,因此本书调研对象是企业家。根据德鲁克的企业家定义,企业家是"赋予资源以生产财富的能力的人"①。德鲁克认为企业家必须是公司的决策者,不做决策的人不能被称为企业家。基于德鲁克的企业家定义和本书研究目的,本书将调查对象界定为企业副总经理及以上的高层管理者。

(二) 数据收集

为了避免随意填写问卷、问卷填写不完整以及不愿回答等问题,我们制定的调查问卷主要通过熟人关系发放。为了更加客观地了解企业信息,我们将问卷发放对象定位为企业副总经理及以上的高管,以保证所获数据的严谨性和可信性。

本书的数据调查分为预调研和实际调研两个阶段,预调研阶段在小范围内进行,由驻马店云创古工业园区董事长联系产业园区的企业总经理、副总经理进行现场调查,共发放问卷 60 份,回收问卷 60 份,剔除无效问卷最后得到有效问卷 58 份。我们收回预调查问卷后对其进行分析,修订问卷题项,形成正式调查问卷。

第二阶段是正式调研阶段。正式调研阶段依据正式调查问卷,通过熟人关系,采用滚雪球抽样方法,采用现场调研、网络调研、电话调研等多种方式相结合的方式收集数据。由于本书涉及营商环境变量,公司所面临的营商环境与所处地理位置密切相关,我们在问卷发放时进行了区域分配,并在相应地区寻找联系人。

(1) 通过高校老师向知名院校的 EMBA(高级管理人员工商管理硕士)学员发放问卷。该部分调查对象主要是企业家或者公司高管。调查方式是由任课老师现场发放并回收问卷,该渠道具有较高的调查效率。

---

① DRUCKER F. Innovation and entrepreneurship [M]. New York:Harper and Row, 1985.

（2）通过熟人关系，走访相关企业，由受访者现场完成；通过熟人关系获取相关企业的联系方式，采用电话调查或者网络调查方式获取调查数据，并通过被调查企业介绍其他企业，如此通过滚雪球的方式获得更多调查数据。实际调查中，部分企业是通过直接联系企业副总经理及以上高管填写问卷；部分企业是通过联系中层管理者，并由中层管理者联系企业副总经理及以上高管填写问卷。

（3）通过熟人关系与商业协会、企业协会、企业家协会、工业园区、基金会等组织取得联系，并请求相关单位协助调查。该类调查主要采用网络调查和电话调查等方式进行。通过熟人关系与人才市场取得联系，该类调查主要采用纸质问卷，由人才市场招聘负责人带回企业填写。

正式调研时间为 2019 年 10—12 月，历时两个月，累计发放问卷 489 份，共回收 367 份，问卷回收率为 75%。剔除填写不完整、问项回答不合理（如问项回答都为一个答案等）等无效问卷 122 份，最终获得有效问卷 323 份，有效问卷回收率为 66%，样本量能够满足实证研究的大样本要求。

第三节　探索性因子分析

采用问卷调查法收集数据时，只有量表的信度和效度具有说服力才能得出有价值的研究结果。本研究的问项来自文献研究和专家讨论，量表虽然具有一定的有效性保障，但仍需对回收的样本数据进行内部一致性检验、信度和效度分析，以进一步检验其有效性。

为了保证数据可靠性，我们在预调研阶段通过 Cronbach's α 系数剔除不符合要求的问项，判断标准是信度检验和问项相关性，即删除某个问项后量表的总体信度是否较删除前有明显提高，且删除后的项与总计相关性小于 0.3。然后我们对问项进行因子分析，根据因子分析结果，结合相关理论对各因子进行命名，作为变量的维度定义和正式问卷设计的依据。

一、企业家精神信度和效度分析

（一）问项分析

1. 创新精神量表问项分析

我们对预调研阶段收集到的 58 条有效数据进行信效度分析，对创新精神量表的 7 个问项进行信度分析，结果见表 5-11。分析结果显示该量表的整体 Cronbach's α 为 0.837，大于 0.8，表明量表整体信度较高，符合研究需要。删除项后的 Cronbach's α 可知，删除问项 CXJS1 和 CXJS2 后会使总体信度提升，但是由修正后的项与总计相关性可知，此两个问项与总计相关性为 0.432 和 0.350，均高于 0.3，因此不建议删除。

表 5-11　创新精神量表信度分析结果

量表	问项	删除项后的标度平均值	删除项后的标度方差	修正后的项与总计相关性	删除项后的 Cronbach's α	Cronbach's α
创新精神	CXJS1	24.66	14.393	0.432	0.841	0.837
	CXJS2	24.66	15.312	0.350	0.850	
	CXJS3	24.34	14.664	0.659	0.810	
	CXJS4	24.47	14.040	0.676	0.804	
	CXJS5	24.97	12.243	0.692	0.797	
	CXJS6	24.87	12.280	0.724	0.791	
	CXJS7	24.76	13.915	0.686	0.802	

2. 风险承担精神量表问项分析

我们对风险承担精神量表的 7 个问项进行了信度分析，结果见表 5-12。分析结果显示该量表的整体 Cronbach's α 为 0.782，大于 0.7，表明量表整体信度可以接受。由删除项后的 Cronbach's α 可知，删除问项 FXJS6 后会使总体信度提升，且问项 FXJS6 与总计相关性低于 0.3，建议删除 FXJS6 问项。

表 5-12 风险承担精神量表信度分析结果

量表	问项	删除项后的标度平均值	删除项后的标度方差	修正后的项与总计相关性	删除项后的Cronbach's α	Cronbach's α
风险承担精神	FXJS1	23.26	14.740	0.440	0.789	0.782
	FXJS2	22.34	12.934	0.600	0.734	
	FXJS3	22.58	12.088	0.711	0.707	
	FXJS4	21.76	15.213	0.531	0.755	
	FXJS5	21.97	12.891	0.696	0.715	
	FXJS6	22.13	15.793	0.229	0.806	
	FXJS7	21.79	14.441	0.516	0.753	

删除 FXJS6 后,我们用剩余的 6 个问项进行信度分析,结果见表 5-13。分析结果显示量表整体 Cronbach's α 为 0.827,大于 0.8,表明量表信度较好,符合研究需要。进一步删除任一问项均不能使量表信度明显提高,因此最终我们得到含有 6 个问项的风险承担精神量表。

表 5-13 删除问项后的风险承担精神量表信度分析结果

量表	问项	删除项后的标度平均值	删除项后的标度方差	修正后的项与总计相关性	删除项后的Cronbach's α	Cronbach's α
风险承担精神	FXJS1	19.20	13.756	0.543	0.831	0.827
	FXJS2	18.50	10.311	0.674	0.749	
	FXJS3	18.74	9.767	0.746	0.729	
	FXJS4	17.92	12.615	0.580	0.780	
	FXJS5	18.13	10.712	0.693	0.746	
	FXJS7	17.95	12.538	0.434	0.803	

3. 契约精神量表问项分析

我们对契约精神量表的 12 个问项进行信度分析，结果见表 5-14。分析结果显示该量表的整体 Cronbach's α 为 0.869，大于 0.8，表明量表整体信度良好，符合研究需要。由删除项后的 Cronbach's α 可知，删除问项 QYJS1 后会使总体信度提高，且由修正后的项与总计相关性可知，该问项与总计相关性为 0.226，低于 0.3，因此删除 QYJS1 问项。

表 5-14　契约精神量表信度分析结果

量表	问项	删除项后的标度平均值	删除项后的标度方差	修正后的项与总计相关性	删除项后的 Cronbach's α	Cronbach's α
契约精神	QYJS1	47.42	44.521	0.226	0.876	0.869
	QYJS2	47.58	41.061	0.589	0.857	
	QYJS3	47.37	39.428	0.77	0.847	
	QYJS4	47.45	40.092	0.703	0.851	
	QYJS5	47.58	37.007	0.66	0.851	
	QYJS6	47.47	40.31	0.647	0.854	
	QYJS7	47.13	42.496	0.688	0.857	
	QYJS8	47.53	40.472	0.719	0.851	
	QYJS9	47.37	41.212	0.414	0.868	
	QYJS10	47.63	38.455	0.523	0.863	
	QYJS11	48.11	37.772	0.502	0.867	
	QYJS12	47.63	40.617	0.563	0.858	

删除 QYJS1 后，用剩余的 11 个问项进行信度分析，结果见表 5-15。分析结果显示量表整体 Cronbach's α 为 0.876，较 12 个问项的量表信度提高 0.007。剩余问项中，删除 QYJS11 后信度会进一步提高，但是该问项与总计的相关性高于 0.3，因此不建议删除。最终我们得到含有 11 个问项的契约精神量表。

表 5-15 删除问项后的契约精神量表信度分析结果

量表	问项	删除项后的标度平均值	删除项后的标度方差	修正后的项与总计相关性	删除项后的 Cronbach's α	Cronbach's α
契约精神	QYJS2	39.42	30.196	0.562	0.870	0.876
	QYJS3	39.21	28.765	0.749	0.858	
	QYJS4	39.29	29.022	0.722	0.860	
	QYJS5	39.42	26.737	0.637	0.867	
	QYJS6	39.32	29.519	0.624	0.866	
	QYJS7	38.97	30.945	0.742	0.865	
	QYJS8	39.37	29.158	0.768	0.858	
	QYJS9	39.21	29.252	0.496	0.875	
	QYJS10	39.47	27.229	0.565	0.875	
	QYJS11	43.68	35.465	0.482	0.877	
	QYJS12	39.47	30.310	0.479	0.875	

（二）因子分析

企业家精神的探索性因子分析结果见表 5-16。KMO 检验和 Bartlett 球形检验的结果表明，KMO 为 0.680，Bartlett 球形检验概率值为 0.000，通过了显著性检验。因此企业家精神量表适合进行因子分析。我们将企业家精神探索性因子分析按照特征值大于 1 的提取方法提取 3 个因子，前 3 个因子的累计方差贡献达到 70.148%，即前 2 个因子可以解释原始数据 70.148%的信息，大于 60%的标准，符合研究要求。由图 5-1 的曲线变化趋势可以看出，从第 3 个因子开始，曲线趋于平坦，因此取 3 个公共因子较为合理。然后，本书采用最大方差法进行因子旋转。前述量表的因子载荷均大于 0.55，满足研究要求，即前述量表具有较好的结构效度。我们将因子 1 命名为创新精神，因子 2 命名为风险承担精神，因子 3 命名为契约精神。

表 5-16　企业家精神探索性因子分析结果

因子命名	测量题项	成分		
		1	2	3
创新精神	CXJS1		0.553	
	CXJS2		0.516	
	CXJS3		0.653	
	CXJS4		0.563	
	CXJS5		0.557	
	CXJS6		0.563	
	CXJS7		0.672	
风险承担精神	FXJS1			0.647
	FXJS2			0.859
	FXJS3			0.734
	FXJS4			0.577
	FXJS5			0.673
	FXJS7			0.668
契约精神	QYJS2	0.569		
	QYJS3	0.802		
	QYJS4	0.694		
	QYJS5	0.655		
	QYJS6	0.519		
	QYJS7	0.851		
	QYJS8	0.692		
	QYJS9	0.658		
	QYJS10	0.651		
	QYJS11	0.801		
	QYJS12	0.664		
特征值（Total）		7.828	4.769	2.839
累计解释方差/%		32.448	58.317	70.148
KMO 检验		0.680		
Bartlett 球形检验		0.000		

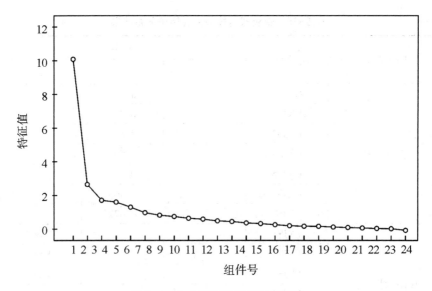

图 5-1 企业家精神因子的碎石图

二、企业创新信度和效度分析

（一）问项分析

1. 技术创新问项分析

我们对技术创新量表的 8 个问项进行信度分析，结果见表 5-17。分析结果显示该量表的整体 Cronbach's α 为 0.950，大于 0.8，表明量表整体信度较高，符合研究需要。由删除项后的 Cronbach's α 可知，删除问项 JSCX8 后会使总体信度提升，但是该问项与总计相关性为 0.664，高于 0.3，因此不建议删除问项。因此保留该量表的所有题项。

表 5-17　技术创新量表信度分析结果

量表	问项	删除项后的标度平均值	删除项后的标度方差	修正后的项与总计相关性	删除项后的Cronbach's α	Cronbach's α
技术创新	JSCX1	26.50	42.095	0.850	0.942	0.950
	JSCX2	26.42	45.440	0.792	0.945	
	JSCX3	26.61	42.948	0.904	0.938	
	JSCX4	26.45	45.335	0.843	0.943	
	JSCX5	26.66	45.961	0.721	0.949	
	JSCX6	26.66	43.366	0.907	0.938	
	JSCX7	26.66	42.610	0.895	0.938	
	JSCX8	26.82	44.533	0.664	0.955	

2. 商业模式创新问项分析

用商业模式创新量表的 9 个问项进行信度分析，结果见表 5-18。分析结果显示该量表的整体 Cronbach's α 为 0.960，大于 0.8，表明量表整体信度较高，符合研究需要。而且删除任何一个问项都不能使量表信度提升。因此保留该量表所有问项。

表 5-18　商业模式创新量表信度分析结果

量表	问项	删除项后的标度平均值	删除项后的标度方差	修正后的项与总计相关性	删除项后的Cronbach's α	Cronbach's α
商业模式创新	SYMS1	59.05	139.781	0.642	0.959	0.960
	SYMS2	59.08	137.804	0.679	0.959	
	SYMS3	59.21	134.225	0.769	0.957	
	SYMS4	59.18	137.722	0.757	0.957	
	SYMS5	59.34	137.907	0.676	0.959	
	SYMS6	58.92	139.318	0.691	0.959	
	SYMS7	59.13	135.793	0.795	0.957	
	SYMS8	59.03	137.216	0.880	0.956	
	SYMS9	59.32	131.303	0.865	0.955	

（二）因子分析

企业创新的探索性因子分析结果见表5-19。KMO检验和Bartlett球形检验的结果表明，KMO为0.892，Bartlett球形检验概率值为0.000，通过显著性检验。因此企业创新量表适合进行因子分析。企业创新探索性因子分析按照特征值大于1的提取方法提取两个因子，前2个因子的累计方差贡献达到68.314%，即前2个因子可以解释原始数据68.314%的信息，大于60%的标准，符合研究要求。

表5-19 企业创新探索性因子分析结果

因子命名	测量题项	成分	
		1	2
技术创新	JSCX1		0.822
	JSCX2		0.848
	JSCX3		0.894
	JSCX4		0.823
	JSCX5		0.732
	JSCX6		0.830
	JSCX7		0.818
	JSCX8		0.608
商业模式创新	SYMS1	0.596	
	SYMS2	0.616	
	SYMS3	0.696	
	SYMS4	0.638	
	SYMS5	0.590	
	SYMS6	0.634	
	SYMS7	0.693	
	SYMS8	0.821	
	SYMS9	0.774	
特征值（Total）		9.217	4.714
累计解释方差/%		48.406	78.314

表5-19(续)

因子命名	测量题项	成分	
		1	2
KMO 检验	0.892		
Bartlett 球形检验	0.000		

由图 5-2 的曲线变化趋势可以看出，从第 3 个因子开始，曲线趋于平坦，因此取 2 个公共因子较为合理。然后，本书采用最大方差法进行因子旋转。前述量表的因子载荷均大于 0.55，满足要求，即前述量表具有较好的结构效度。本书将因子 1 命名为技术创新，因子 2 命名为商业模式创新。

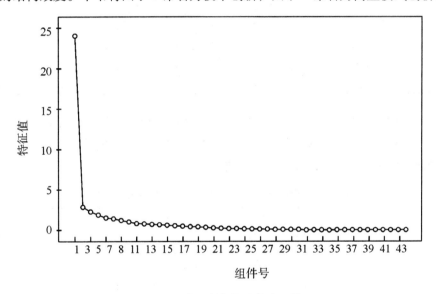

图 5-2 企业创新因子的碎石图

三、企业成长的信度和效度因子分析

(一) 问项分析

企业成长仅有一个维度，我们对企业成长量表的 13 个问项进行信度分析，结果见表 5-20。分析结果显示该量表的整体 Cronbach's α 为 0.894，大于 0.8，表明量表整体信度较高，符合研究需要。删除项后的 Cronbach's α 可知，删除问项 CZ1 和 CZ11 后总体信度提高，且这两个问项与总计的相关性均小于 0.3，因此删除 CZ1 和 CZ11。

表 5-20　企业成长量表信度分析结果

量表	问项	删除项后的标度平均值	删除项后的标度方差	修正后的项与总计相关性	删除项后的Cronbach's α	Cronbach's α
企业成长	CZ1	53.845	82.870	0.227	0.898	0.894
	CZ2	53.638	81.639	0.537	0.888	
	CZ3	53.603	78.103	0.702	0.881	
	CZ4	53.828	79.373	0.599	0.885	
	CZ5	53.724	78.449	0.708	0.881	
	CZ6	53.241	79.309	0.667	0.883	
	CZ7	53.534	76.534	0.768	0.879	
	CZ8	53.379	76.661	0.692	0.881	
	CZ9	53.362	82.832	0.458	0.891	
	CZ10	53.259	78.441	0.736	0.881	
	CZ11	53.431	86.285	0.219	0.899	
	CZ12	53.621	81.783	0.489	0.890	
	CZ13	53.586	80.247	0.557	0.887	

删除 CZ1 和 CZ11 后，用剩余的 11 个问项进行信度分析，结果见表 5-21。分析结果显示量表整体 Cronbach's α 为 0.905。继续删除任何题项均不能使总体信度提升，因此，最后保留 11 个问项。

表 5-21　删除问项后的企业成长量表信度分析结果

量表	问项	删除项后的标度平均值	删除项后的标度方差	修正后的项与总计相关性	删除项后的Cronbach's α	Cronbach's α
企业成长	CZ2	46.81	69.806	0.513	0.902	0.905
	CZ3	46.78	65.791	0.731	0.893	
	CZ4	47.00	67.754	0.574	0.900	
	CZ5	46.90	66.270	0.726	0.894	
	CZ6	46.41	66.808	0.703	0.895	
	CZ7	46.71	64.737	0.770	0.891	
	CZ8	46.55	64.883	0.691	0.895	
	CZ9	46.53	70.113	0.489	0.903	
	CZ10	46.43	66.706	0.723	0.894	
	CZ12	46.79	69.220	0.514	0.902	
	CZ13	46.76	67.730	0.586	0.899	

（二）因子分析

效度分析是用来检验量表测量到的数据对所欲测量对象真实情况的反映程度，测量数据对被测对象真实情况的吻合程度越高，则量表效度越高。本书采用探索性因子分析对预调研数据进行效度检测。探索性因子分析前需要进行 KMO 和 Bartlett 球形检验来判断是否适合进行因子分析。

企业成长量表探索性因子分析结果见表 5-22。KMO 检验和 Bartlett 球形检验结果表明，KMO 为 0.784，Bartlett 球形检验概率值为 0.000，通过显著性检验。因此企业成长量表适合进行因子分析。欣金（Hinkin，1998）研究认为，进行探索性因子分析时，累积方差解释率高于 60% 即可满足研究需要。企业成长最终得到 1 个因子，累计方差达 74.882%，符合研究要求。

表 5-22 企业成长探索性因子分析结果

因子命名	测量题项	成分1
企业成长	CZ2	0.773
	CZ3	0.776
	CZ4	0.807
	CZ5	0.789
	CZ6	0.737
	CZ7	0.669
	CZ8	0.797
	CZ9	0.802
	CZ10	0.760
	CZ12	0.725
	CZ13	0.578
特征值（Total）		1.698
累计解释方差/%		74.882
KMO 检验	0.784	
Bartlett 球形检验	0.000	

由图 5-3 的曲线变化趋势可以看出，从第 4 个因子开始，曲线趋于平坦，因此取 3 个公共因子较为合理。然后，本书采用最大方差法进行因子

旋转。研究表明，探索性因子分析的因子载荷不应低于 0. 55 （邱政皓 等，2008）。前述量表的因子载荷均大于 0. 55，满足研究要求，即前述量表具有较好的结构效度。我们将第 1 个因子命名为社会价值提升，第 2 个因子命名为经济价值提升，第 3 个因子命名为能力提升。

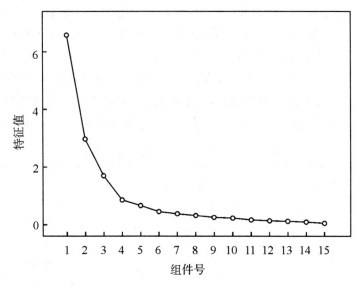

图 5-3　企业成长因子的碎石图

第四节　验证性因子分析

本书采用正式调研阶段收集到的 323 条样本数据，通过 AMOS22. 0 进行验证性因子分析，检验量表的组合信度、聚敛效度和区分效度。

一、企业家精神验证性因子分析

（一）模型设定

本书的企业家精神量表由创新精神、风险承担精神和契约精神三个维度构成，每个维度是一个潜变量，每个维度由数个观测题项测量。企业家精神是企业家经营企业时的综合性思维表现，因此各维度间具有相关关系。本书采用 AMOS22. 0 软件绘制企业家精神验证性因子分析的模型图，如图 5-4 所示。

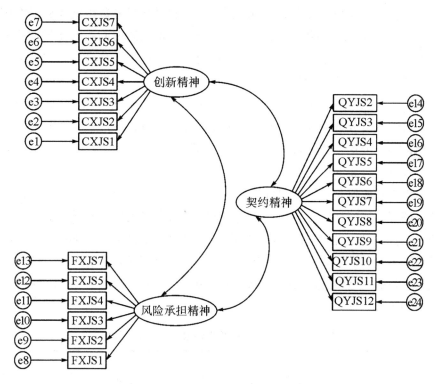

图 5-4　企业家精神验证性因子分析模型

（二）验证性因子分析结果

本书采用 AMOS22.0 构建企业家精神验证性因子分析的模型，采用最大概率法（ML 法）进行模型估计。ML 法估计可以容忍小样本或者峰度不理想的样本数据。

根据 AMOS22.0 的运行结果可知，该模型是可识别的。详细的模型拟合指标见表 5-23。由拟合结果可知，模型拟合的 $X^2/DF = 1.192$，小于 5；SRMR = 0.054，小于 0.1；RMSEA = 0.042，小于 0.05；GFI、NFI、IFI、TLI、CFI 均大于 0.9。这表明企业家精神量表的验证性因子分析的模型具有良好的拟合优度，模型可以接受。

表 5-23　企业家精神量表的模型拟合度

拟合指标	X^2/DF	SRMR	RMSEA	GFI	NFI	IFI	TLI	CFI
参考标准	<5	<0.1	<0.05	>0.9	>0.9	>0.9	>0.9	>0.9
企业家精神	1.192	0.054	0.042	0.928	0.902	0.976	0.968	0.965

组合信度检验：对于量表的问项来说，测量变量分数可能受到潜在因素或者测量误差的影响而发生变动，研究者通常用测量问项的变异量能够被潜在变量解释的比例来表示信度。福内尔和拉克尔（1981）提出了采用潜在变量的组合信度指标 CR（composite reliability）对测量工具的信度进行估计。在社会科学领域，一般认为量表的 CR 值不低于 0.5 时，测量工具在反映真实分数方面可获得基本的稳定性（Raine-Eudy，2000）。企业家精神的三个量表的组合信度最低为 0.870，大于 0.5，详见表 5-24，表明量表具有较高的信度。

聚敛效度检验：测量题目的因子载荷越高，越能反映潜在变量，因子能够解释观测变量的变异程度越高。研究者通常采用平均变异萃取量 AVE 衡量潜变量的一组观测变量在有效估计方面的聚敛效度（Fornell et al.，1981）。一般认为 AVE 不低于 0.5 则量表具有良好的操作化定义。企业家精神各量表的 AVE 最低为 0.528，大于 0.5，详见表 5-24，表明量表具有较高的聚敛效度。

表 5-24　企业家精神验证性因子分析及信效度

路径	路径系数	标准化路径系数	C. R.	P	因子载荷	组合信度 CR	平均变异萃取量 AVE
CXJS1←创新精神	0.619	0.079	7.788	***	0.641	0.918	0.563
CXJS2←创新精神	0.474	0.069	6.840	***	0.577		
CXJS3←创新精神	0.657	0.058	11.320	***	0.837		
CXJS4←创新精神	0.658	0.057	11.549	***	0.847		
CXJS5←创新精神	0.798	0.084	9.484	***	0.742		
CXJS6←创新精神	0.672	0.067	10.081	***	0.775		
CXJS7←创新精神	0.638	0.061	10.393	***	0.791		
FXJS1←风险承担精神	0.601	0.092	10.037	***	0.851	0.870	0.540
FXJS2←风险承担精神	0.675	0.083	6.095	***	0.671		
FXJS3←风险承担精神	0.619	0.085	7.254	***	0.615		
FXJS4←风险承担精神	0.582	0.059	9.859	***	0.775		
FXJS5←风险承担精神	0.651	0.061	10.708	***	0.820		
FXJS7←风险承担精神	0.511	0.066	6.243	***	0.644		
QYJS2←契约精神	0.689	0.061	13.720	***	0.831	0.921	0.528
QYJS3←契约精神	0.542	0.063	8.047	***	0.808		

表5-24(续)

路径	路径系数	标准化路径系数	C. R.	P	因子载荷	组合信度CR	平均变异萃取量AVE
QYJS4←契约精神	0.610	0.075	12.098	***	0.778		
QYJS5←契约精神	0.578	0.070	6.856	***	0.794		
QYJS6←契约精神	0.430	0.072	10.951	***	0.528		
QYJS7←契约精神	0.470	0.056	8.392	***	0.696		
QYJS8←契约精神	0.563	0.070	12.025	***	0.673		
QYJS9←契约精神	0.500	0.077	7.520	***	0.67		
QYJS10←契约精神	0.563	0.089	11.311	***	0.755		
QYJS11←契约精神	0.470	0.101	6.664	***	0.526		
QYJS12←契约精神	0.543	0.069	7.947	***	0.849		

区分效度检验：如表5-25所示，企业家精神各维度的平均变异萃取量AVE的平方根均大于其与其他维度之间的相关系数，表明企业家精神三个维度之间有良好的区分效度。

表5-25　企业家精神区分效度

	创新精神	风险承担精神	契约精神
创新精神	0.750		
风险承担精神	0.672	0.735	
契约精神	0.64	0.583	0.727

注：对角线上是各维度平均方差萃取量AVE的平方根。

二、企业创新验证性因子分析

(一) 模型设计

本书的企业创新量表由技术创新、商业模式创新两个维度构成，每个维度是一个潜变量，每个维度由数个观测题项测量。研究表明商业模式创新是技术创新价值实现的重要途径，因此两个维度间具有相关关系。本书采用AMOS22.0软件绘制企业创新的验证性因子分析模型图，如图5-5所示。

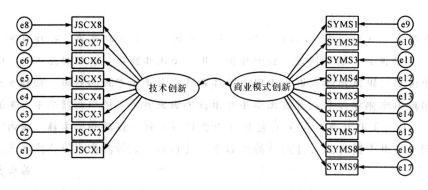

图 5-5　企业创新验证性因子分析模型

（二）验证性因子分析结果

本书采用 AMOS22.0 构建企业创新验证性因子分析的模型，采用最大概率法（ML 法）进行模型估计。

根据 AMOS22.0 的运行结果可知，该模型是可识别的。详细的模型拟合指标见表 5-26。由表 5-26 可知，模型拟合的 χ^2/DF = 1.187，小于 5；SRMR = 0.054，小于 0.1；RMSEA = 0.039，小于 0.05；NFI、IFI、TLI、CFI 均大于 0.9。只有 GFI = 0.886，小于 0.9，但是也接近 0.9，如若按照 0.8 的临界标准，该指数也是合宜的。综合各指标可发现，企业创新量表的验证性因子分析的模型具有良好的拟合优度，模型可以接受。

表 5-26　企业创新量表的模型拟合度

拟合指标	χ^2/DF	SRMR	RMSEA	GFI	NFI	IFI	TLI	CFI
参考标准	<5	<0.1	<0.05	>0.9	>0.9	>0.9	>0.9	>0.9
企业创新	1.187	0.054	0.039	0.886	0.904	0.984	0.979	0.983

组合信度检验：企业创新的两个量表的组合信度最低为 0.905，大于 0.5，表明量表具有较高的信度，详细数据见表 5-27。

聚敛效度检验：企业创新各量表的 AVE 最低为 0.546，大于 0.5，表明企业创新的各量表具有较高的聚敛效度，详细数据见表 5-27。

表 5-27　企业创新验证性因子分析及信效度

路径	路径系数	标准化路径系数	C. R.	P	因子载荷	组合信度 CR	平均变异萃取量 AVE
JSCX1←技术创新	0.845	0.068	12.38	***	0.878	0.912	0.723
JSCX2←技术创新	0.785	0.066	11.873	***	0.855		
JSCX3←技术创新	0.907	0.066	13.776	***	0.934		
JSCX4←技术创新	0.803	0.065	12.276	***	0.873		
JSCX5←技术创新	0.801	0.078	10.29	***	0.779		
JSCX6←技术创新	0.801	0.071	11.275	***	0.828		
JSCX7←技术创新	0.799	0.076	10.566	***	0.793		
JSCX8←技术创新	0.656	0.091	7.236	***	0.597		
SYMS1←商业模式创新	0.562	0.07	8.005	***	0.648	0.905	0.546
SYMS2←商业模式创新	0.677	0.069	9.842	***	0.756		
SYMS3←商业模式创新	0.637	0.071	8.981	***	0.707		
SYMS4←商业模式创新	0.676	0.07	9.699	***	0.748		
SYMS5←商业模式创新	0.700	0.082	8.551	***	0.682		
SYMS6←商业模式创新	0.579	0.061	9.499	***	0.737		
SYMS7←商业模式创新	0.594	0.065	9.091	***	0.714		
SYMS8←商业模式创新	0.606	0.057	10.691	***	0.8		
SYMS9←商业模式创新	0.709	0.068	10.425	***	0.786		

　　区分效度检验：根据表 5-28 所示，企业创新两个维度的平均变异萃取量 AVE 的平方根均大于技术创新与商业模式创新的相关系数，表明企业创新两个维度之间有良好的区分效度。

表 5-28　企业创新区分效度

	技术创新	商业模式创新
技术创新	0.852	
商业模式创新	0.703	0.739

　　注：对角线上是各维度平均方差萃取量 AVE 的平方根。

三、企业成长验证性因子分析

（一）模型设计

本书将企业成长变量界定为一个维度，经探索性因子分析后保留 14 个问项对企业成长变量进行测量。本书设计如下验证性因子分析模型，见图 5-6。

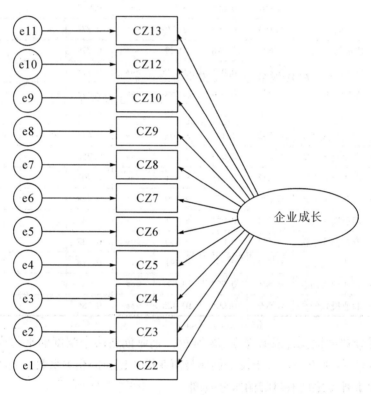

图 5-6　企业成长验证性因子分析模型

（二）验证性因子分析结果

本书采用 AMOS22.0 构建企业成长验证性因子分析的模型，采用最大概率法（ML 法）进行模型估计。

根据 AMOS 22.0 的运行结果可知，该模型是可识别的。详细的模型拟合指标见表 5-29。由表 5-29 可知，模型拟合的 $\chi^2/DF = 1.296$，小于 5；SRMR = 0.047，小于 0.1；RMSEA = 0.049，小于 0.05；GFI 、NFI、IFI、TLI、CFI 均大于 0.9。这表明企业创新量表的验证性因子分析的模型具有良好的拟合优度，模型可以接受。

表 5-29　企业创新量表的模型拟合度

拟合指标	χ²/DF	SRMR	RMSEA	GFI	NFI	IFI	TLI	CFI
参考标准	<5	<0.1	<0.05	>0.9	>0.9	>0.9	>0.9	>0.9
企业创新	1.296	0.047	0.049	0.912	0.927	0.982	0.975	0.982

组合信度检验：企业成长量表的组合信度 CR 为 0.940，大于 0.5，详细分析结果见表 5-30，表明量表具有较高的信度。

聚合效度检验：企业成长量表的 AVE 最低为 0.538，大于 0.5，详细分析结果见表 5-30，表明量表具有较高的聚敛效度。

区分效度检验：企业成长仅一个维度，该量表仅有一个潜变量，因此不需要进行区分效度分析。

表 5-30　企业成长验证性因子分析及信效度

路径	路径系数	标准化路径系数	C.R.	P	因子载荷	组合信度CR	平均变异萃取量AVE
CZ2←企业成长	0.605	0.082	7.337	***	0.609	0.940	0.538
CZ3←企业成长	0.855	0.079	10.865	***	0.813		
CZ4←企业成长	0.772	0.079	9.752	***	0.755		
CZ5←企业成长	0.811	0.075	10.765	***	0.808		
CZ6←企业成长	0.639	0.076	8.450	***	0.680		
CZ7←企业成长	0.737	0.076	9.711	***	0.753		
CZ8←企业成长	0.719	0.081	8.919	***	0.708		
CZ9←企业成长	0.570	0.07	8.093	***	0.658		
CZ10←企业成长	0.739	0.07	10.515	***	0.795		
CZ12←企业成长	0.579	0.077	7.541	***	0.723		
CZ13←企业成长	0.543	0.082	6.589	***	0.758		

四、因子区分效度分析

为了更好地检验各变量的区分效度，本书构建一个包括创新精神、风险承担精神、契约精神、技术创新、商业模式创新和企业成长的六因子模型。验证性因子分析结果见表 5-31。由分析结果可知，六因素模型的拟合

效度是 $\chi^2/DF = 5.01$，RMSEA = 0.09，TLI = 0.90，CFI = 0.91，拟合结果在统计学意义上明显优于其他模型，表明各变量间具有较好的区分效度。

表 5-31　各变量区分效度的验证性因子分析结果 （N = 323）

拟合指标	因子结构	χ^2/DF	RMSEA	TLI	CFI
六因子	CXJS；FXJS；QYJS；JSCX；SYMS；CZ	5.01	0.09	0.90	0.91
五因子	CXJS+FXJS；QYJS；JSCX；SYMS；CZ	6.08	0.14	0.82	0.82
五因子	CXJS；FXJS；QYJS；JSCX+SYMS；CZ	6.09	0.14	0.82	0.84
四因子	CXJS+FXJS；QYJS；JSCX+SYMS；CZ	7.27	0.17	0.77	0.79
三因子	CXJS+FXJS+QYJS；JSCX+SYMS；CZ	9.20	0.21	0.73	0.74
三因子	CXJS+FXJS+QYJS+JSCX；SYMS；CZ	9.48	0.23	0.70	0.72
三因子	CXJS+FXJS+QYJS+SYMS；JSCX；CZ	11.09	0.24	0.60	0.61
二因子	CXJS+FXJS+QYJS+JSCX+SYMS；CZ	12.68	0.27	0.47	0.50
单因子	CXJS+FXJS+QYJS+JSCX+SYMS+CZ	14.32	0.30	0.29	0.31

注：CXJS 表示企业家创新精神，FXJS 表示企业家风险承担精神，QYJS 表示企业家契约精神，JSCX 表示技术创新，SYMS 表示商业模式创新，CZ 表示企业成长。

第六章 数据分析与假设检验

第一节 基本统计分析

一、样本分布特征

本研究正式调研阶段共收集到 323 份样本，样本分布特征见表6-1。由样本分布特征可知，本书收集的样本与实际情况较为接近，能够满足实证研究的要求。

表6-1 样本分布特征（N=323）

项目	分类	数量/个	占比/%	项目	分类	数量/个	占比/%
公司成立年限	≤3 年	26	8	性别	男	220	68.10
	>3~5 年	32	9.9		女	103	31.90
	>5~10 年	67	20.7	年龄	≤20 岁	5	1.50
	>10~20 年	101	31.3		>20~30 岁	62	19.20
	>20 年	97	30		>30~45 岁	178	55.10

表6-1(续)

项目	分类	数量/个	占比/%	项目	分类	数量/个	占比/%
公司注册资本/元	≤100万	27	8.4	最高学历	>45~55岁	75	23.20
	>100万~500万	40	12.4		>55岁	3	0.90
	>500万~3000万	88	27.2		大专以下	19	5.90
	>3000万~1亿	47	14.6		大专	33	10.20
	>1亿	121	37.5		大学本科	138	42.70
公司员工人数	≤100人	90	27.9		硕士研究生	113	35.00
	>100~200人	34	10.5		博士研究生	20	6.20
	>200~500人	48	14.9	在本公司工作年限	≤3年	90	27.90
	>500~1000人	28	8.6		>3~5年	76	23.50
	>1000人	123	38.1		>5~10年	95	29.40
公司性质	国企	72	22.3		>10年	62	19.20
	非国企	251	77.7				
所属行业	传统制造业	99	30.7				
	服务业	85	26.3				
	高新技术产业	96	29.7				
	其他行业	43	13.3				

二、描述性统计分析

本书采用SPSS25.0软件对涉及的变量进行相关性分析,所有变量的均值、标准差及其相关系数分析结果如表6-2所示。分析结果显示企业家创新精神、风险承担精神、契约精神、技术创新、商业模式创新等变量间均显著正相关,这与本研究的部分假设相符,为接下来的假设检验过程奠定了基础。

表6-2 描述性与相关性分析(N=323)

变量	CZ	CXJS	FXJS	QYJS	JSCX	SYMS	YSHJ	Age	Scale
平均值	3.60	3.94	3.71	4.13	3.97	3.96	7.88	3.65	3.19
标准差	0.66	0.64	0.63	0.50	0.83	0.66	2.70	1.23	1.67

表6-2(续)

变量	CZ	CXJS	FXJS	QYJS	JSCX	SYMS	YSHJ	Age	Scale
CZ	1								
CXJS	0.45**	1							
FXJS	0.38**	0.51**	1						
QYJS	0.27**	0.31**	0.40**	1					
JSCX	0.39**	0.36**	0.30**	0.25**	1				
SYMS	0.46**	0.32**	0.23**	0.44**	0.36**	1			
YSHJ	0.04	0.03	−0.05	0.17**	0.04	0.08	1		
Age	0.02	−0.12*	−0.09	−0.08	−0.01	−0.08	0.07	1	
Scal	0.17**	−0.16**	−0.03	−0.08	0.09	−0.06	0.05	0.64**	1

注：* 表示 $P < 0.05$，** 表示 $P < 0.01$，其中 P 是双尾显著性。

三、同源方法偏差检验

本研究的调查对象是企业内部的副总经理及以上高层管理者。调查过程中各变量的数据来自同一被试，且受条件限制，程序控制难以实施，有可能被试者自身特征导致各变量间的共变关系，即同源偏差问题，因此有必要进行同源偏差检验。

本书采用哈曼（Harman）提出的单因素检验法进行分析，即对样本所有题项进行未旋转的主成分分析法，结果见表6-3。样本所有题项共形成6个特征值大于1的因子，未产生唯一因子，且最大因子解释了所有变异的36.711%，即单个因子的方差贡献均小于临界值40%，因此可以认为本研究的问卷调查同源方法偏差问题并不严重。

表6-3　未旋转的主成分分析结果

成分	初始特征值			提取载荷平方和		
	总计	方差百分比	累积%	总计	方差百分比	累积%
1	14.685	36.711	36.711	14.685	36.711	36.711
2	2.840	7.100	43.812	2.840	7.100	43.812
3	2.433	6.081	49.893	2.433	6.081	49.893
4	1.862	4.656	54.549	1.862	4.656	54.549
5	1.426	3.566	58.115	1.426	3.566	58.115
6	1.101	2.753	64.132	1.101	2.753	64.132

第二节　回归分析与假设检验

本书运用 SPSS25.0 软件对企业家精神、企业创新、企业成长间的关系进行多元回归分析，以检验它们之间的直接效应，并采用 Bootstrap 法检验企业创新两个维度在企业家精神三个维度与企业成长间的中介效应，以及营商环境的调节效应。

一、直接效应检验

本书采用多元回归分析检验企业家精神三个维度、企业创新两个维度与企业成长间的直接关系，回归分析结果见表 6-4。由回归结果可知，创新精神对企业成长的影响系数显著为正（0.50***），风险承担精神对企业成长的影响系数显著为正（0.40***），契约精神对企业成长的影响系数显著为正（0.37***），即假设 H1a、H1b、H1c 通过检验。创新精神对技术创新的影响系数显著为正（0.71***），风险承担精神对技术创新的影响系数显著为正（0.60***），契约精神对技术创新的影响系数显著为正（0.75***），即假设 H2a、H2b、H2c 通过检验。创新精神对商业模式创新的影响系数显著为正（0.65***），风险承担精神对商业模式创新的影响系数显著为正（0.65***），契约精神对商业模式创新的影响系数显著为正（0.73***），即假设 H3a、H3b、H3c 通过检验。技术创新对企业成长的影响系数显著为正（0.30***），商业模式创新对企业成长的影响系数显著为正（0.46***），假设 H4a、H4b 通过检验。

不同公司性质的企业家精神、企业创新与企业成长的关系回归结果见表 6-5。由结果可知，公司性质与契约精神的交叉项对企业成长的影响系数显著为负（-0.26*），表明国企中契约精神对企业成长的影响较民企弱。公司性质与技术创新和商业模式创新的交叉项对企业成长影响系数均显著为负（-0.25**、-0.17*），表明国企中技术创新和商业模式创新对企业成长的影响较民企弱。公司性质与风险承担精神的交叉项对商业模式创新的影响系数显著为正（0.27*），表明国企中风险承担精神对企业成长的推动作用较民企强。

表6-4 企业家精神、企业创新与企业成长的关系回归结果 （N=323）

	企业成长			企业成长		技术创新			商业模式创新		
	A1	A2	A3	B1	B2	C1	C2	C3	D1	D2	D3
CXJS	0.50***					0.71***			0.65***		
FXJS		0.40***					0.60***			0.65***	
QYJS			0.37***					0.75***			0.73***
JSCX				0.30***							
SYMS					0.46***						
Natrue	-0.02	0.06	-0.07	0.04	0.09	-0.12***	-0.24*	-0.32***	-0.16*	-0.26***	-0.34***
Scale	0.10***	0.13***	0.11***	0.09**	0.10***	0.10	0.05	0.08	0.04	0.01	0.03
Age	-0.07*	-0.05	-0.07	-0.06	-0.06	-0.05	-0.02	-0.04	-0.03	0.01	-0.02
Industry	控制	控制	控制	控制	控制	控制	控制	控制	控制	控制	控制
R^2	0.53	0.46	0.34	0.44	0.27	0.63	0.57	0.57	0.64	0.57	0.59
F	17.99	11.95	7.85	10.88	16.78	29.81	21.18	21.13	31.09	21.63	24.18

注：* 表示 $P<0.05$，** 表示 $P<0.01$，*** 表示 $P<0.001$。

表6-5 企业家精神、企业创新与企业成长关系回归结果——不同公司性质的对比（N=323）

	企业成长			企业成长		技术创新			商业模式创新		
	A1	A2	A3	B1	B2	C1	C2	C3	D1	D2	D3
CXJS	0.53***					0.68***			0.61**		
FXJS		0.38***					0.57***			0.51***	
QYJS			0.42***					0.77***			0.75***
JSCX				0.38***							
SYMS					0.51***						
Nature	0.54	0.29	1.01	0.98**	0.76	-0.65	-0.84	0.05	0.77	-1.25	0.01
Nature×CXJS	-0.13					0.14			0.16		
Nature×FXJS		0.07					0.16			0.27*	
Nature×QYJS			-0.26*					-0.07			-0.08
Nature×JSCX				-0.25**							
Nature×SYMS					-0.17*						
控制	控制	控制	控制	控制	控制	控制	控制	控制	控制	控制	控制
R^2	0.54	0.46	0.49	0.46	0.53	0.63	0.57	0.57	0.65	0.58	0.55
F	15.89	10.46	10.19	10.74	15.11	26.22	18.65	18.47	27.59	19.65	21.09

注：* 表示 $P<0.05$，** 表示 $P<0.01$，*** 表示 $P<0.001$。

二、中介效应检验

根据前文假设，企业创新不仅对企业成长有直接影响，而且在企业家精神与企业成长间起桥梁作用。本书采用 Bootstrap 法检验中介效应，Bootstrap＝5 000，置信度设置 95%。若中介效应 95%CI（置信区间）不包含 0，表明中介效应显著；若中介效应 95%CI 包括 0，则中介效应不显著。回归结果见表 6-6。由结果可知，中介效应在 95%CI 下均不包含 0，即中介效应均显著，假设 H5a、H5b、H5c、H6a、H6b、H6c 均成立。

表 6-6　中介效应检验结果（N＝323）

中介路径	效应值	95%CI	检验结果
创新精神→技术创新→企业成长	0.08	[0.01，0.17]	有中介
风险承担精神→技术创新→企业成长	0.11	[0.05，0.18]	有中介
契约精神→技术创新→企业成长	0.18	[0.10，0.27]	有中介
创新精神→商业模式创新→企业成长	0.17	[0.09，0.25]	有中介
风险承担精神→商业模式创新→企业成长	0.20	[0.13，0.28]	有中介
契约精神→商业模式创新→企业成长	0.32	[0.23，0.41]	有中介

注：CI 表示置信区间。

表 6-7 是不同公司性质的对比分析。由结果可知，在民营企业中，企业家精神可以通过技术创新/商业模式创新两条中介路径对企业成长产生推动作用（中介效应在 95%CI 水平下均不包含 0）。在国企中，技术创新的中介作用并不明显（中介效应在 95%CI 水平下均包含 0），企业家精神主要通过商业模式创新对企业成长产生推动作用（中介效应在 95%CI 水平下均不包含 0），其中商业模式创新在企业家风险承担精神与企业成长间的中介作用最强。

表 6-7　中介效应检验结果——不同公司性质的对比（N＝323）

中介路径	性质	效应值	95%CI
创新精神→技术创新→企业成长	民企	0.12	[0.03，0.22]
	国企	0.00	[−0.11，0.13]
风险承担精神→技术创新→企业成长	民企	0.15	[0.07，0.24]
	国企	0.05	[−0.04，0.16]

表6-7(续)

中介路径	性质	效应值	95%CI
契约精神→技术创新→企业成长	民企	0.25	[0.14, 0.36]
	国企	0.07	[-0.02, 0.20]
创新精神→商业模式创新→企业成长	民企	0.19	[0.10, 0.28]
	国企	0.14	[0.01, 0.28]
风险承担精神→商业模式创新→企业成长	民企	0.21	[0.12, 0.30]
	国企	0.21	[0.09, 0.34]
契约精神→商业模式创新→企业成长	民企	0.22	[0.08, 0.39]
	国企	0.17	[0.26, 0.48]

注：CI 表示置信区间。

三、调节效应检验

(一) 调节直接效应

本书采取 Bootstrap 法检验调节效应。Bootstrap = 5 000，置信度设置 95%，选择模型1。若95%的置信区间（CI）不包含0，表明系数在 $p = 0.05$ 的水平下显著。为了便于对比，本书将营商环境分为高低两组，设置营商环境虚拟变量（1=营商环境高于均值，0=营商环境低于均值），回归结果见表6-8。由回归结果可知，营商环境与企业家创新精神的交叉项对企业成长的影响系数显著为正（B=0.33，95%CI 为 [0.14, 0.52] 不包含0），假设 H7a 通过。营商环境与企业家风险承担精神的交叉项对企业成长的影响系数显著为正（B=0.25，95%CI 为 [0.15, 0.24] 不包含0），假设 H7b 通过。营商环境与企业家契约精神的交叉项对企业成长的影响系数显著为正（B=0.19，95%CI 为 [0.13, 0.33] 不包含0），假设 H7c 通过。

表6-8 营商环境对直接效应的调节作用回归结果（N=323）

调节变量：营商环境	项	Coeff	95%CI
创新精神—>企业成长	CXJS	0.24 ***	[0.13, 0.83]
	YSHJ	0.77 *	[-1.54, 0.01]
	CXJS×YSHJ	0.33 ***	[0.14, 0.52]

表6-8(续)

调节变量：营商环境	项	Coeff	95%CI
风险承担精神—>企业成长	FXJS	0.27 ***	[0.14, 0.40]
	YSHJ	0.42	[-0.32, 1.16]
	FXJS×YSHJ	0.25 **	[0.15, 0.24]
契约精神—>企业成长	QYJS	0.30 ***	[-0.70, 0.72]
	YSHJ	0.20	[-0.55, 0.16]
	QYJS×ZYSHJ	0.19 *	[0.13, 0.33]

注：CI表示置信区间，＊表示 $P<0.05$，＊＊表示 $P<0.01$，＊＊＊表示 $P<0.001$。

为了更好地刻画营商环境对企业家精神与企业成长间直接关系的调节作用，本书构建营商环境的调节效应图。图6-1是营商环境对企业家创新精神与企业成长间关系的调节效应。由图6-1可知，低营商环境下，创新精神对企业成长的影响系数较小；高营商环境下，创新精神对企业成长的影响系数较大，表明营商环境对创新精神与企业成长间关系有正向调节作用。图6-2是营商环境对企业家风险承担新精神与企业成长间关系的调节效应。由图6-2可知，低营商环境下，风险承担精神对企业成长的影响系数较小；高营商环境下，风险承担精神对企业成长的影响系数较大，表明营商环境对风险承担精神与企业成长间的关系有正向调节作用。图6-3是营商环境对企业家契约精神与企业成长间关系的调节效应。由图6-3可知，低营商环境下，契约精神对企业成长的影响系数较小；高营商环境下，契约精神对企业成长的影响系数较大，表明营商环境对契约精神与企业成长间的关系有正向调节作用。

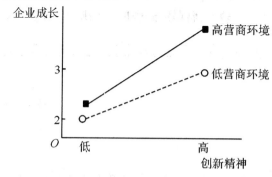

图6-1 营商环境对企业家创新精神与企业成长间关系的调节效应

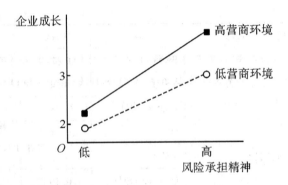

图 6-2　营商环境对企业家风险承担精神与企业成长间关系的调节效应

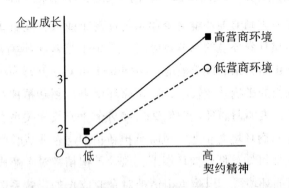

图 6-3　营商环境对企业家契约精神与企业成长间关系的调节效应

（二）调节中介效应

本书采用 Bootstrap 检验被调节的中介效应，置信度为 95%，Bootstrap 为 5 000，选择模型 59。回归结果见表 6-9。高低营商环境下中介效应系数差异性在 95%CI 下若不包含 0，则被调节的中介效应显著，否则不显著。由检验结果可知，在技术创新和商业模式创新的中介作用下，营商环境依然正向调节企业家精神各维度与企业成长间的直接效应，该结果进一步支持了假设 H7a、H7b 和 H7c。

表 6-9　被调节的中介效应检验结果 (N=323)

条件路径关系	YSHJ	前半径	95%CI	后半径	95%CI	直接效应	95%CI	中介效应	95%CI
创新精神→技术创新→企业成长	低	0.00	[-0.05, 0.06]	0.25	[0.14, 0.35]	0.06	[-0.07, 0.19]	0.17	[0.05, 0.28]
	高	0.64	[0.36, 0.79]	-0.01	[-0.14, 0.11]	0.58	[0.41, 0.76]	-0.01	[-0.07, 0.05]
	差异	0.64		-0.26		0.52		-0.18	[-0.30, -0.07]
风险承担精神→技术创新→企业成长	低	0.72	[0.55, 0.89]			0.10	[-0.05, 0.24]	0.17	[0.10, 0.25]
	高	0.45	[0.25, 0.64]			0.27	[0.11, 0.42]	0.05	[-0.00, 0.11]
	差异	-0.27	-			0.17		-0.12	[-0.22, -0.03]
契约精神→技术创新→企业成长	低					0.00	[-0.15, 0.16]	0.21	[0.13, 0.30]
	高					0.23	[0.00, 0.47]	0.09	[0.01, 0.19]
	差异					0.23		-0.12	[-0.24, 0.01]
创新精神→商业模式创新→企业成长	低			0.22	[0.03, 0.34]	0.12	[-0.02, 0.25]	0.13	[0.07, 0.22]
	高			0.57	[0.24, 0.78]	0.39	[0.20, 0.59]	0.28	[0.08, 0.42]
	差异			0.35		0.27		0.15	[0.13, 0.32]
风险承担精神→商业模式创新→企业成长	低			0.20	[0.08, 0.32]	0.15	[0.01, 0.29]	0.11	[0.04, 0.20]
	高			0.52	[0.33, 0.72]	0.37	[0.29, 0.53]	0.24	[0.14, 0.38]
	差异			0.32		0.18		0.13	[0.01, 0.28]
契约精神→商业模式创新→企业成长	低			0.25	[0.13, 0.37]	0.13	[0.13, 0.29]	0.18	[0.09, 0.28]
	高			0.58	[0.39, 0.76]	0.38	[0.26, 0.52]	0.34	[0.19, 0.52]
	差异			0.33		0.25		0.16	[0.01, 0.37]

注：CI 表示置信区间。

对于 H8a 来说，在低营商环境情况下，技术创新在创新精神与企业成长间的中介效应显著（B=0.17，95%CI 为 [0.05，0.28] 不包含 0）；在高营商环境情况下，技术创新在创新精神与企业成长间的中介效应不显著（B=-0.01，95%CI 为 [-0.07，0.05] 包含 0）；高低组的差异显著（B=-0.18，95%CI 为 [-0.30，-0.07] 不包含 0）。虽然间接效应显著，但是调节方向相反，假设 H8a 未通过。对于 H8b 来说，在低营商环境情况下，技术创新在风险承担精神与企业成长间的中介效应显著（B=0.17，95%CI 为 [0.10，0.25] 不包含 0）；在高营商环境情况下，技术创新在风险承担精神与企业成长间的中介效应显著（B=0.05，95%CI 为 [-0.00，0.11] 包含 0）；高低组的差异显著（B=-0.12，95%CI 为 [-0.22，-0.03] 不包含 0）。虽然间接效应显著，但是方向相反，假设 H8b 未通过。对于 H8c 来说，在低营商环境情况下，技术创新在契约精神与企业成长间的中介效应显著（B=0.21，95%CI 为 [0.13，0.30] 不包含 0）；在高营商环境情况下，技术创新在契约精神与企业成长间的中介效应显著（B=0.09，95%CI 为 [0.01，0.19] 不包含 0）；高低组的差异不显著（B=-0.12，95%CI 为 [-0.24，0.01] 包含 0）。高低组的差异性较大，但是未通过显著性检验，表明营商环境对技术创新在契约精神与企业成长间的中介效应具有一定的负向调节作用，假设 H8c 未通过。

对于 H9a 来说，在低营商环境情况下，商业模式创新在创新精神与企业成长间的中介效应显著（B=0.13，95%CI 为 [0.07，0.22] 不包含 0）；在高营商环境情况下，商业模式创新在创新精神与企业成长间的中介效应显著（B=0.28，95%CI 为 [0.08，0.42] 不包含 0）；高低组的差异显著（B=0.15，95%CI 为 [0.13，0.32] 不包含 0），假设 H9a 通过。对于 H9b 来说，在低营商环境情况下，商业模式创新在风险承担精神与企业成长间的中介效应显著（B=0.11，95%CI 为 [0.04，0.20] 不包含 0）；在高营商环境情况下，商业模式创新在风险承担精神与企业成长间的中介效应显著（B=0.24，95%CI 为 [0.14，0.38] 不包含 0）；高低组的差异显著（B=0.13，95%CI 为 [0.01，0.28] 不包含 0），假设 H9b 通过。对于 H9c 来说，在低营商环境情况下，商业模式创新在契约精神与企业成长间的中介效应显著（B=0.18，95%CI 为 [0.09，0.28] 不包含 0）；在高营商环境情况下，商业模式创新在契约精神与企业成长间的中介效应显著（B=0.34，95%CI 为 [0.19，0.52] 不包含 0）；高低组的差异显著（B=

0.16，95%CI 为［0.01，0.37］不包含 0），假设 H9c 通过。

另外，对比营商环境对技术创新和商业模式创新中介作用的调节效应可知，总体而言，营商环境负向调节技术创新的中介作用，但是正向调节商业模式创新的中介作用。

第三节　结论与讨论

一、实证研究结论

本书通过构建企业家精神影响企业成长的理论模型，探讨企业家精神对企业成长的影响机制，及企业创新的中介作用和营商环境的调节作用，并通过 323 个样本数据对理论模型进行实证分析和假设检验。假设检验结果汇总见表 6-10。本书共提出 26 个研究假设，通过实证分析，其中 23 个假设得到支持，2 个假设虽然系数显著，但是方向与假设不相符，1 个假设系数不显著，假设未得到支持。研究结果表明，企业家精神、企业创新对企业成长均有明显的推动作用，企业创新在企业家精神与企业成长间起明显的中介作用，营商环境对其作用机制有部分调节作用。

表 6-10　假设检验结果汇总

研究假设		检验结果
H1a	企业家创新精神正向促进企业成长	支持
H1b	企业家风险承担精神正向促进企业成长	支持
H1c	企业家契约精神正向促进企业成长	支持
H2a	企业家创新精神越强的企业越倾向于进行技术创新	支持
H2b	企业家风险承担精神越强的企业越倾向于进行技术创新	支持
H2c	企业家契约精神越强的企业越倾向于进行技术创新	支持
H3a	企业家创新精神越强的企业越倾向于进行商业模式创新	支持
H3b	企业家风险承担精神越强的企业越倾向于进行商业模式创新	支持
H3c	企业家契约精神越强的企业越倾向于进行商业模式创新	支持
H4a	企业技术创新对企业成长有正向促进影响	支持
H4b	企业商业模式创新对企业成长有正向促进影响	支持

表6-10(续)

	研究假设	检验结果
H5a	企业技术创新在企业家创新精神与企业成长间起中介作用	支持
H5b	企业技术创新在企业家风险承担精神与企业成长间起中介作用	支持
H5c	企业技术创新在企业家契约精神与企业成长间起中介作用	支持
H6a	企业商业模式创新在企业家创新精神与企业成长间起中介作用	支持
H6b	企业商业模式创新在企业家风险承担精神与企业成长间起中介作用	支持
H6c	企业商业模式创新在企业家契约精神与企业成长间起中介作用	支持
H7a	营商环境对企业家创新精神与企业成长间的关系有调节作用，即营商环境越好，企业家创新精神对企业成长的推动作用越强	支持
H7b	营商环境对企业家风险承担精神与企业成长间的关系有调节作用，即营商环境越好，企业家风险承担精神对企业成长的推动作用越强	支持
H7c	营商环境对企业家契约精神与企业成长间的关系有调节作用，即营商环境越好，企业家契约精神对企业成长的推动作用越强	支持
H8a	营商环境对"技术创新在企业家创新精神与企业成长间的中介作用"有调节效应，即营商环境越好，技术创新的中介作用越强	有调节但方向相反
H8b	营商环境对"技术创新在企业家风险承担精神与企业成长间的中介作用"有调节效应，即营商环境越好，技术创新的中介作用越强	有调节但方向相反
H8c	营商环境对"技术创新在企业家契约精神与企业成长间的中介作用"有调节效应，即营商环境越好，技术创新的中介作用越强	不支持
H9a	营商环境对"商业模式创新在企业家创新精神与企业成长间的中介作用"有调节效应，即营商环境越好，商业模式创新的中介作用越强	支持
H9b	营商环境对"商业模式创新在企业家风险承担精神与企业成长间的中介作用"有调节效应，即营商环境越好，商业模式创新的中介作用越强	支持

表6-10(续)

研究假设		检验结果
H9c	营商环境对"商业模式创新在企业家契约精神与企业成长间的中介作用"有调节效应,即营商环境越好,商业模式创新的中介作用越强	支持

二、进一步讨论

在经济快速发展、市场瞬息万变的今天,变革才是企业生存和发展之道。企业家是企业创新的主导者。企业家精神是企业创新和成长的内在动力。企业家精神能够帮助企业识别机会和整合资源,并促进企业创新发展。尽管企业家精神对企业成长有诸多好处,但是现实中却并非所有企业领导都愿意发挥企业家精神。鉴于这种情况,本书基于企业成长理论和创新理论探讨了企业家精神对企业成长的影响,以及企业创新的中介作用和营商环境的调节作用。

1. 有关企业家精神、企业创新与企业成长间直接关系的进一步讨论

企业家精神对企业创新和企业成长具有明显的推动作用,企业创新对企业成长也具有明显的推动作用,这种作用在国企和民企中存在一定的差异性。

(1) 企业家精神对企业成长具有明显的推动作用,这种推动作用在企业家契约精神维度表现出明显的产权性质差异性。民营企业中,企业家契约精神对企业成长的推动作用较国有企业强。因为,相对于国有企业而言,民营企业属于私有产权,企业家契约精神的信誉机制对民营企业成长的影响更强。在当前我国市场经济环境下,信誉机制尚不完善,国有企业的信誉来源于公众对国有产权的信心,而民营企业的信誉主要源自公众对企业家的信任。民营企业需要通过信誉机制获取成长所需资源,以及建立商业合作,失信企业将难以在市场上立足。企业家契约精神对民营企业信誉影响重大,契约精神驱使企业家尊重契约关系,诚信经营企业,提高企业信誉,不断提升企业软实力。

(2) 企业家精神对企业创新具有明显的推动作用,其中企业家风险承担精神对国有企业商业模式创新的推动作用更强,表明国有企业有待积极发挥企业家风险承担精神的驱动作用以变革商业模式,提高业务流程效率和资源利用效率。

(3) 企业创新对企业成长具有明显的推动作用,而且相较于国有企

业，民营企业的技术创新和商业模式创新对企业成长的推动作用更强。这表明，民营企业通过技术创新和商业模式创新实现转型升级较国有企业呈现出明显的优势，同时也表明国企的创新不足，需要进一步激发其创新活力，推动企业成长。

2. 有关企业创新在企业家精神与企业成长间中介作用的进一步讨论

技术创新和商业模式创新在企业家精神与企业成长间起着明显的中介作用，这种作用机制具有明显的产权差异性。国企中技术创新在企业家精神与企业成长间的中介作用不明显，仅商业模式创新的中介作用较为明显。一方面，技术创新的风险较高，失败率较大，国有企业的企业家通常兼有行政职务，具有政治身份。有些国有企业的企业家还将在国企中的工作表现作为其政治生涯的跳板，通常不愿意冒险从事失败率较高的技术创新活动，所以技术创新在国企企业家精神与企业成长间的中介作用不明显。另一方面，国企通常存在机构庞大、人员多、业务流程复杂等问题，导致国企的效率低下。相较于规模较小的民企来说，国企更需要通过商业模式变革提高业务流程效率。通过商业模式创新，变革国企业务模式，开发新盈利方式，能够大大提高国企的工作效率和资源利用效率。但是国企商业模式变革可能会损害较多人的利益，甚至会对企业家自身利益造成重大影响。商业模式变革更需要一个具有较高创新精神、冒险精神和责任担当的企业家来推动。在企业家精神的推动下，国企的企业家会积极克服各方面的困难和压力，大胆地对业务模式进行变革以提高工作效率，为国企成长增添活力。例如，董明珠敢作敢为的企业家精神推动格力由"产品导向逻辑"向"服务导向逻辑"转变，使其远超竞争对手。

3. 有关营商环境调节效应的进一步讨论

营商环境是企业家精神发挥作用的重要情境因素。营商环境对企业家精神发挥作用的过程与经济效果具有调节作用。研究结果表明：营商环境正向调节企业家精神各维度与企业成长间的关系；营商环境正向调节商业模式创新在企业家精神各维度与企业成长间的中介作用，但是负向调节技术创新在企业家创新精神/风险承担精神与企业成长间的中介作用，对技术创新在企业家契约精神与企业成长间的中介作用具有一定的负向调节作用（高低营商环境下的中介效应差异 B = -0.12，95% CI 为 [-0.24，0.01] 包含 0，不太显著）。这一结论与原假设部分不相符，但也有其现实合理性。随着营商环境的不断优化，市场化水平越来越高，市场规则越来越公平，同时市场竞争也越来越激烈。一方面，公平的市场竞争会激发企业家的创新精神，促使其积极主动地从不断变化的市场环境中寻求新的商业机会或盈利方式，从而推动企业成长。另一方面，公平竞争的市场环境也可能激发企业家创新精神，推动企业技术创新活动，导致技术创新方面的过度投资。同时，激烈的市场竞争会给市场带来较大的不确定性。技术创新投入大、风险高，较高的市场不确定性会增加技术创新的风险，从而可能对企业家的风险承担精神产生抑制作用，导致技术创新活动的投资不足。因此优良的营商环境反而会抑制技术创新的中介作用。

（1）在某些条件下，优良的营商环境会激发企业家创新精神，导致过度的技术创新投资。

营商环境对技术创新在企业家创新精神与企业成长间中介作用的调节机制显示，营商环境会激发企业家创新精神采取过度的技术创新活动（高低营商环境下企业家创新精神对技术创新的影响效应差异为 0.64*），进而抑制技术创新对企业成长的推动作用（高低营商环境下技术创新对企业成长的影响效应差异为-0.26*），这反而负向调节了技术创新在企业家创新精神与企业成长间的中介作用。究其原因，主要有：好的营商环境下，法律法规更加健全，财产保护更加完善，社会信用水平更高，对创新成果和创新收益的保护力度更大，同时也更有利于创新成果的商业化。好的营商环境下，政府对企业活动的直接干预较低，从而带来较低的制度性交易成本，企业可以自由进出不被限制的任何行业，激烈的市场竞争驱使企业家积极推动产品创新以适应市场需求变化。因此好的营商环境会激发企业家更加积极的创新行为，从而加强企业家创新精神对技术创新的推动作用。但是，好的营商环境下，创新精神驱动下可能会诱发企业过度创新。创新周期一般较长，过度创新一方面会给企业成长带来较大的资源压力特别是资金压力，另一方面创新一旦失败会给企业带来较大的经济损失，从而影响企业健康成长。另外，我国是"关系型"社会，在市场化水平不是很高的情况下，企业家倾向于通过政治关联应对政策和市场不确定性风险，从而专注于提升关系能力来构建社会关系网络，而缺乏对创新能力的培养，导致企业不能对技术创新机会做出准确判断。积极的技术创新行为可能会给企业带来重大的经济损失，从而抑制技术创新活动对企业成长的推动作用，即营商环境对企业家创新精神的激发可能会引致过度创新，进而抑制技术创新对企业成长的推动作用，这一结论也得到相关文献的支持。文献综述部分发现，创新不一定是越多越好，部分学者认为创新与企业成长存在负相关关系①，或者倒 U 形关系②。我国学者普遍认为创新必须在适度水平下才会对企业成长起到积极的推动作用。

（2）在某些条件下，优良的营商环境会抑制企业家冒险精神，进而抑制技术创新投资。

营商环境通过负向调节企业家风险承担精神与技术创新间的关系（高低营商环境下企业家风险承担精神对技术创新的影响效应差异为-0.27*），进而负向调节技术创新的中介作用。究其原因，主要有：首先，营商环境优化将会推动各类经济主体更加公平地参与市场竞争，加剧市场竞争激烈程度。激烈的市场竞争会给企业家带来更高的风险性和不确定性。创新是一项高风险性活动，在激烈的市场竞争环境下，积极大胆的冒险行为并不一定成功，因此企业家会更加谨慎地甄别和评估创新机会，从而抑制风险承担精神的发挥。同时，市场竞争加剧会加速技术和产品更新换代，导致企业更快地丧失技术优势，进而挤压技术创新收益。这一现象会使企业家更加谨慎地权衡创新收益及其风险。也许正因如此，德鲁克在《创新与企业家精神》一书中指出："我所知道的许多成功的创新者和企业家，没有一个有冒险倾向，事实上，他们是保守的。"③ 其次，优化营商环境会使知识产权保护加强，知识产权保护加强虽然能够给技术输出方带来更完善的保护，但是会给技术引进方带来更多限制。知识产权保护的加强会对模仿型企业的创新积极性产生抑制作用。为数众多的中小型企业是我国创新的主体。但是这些企业往往研发实力和财力有限，欠缺自主创新能力，故而通常采取技术引进和模仿创新的方式。知识产权保护的加强会给企业技术模仿式创新带来较大的风险，从而抑制企业家对技术创新的资源配置（胡善成 等，2019）。另外，过大的知识产权保护力度会导致技术信息获取成本增加，阻碍技术知识的传播和扩散，降低技术溢出水平，进而抑制技术创新产出。综上可知，好的营商环境反而会抑制技术创新在企业家风险承担精神与企业成长间的中介作用。

---

① PAULO N, LEITAOC S. Is there a linear relationship between R&D intensity and growth? Empirical evidence of non-high-tech vs. high-tech SMEs [J]. Research policy, 2012, 41：36-53.

② 霍晓萍. 创新投入与企业成长：抑制还是促进？[J]. 社会科学家，2019，262（2）：38-45.

③ DRUCKER F. Innovation and entrepreneurship [M]. New York：Harper and Row, 1985.

第七章　研究结论与对策建议

第一节　研究结论

随着经济全球化的推进和科技的快速发展，产品更新换代日益加快。经济高质量发展对企业成长提出了更高的要求，弘扬优秀企业家精神以及推动企业高质量发展被提到战略高度。虽然许多学者已经就企业家精神和企业成长相关问题展开了丰富的研究，但是以往研究尚存在几点不足：一是，现有研究关于企业家精神内涵的界定难以契合我国当前弘扬优秀企业家精神的时代要求；二是，虽然现有研究从理论上支持企业家精神对企业创新的重要性，然而缺乏相应的实证研究；三是，创新是弘扬优秀企业家精神、实现企业转型升级和高质量发展的必经之路，然而现有研究缺乏企业创新在企业家精神和企业成长间的中介作用的探讨；四是，优化营商环境对于激发优秀企业家精神、推动企业高质量发展的作用机制，尚需从理论和实证角度进行论证。基于此，本书通过梳理相关文献，从理论上分析企业家精神、企业创新与企业成长间的关系，在此基础上提出企业创新是企业家精神对企业成长影响的重要中介因素，并在理论分析的基础上，从创新精神、风险承担精神和契约精神三个维度构建企业家精神、企业创新与企业成长间关系的概念模型，并将营商环境作为重要的调节变量引入模型，通过问卷调查获取一手数据对概念模型进行实证检验，得出如下结论：

一、企业家精神对企业成长有重要的推动作用

企业家精神是企业成长的重要驱动力，虽然理论界已经有不少研究证实了这种影响，但是现有研究多以创新精神和风险承担精神为核心，扩展

到竞争精神、合作精神、责任意识、奉献精神、事业心等其他企业家精神内涵。弘扬优秀企业家精神是当前我国经济转型发展的时代要求，培养优秀企业家精神不仅需要激发企业家创新精神和冒险精神，更需要培养企业家遵纪守法、诚信经营和责任担当等契约精神。基于此，本书将契约精神作为企业家精神的重要维度纳入研究，并用契约精神囊括竞争精神等其他企业家精神内涵，以创新精神、风险承担精神和契约精神作为企业家精神的三个维度，并设计符合中国本土情景的测量量表。经过实证检验发现，企业家精神的三个维度对企业成长均有显著的直接推动作用。这一研究结论表明，契约精神也是企业创新和企业成长的重要驱动。该研究结论为当前弘扬优秀企业家精神的实践提供了重要的理论支撑。

（1）企业家创新精神对企业成长有明显的推动作用。企业家创新精神越强，越有利于企业成长，这与众多研究结论一致[1][2]。企业成长重在机会识别和资源整合。企业家创新精神影响企业经营动态，促使企业对自身资源进行优化配置。企业家创新精神推动企业快速收集市场信息，并对有价值的信息进行整理和分析，发现市场空白，识别新的成长机会。奥地利经济学派将企业家精神定义为对机会的寻求和利用行为。企业家创新精神激发企业的外部资源需求，提高企业资源获取能力[3]。企业对资源的旺盛需求能够推动企业积极进行外部资源搜索，并致力于获取和配置这些资源以满足企业发展需要。

（2）企业家风险承担精神对企业成长有明显的推动作用。企业家积极发挥风险承担精神，有利于企业成长。一方面，企业成长过程中面临着诸多不确定性，而风险来自不确定性，没有企业能在不承担任何风险的情况下获得长期成长。具有较高风险承担精神的企业家通常具有积极乐观的态度，勇于面对不确定性并承担相应风险。例如，具有较高风险承担精神的企业家倾向于采取大胆的融资决策（Malmendier et al.，2011）和高风险的并购决策（赖黎 等，2017）等。另一方面，企业家风险承担精神能够塑造

① GUAN H, ZHANG Z, ZHAO A, et al. Research on innovation behavior and performance of new generation entrepreneur based on grounded theory [J]. Sustainability, 2019, 11 (10)：1-19.

② ZHAI Y M, SUN W Q, TSAI S B, et al. An empirical study on entrepreneurial orientation, absorptive capacity, and SMEs' innovation performance：a sustainable perspective [J]. Sustainability, 2018, 10 (2)：1-14.

③ 刘畅. 创新生态系统视角下企业家精神对创新绩效的影响关系研究 [D]. 长春：吉林大学，2019.

其积极承担经营风险、创造企业价值的经营理念。具有较高风险承担意识和能力的企业家会通过影响企业的经营决策，进而提升企业的风险承担能力，良好的风险承担能力是企业成长的动力[1]。风险承担精神推动企业家发展高风险高收益的投机项目并为此配置资源，进而能够取得积极的市场反应，为企业带来短期经济效益，缓解企业资金压力（杜丽虹 等，2003）。

（3）企业家契约精神对企业成长有明显的推动作用。虽然目前鲜有涉及契约精神的研究，但是一些学者从社会契约论角度探讨了企业家责任意识对企业成长的影响。相关的实证研究多关注企业家的慈善责任，认为企业家的社会责任对企业成长有推动作用[2]。本书从经济责任、法律责任、伦理责任、慈善责任、商业合作等方面对企业家契约精神的探讨，也证实了有责任、有担当的企业家对企业成长的积极作用。企业家的契约精神通过领导风格影响企业的经营决策。契约精神推动企业家综合利用自身的管理知识和经验、社会关系网络和内部资源等，对高不确定性的项目进行客观评估，筛选优质项目并做出相应决策。契约精神推动企业家立足于企业的长期生存和发展经营企业。契约精神驱使企业家立足于长期商业合作理念经营企业，不但要求企业家遵纪守法、诚信经营企业，而且要求企业家要立足于社会进步和人民生活水平提高的角度发展企业。相比于风险承担精神，契约精神更着眼于企业的长远发展。另外，契约精神对民营企业成长的推动作用较国企大，表明大力培养民营企业家的契约精神，对民营企业健康成长的推动作用比国企更大。这一点为当前弘扬优秀企业家精神，推动民营经济"两个健康"的发展战略提供了理论支撑。

二、企业创新是企业家精神与企业成长间的重要中介因素

本书在对企业家精神与企业创新间关系以及企业创新和企业成长间关系分析的基础上，探讨技术创新和商业模式创新在企业家精神与企业成长间的中介作用。结果发现，企业家创新精神、风险承担精神和契约精神对技术创新和商业模式创新均有明显的推动作用，而且仅企业家风险承担精神在国企商业模式创新方面表现出明显的优势，企业家精神其他维度对企

---

① 何瑛，于文蕾，杨棉之. CEO复合型职业经历、企业风险承担与企业价值 [J]. 中国工业经济，2019（9）：155-173.

② 黄静，袁方，郭昱琅，等. 企业家社会责任行为方式创新对其形象评价的影响机制研究：对企业家微公益行为的扎根分析 [J]. 科技进步与对策，2016，33（9）：149-155.

业创新的影响并无明显的产权性质差异性。另外，虽然不少学者对技术创新和企业成长间的关系存在怀疑，但是本书支持了技术创新和商业模式创新对企业成长具有直接推动作用的观点，而且这种推动作用在民营企业中表现得更明显。研究结论为企业创新是企业成长动力的重要来源提供了良好的理论和实证解释。企业创新中介作用的研究表明，技术创新和商业模式创新在企业家精神各维度与企业成长间承载着明显的中介作用。其中，在民营企业中，技术创新和商业模式创新的中介作用均较明显；但是在国有企业中，仅商业模式创新的中介作用较为明显。

（1）技术创新是企业家精神与企业成长间关系的重要中介因素。

首先，技术创新在企业家创新精神与企业成长间具有明显的中介作用。这一研究结论表明，企业家创新精神与技术创新有较强的正相关关系。企业家创新精神通过推动技术创新进而推动企业成长。企业家是企业经营的主要决策者，企业家创新偏好会影响企业内部技术创新的支持和技术创新的积极性，并通过技术创新进而形成企业的竞争优势，推动企业成长。其次，技术创新在企业家风险承担精神与企业成长间具有明显的中介作用。风险承担精神不仅体现为企业家的冒险倾向，而且体现为企业家的风险承担能力和对不确定性的容忍度。企业家的这种风险倾向性和风险承担能力通过企业技术创新行为最终传导为企业的经济价值和企业综合实力。最后，技术创新在企业家契约精神与企业成长间具有明显的中介作用。契约精神强的企业家往往以企业长远利益为重，通过技术创新发展企业的核心竞争力，提升企业竞争优势。在当前大力提倡通过技术创新推动经济高质量发展的战略指导下，契约精神强的企业家的责任担当会推动企业通过技术创新实现转型升级，谋企业长远发展之道，为股东、顾客和社会创造更大的价值。该研究结论支持了杨洁珊有关企业家社会责任导向与企业成长间可能存在中介因素的猜想①。

（2）商业模式创新是企业家精神与企业成长间关系的重要中介因素。

首先，商业模式创新在企业家创新精神与企业成长间有明显的中介作用，表明企业家创新精神对企业成长的作用，部分是通过商业模式创新的中介路径。企业家创新精神通过对企业内部业务流程、交易结构和盈利模式等进行变革，为技术创新提供资源和流程保障，并为实现技术创新的商

---

① 杨洁珊. 企业家社会责任导向与企业成长关系研究 [D]. 蚌埠：安徽财经大学, 2011.

业价值提供保障，进而促进企业创新成长。其次，商业模式创新在企业家风险承担精神与企业成长间有明显的中介作用。风险承担精神使企业在识别机会时更加大胆，有助于企业成长机会识别（Baron，2002）。企业一旦感知到新的成长机会，需要一系列的活动对机会进行开发和利用，其中最关键的是如何将机会进行内部消化和整合，实现商业价值，这个过程需要进行相应的商业模式创新，以便更好地利用机会，实现经济产出①。最后，商业模式创新在企业家契约精神与企业成长间有明显的中介作用。契约精神强的企业家通常关注内部员工、外部顾客和合作者的利益诉求，采取共赢的方式经营企业，企业家的这种价值观驱使企业家积极进行业务模式变革，降低成本，提高工作效率，并积极寻找新的盈利方式，为企业创造更高的价值。

三、营商环境是企业家精神发挥作用的重要调节因素

作为企业的主要决策者，企业家精神对企业成长的影响路径势必受到营商环境的影响。营商环境通过"合法性"策略、资源策略和企业家报酬结构等影响企业家决策。营商环境是影响企业家精神发挥的重要因素。研究发现，好的营商环境会加强企业家精神对企业成长的推动作用。由于技术创新和商业模式创新存在较大的差异，优化营商环境会加强商业模式创新在企业家精神与企业成长间的中介作用，但会抑制技术创新在企业家精神与企业成长间的中介作用。

（1）营商环境正向调节企业家精神各维度与企业成长间的关系。好的营商环境下，各市场主体会更加公平地参与市场竞争，政府对市场的干预较少，企业家行为的市场导向性更强。公平的市场竞争激发企业家积极发挥企业家精神，专注于识别不断变化的市场环境中蕴藏的成长机会，并积极进行资源整合，推动企业成长，这一研究结论与现有研究保持一致。谢众和张杰认为，营商环境能调节企业家精神与企业发展间的关系，好的营商环境下，企业家精神对企业发展的推动作用更强②。董志强等也认为，好的营商环境下，企业家从事生产性经营管理的时间分配更长，而用于对

---

① TEECE D, PISANO D, SHUEN A. Dynamic capabilities and strategic management [J]. Strategic manage, 1997, 18：509-533.

② 谢众，张杰. 营商环境、企业家精神与实体企业绩效：基于上市公司数据的经验证据 [J]. 工业技术经济，2019（5）：89-96.

外公关招待的时间更少①。

（2）营商环境负向调节技术创新在企业家精神各维度与企业成长间的中介作用，这种作用机制在企业家精神各维度间存在差异性。好的营商环境会激发企业家创新精神导致过度投资，从而抑制技术创新对企业成长的推动作用，进而抑制技术创新在企业家创新精神与企业成长间的中介作用。好的营商环境会抑制风险承担精神，减少企业的技术创新投入，从而抑制技术创新在企业家风险承担精神与企业成长间的中介作用。营商环境对技术创新在企业家契约精神与企业成长间的中介作用具有一定的负向调节作用。总体而言，营商环境对技术创新的中介作用具有负向调节作用。好的营商环境下，市场竞争更加公平，公平的市场竞争会激发企业家创新精神，导致过度创新，过度创新对于企业成长有负向影响，进而抑制技术创新在企业家创新精神与企业成长间的中介作用。好的营商环境下市场竞争更加激烈，市场不确定性和风险较高，产品和技术更新速度加快，会挤压创新收益，进而抑制风险承担精神，减少企业的技术创新投入，导致企业创新不足，创新不足同样会障碍企业成长，进而抑制技术创新在企业家风险承担精神与企业成长间的中介作用。另外，好的营商环境会带来知识产权保护程度的提高。过高的知识产权保护会给技术模仿带来较大的风险和成本，进而阻碍模仿式创新。我国大多数企业依赖技术引进和模仿创新生存，知识产权保护的加强会抑制企业家精神通过技术创新对企业成长的推动作用。

（3）营商环境正向调节商业模式创新在企业家精神各维度与企业成长间的中介作用。营商环境对企业家精神作用下的商业模式创新所带来的经济效果有正向调节作用，进而正向调节商业模式创新在企业家精神各维度与企业成长间的中介作用。完善的营商环境下，法律法规较为完善，市场化程度较高，政府对企业的直接干预较少，企业家的地位感较高，社会信用水平更高。在此环境下，企业家对企业拥有较高的自主经营权，能够以市场为导向，识别并利用商业机会；企业家精神驱使企业家积极寻找细分市场，开发新渠道，推广产品和服务，寻找新的盈利方式，企业进行新产品和新市场开拓的制度性成本较低，有利于企业商业模式创新；同时，企

① 董志强，魏下海，汤灿晴. 制度软环境与经济发展：基于30个大城市营商环境的经验研究 [J]. 管理世界，2012（4）：9-20.

业家内在成就动机推动企业家通过积极的创新行为构建企业的市场地位和自身的社会地位。

第二节　对策建议

基于前文的研究以及我国企业成长方面存在的主要问题，为了弘扬企业家精神进而推动我国企业健康成长，本书提出以下建议。

一、弘扬企业家精神

1. 企业家应着力于自身修炼，提高创新精神

创新是引领企业转型升级的重要工具，是当前我国企业健康成长的重要路径。新常态下，市场经济发展有赖于创新。企业家是企业创新的重要代理人[①]。创新是企业家精神的核心内容，是展示企业家精神的重要手段。企业家精神对于推动企业创新成长有着举足轻重的影响。企业家精神并非天生的，而是可以通过后天学习，逐渐习得和养成的。德鲁克认为"任何有勇气面对决策的人，都能够通过学习成为一名真正的企业家"[②]，即企业家精神是可以通过后天不断学习逐渐培养和加强的。他提出了创新机会来源的七大途径，以供企业家学习。企业家精神不仅是企业家的行为倾向性，同时也涵盖企业家能力。发扬企业家精神必须提高企业家能力，没有能力识别发展机会和整合资源的冒险家不能被称为企业家。

全球融合化发展导致我国市场环境发生了深刻变化，产生了新技术和新市场。企业家需要积累更多的技能来处理未来不确定性，这些都需要通过学习来完成[③]。企业家学习是企业家感知、获取和使用未知资源的认知和行为过程，是企业家获取和积累知识的重要途径和手段。企业家学习对企业家精神和能力构建影响重大。企业家学习的渠道较多，包括经验学

① SIRMON D G, IRELAND M A H D. Managing firm resources in dynamic environments to create value: looking inside the black box [J]. The academy of management review, 2007, 32 (1): 273-292.

② DRUCKER F. Innovation and entrepreneurship [M]. New York: Harper and Row, 1985.

③ VENKATRAMAN. The pedagogical side of entrepreneurship theory [J]. Journal of business venturing, 1996, 16 (2): 101-117.

习、教育培训和社会关系网络等①。其中实践经验和总结反思是企业家获取知识的主要途径。企业家通过实践经验学习的途径包括企业家协会、顾客反馈、不断试错和发现并解决问题的实践活动②。企业家的判断能力、机会识别能力、资源整合能力和责任担当等需要通过经验学习才能不断积累。企业家在持续的机会识别、身份重构和能力构建的循环过程中，其认知也在不断成长（伊剑峰 等，2017）。另外，教育培训和人际交流也是企业家获取知识的重要渠道。企业家基于经验、教育和社会网络的学习可以不断扩展其知识面。行业协会、地方商会和企业家峰会等是企业家交流经验和提升能力的重要渠道。另外，企业家也可以通过参加展览会、攻读EMBA 学位等方式构建企业家社会关系网络，以获得更多的社会网络资源，扩展其知识获取途径，进而不断提升企业家的产业和行业感知能力。企业家通过学习和实践能够不断提高企业家精神和能力，这种基于能力基础的企业家精神的提升更加有利于企业健康成长。

2. 企业家应敢于承担风险，迎接未来不确定性的挑战

法语对"企业家"的解释是"冒险事业的经营者或组织者"，英语对其的解释是"组织商业冒险并为此承担风险的人"，萨伊认为企业家就是冒险家。由此可见，承担风险对于企业家的重要性。企业家天生就离不开风险和不确定性。市场竞争越激烈，企业成长面临的不确定性也越高。随处可见的外部不确定性决定了企业家必须具备冒险精神，并敢于承担风险。我国正处于经济转型发展时期，企业发展存在着较大的不确定性。这些不确定性不仅有来自国内市场的，而且有来自国际市场的。企业家的生存和发展环境并不宽松，这种不确定性影响企业家信心，使企业家创新思想退化，冒险精神淡薄，责任意识缺失。部分缺乏冒险精神的企业家通过资本外流甚至撤资、抛售、资本恶意"外逃"、移民等消极方式应对不确定性风险。企业家是经济建设的主体，企业家的这种消极应对风险的方式进一步加剧了市场的动荡性。企业家精神是市场经济中最重要的供给要素，风险承担精神是企业家精神的重要特征，较高的环境不确定性更需要企业家发挥风险承担精神，推动企业向前发展。

---

① 张建琦，赵文. 学习途径与企业家能力关系实证研究 [J]. 经济理论与经济管理，2007 (10)：65-69.

② DEAKINS D, FREEL M. Entrepreneurial learning and the growth process in SMEs [J]. The learning organiazation, 1998, 5 (3)：144 -155.

企业家自身具有风险偏好性。优秀企业家对国家发展和企业成长的重要性不言而喻，其中冒险精神是优秀企业家精神的重要内容。企业家决策需要面对诸多未知的风险和挑战，缺乏冒险精神的企业家没有承担风险的担当，同时也会错失获得优厚企业家回报的机会。企业成长需要持续创新，无论是技术创新还是商业模式创新都意味着较大的风险。企业家必须具备冒险精神。德鲁克认为企业家在经济上的冒险行为是企业管理的核心内容①。真正的企业家必须勇于在不确定性环境中与时俱进，把握成长机会，重塑和引领企业发展，实现企业的突破式成长。商业经济中存在很多不确定性，企业家必须时刻保持创新精神和冒险精神才能在激烈的竞争中脱颖而出。任正非一直带领华为不断冒险，不断加大科研投入。正是任正非的创新精神和冒险精神成就了当今的华为。企业创新需要企业家具备追求卓越和敢闯敢试的冒险精神，以及敢为天下先的担当。在国际化大背景下，企业家更应该放眼国际市场，积极参与国际合作，培养应对国际市场不确定性的能力等软实力，与世界对话和接轨，使中国企业在国际化过程中处变不惊，更好地在国际舞台上健康发展。

　　3. 企业家应秉承契约精神，承担企业家的责任担当

　　契约精神是遵守商品交易契约关系及其内在规则的意识和行动，是在自由、平等和守信基础之上的契约履行意愿。契约精神是良好市场秩序和社会秩序的基础。企业家是企业重大决策的主导者和企业经营行为的风险承担者，企业家契约精神决定企业对契约的理解、执行的程度和水平。我国市场经济发展尚不完善，法律法规有待进一步健全。当前经济转型发展时期需要发扬企业家契约精神以引导企业良序发展，需要大力弘扬以契约精神为基础的优秀企业家精神。契约精神是企业持久生存之根本，是现代企业制度的基石，违背契约精神将有损企业和企业家的商业信誉。

　　企业家欠缺契约精神会给企业长期发展埋下严重的隐患，并终将被市场所淘汰。诚信是契约精神的道德底线，是契约关系上升为契约精神的伦理基础。诚信的行为包括诚信履行法律法规、诚信履行合同、诚信经营企业等。作为商品交易的主体，企业家必须在遵守法律法规的前提下严格履行合同。商业合同的履行除了需要法律法规的保障，更需要企业家的契约精神。企业家还需要与各利益相关者损益相济、协同共赢，才能维持企业

---

① DRUCKER F. Innovation and entrepreneurship [M]. New York：Harper and Row，1985.

的持久经营和长远发展，企业家才能在竞争激烈的市场中不断成长。当前企业家的行为与公众对企业家的期望还存在一定的距离。这其中存在一些外部因素，例如法制不够健全、市场不够完善、企业家地位感不高等。面对这些不利的外部因素，企业家不仅不应当选择逃避，还应当以身作则，用行为和努力把产品和服务做好，积极做一些有利于国家和社会发展的事情，树立企业家正面和公正的形象，改善企业家的生存和发展环境。企业家不能因为看到部分商人欠缺契约精神而放弃经商的道德底线和作为企业家的责任担当。受新冠疫情影响，许多企业生存面临资金难、用工难、销售难等挑战。面对诸多问题，企业家应该奋然进取，充分发挥企业家精神，优化企业内部的资源配置，化危为机，提升企业竞争优势，并从疫情发展过程中发现转型升级的新商业机会，形成核心竞争力，靠自己走出困难。企业与顾客、企业家与社会是命运共同体。企业家不仅应该具有积极进取的创新精神和风险承担精神，不断创造商业价值，而且应该具备契约精神，积极承担社会责任担当，发扬兼济天下的精神，以自己的行为诠释社会契约的履行意识，做勇于担当的中国企业家。

二、推动企业创新

企业是推动经济高质量发展的主体。经济高质量发展的过程也是企业通过创新不断增强活力和创造力的过程。推进我国经济高质量发展需要充分调动企业的创新积极性，以创新为发展动力实现跃升式发展。改革开放以来，我国虽然涌现出了已走在世界前列的一批创新型企业，但是总体而言我国企业还处于产业链低端。随着全球化趋势、市场竞争和技术更迭的加速，企业更需要通过创新转变发展方式，逐步向高质量发展方向迈进。

创新是企业在市场中立足和发展的重要出路。创新不仅影响企业绩效，而且决定企业的生存和发展。企业需要通过创新，创造和重塑竞争优势。机会是创新的源泉。然而创新不能坐等机会送上门来，而是需要主动从变化中寻找机会。当前，公司绝大多数的创新源自利用已经发生的和正在发生的变化，并在变化中寻找为实现特定目标的简单且对象明确的创新机会，而非需要新知识和大量研发投入的创新活动。德鲁克认为创新活动之所以具有较高的风险性，是因为"大多数人缺乏方法论"①。创新是有迹

---

① DRUCKER F. Innovation and entrepreneurship [M]. New York：Harper and Row，1985.

可循的，企业应该以有目的的创新为基础，并对其加以系统化管理，提高创新效率。

1. 通过技术创新提高工作满意度和顾客价值

技术创新是企业创造和重塑竞争优势的重要途径。企业需要通过技术创新掌握关键技术，提高核心竞争力。技术创新是企业进行产品创新、工艺创新、服务创新甚至市场创新的基础。技术创新能够创造和改进产品与服务质量，开发新市场，提高品牌知名度。技术创新还能够改进生产工艺，提高生产效率。技术创新按照创新强度可以分为渐进式创新和突破式创新。突破式创新固然能够给企业带来核心技术，形成技术优势，然而企业创新并不都是突破式创新。事实上，企业生产过程中时刻发生着的是生产、工序的工艺上的改善，这些改善虽然不能完全推翻以往的经验实现突破式创新，但是根据以往经验进行的逐渐完善的创新却普遍存在，对生产工艺的不断改良、对产品和服务的不断改善能够逐渐提升企业竞争力。

现代经济学家认为创新就是改变产品和服务，提高客户价值和满意度。因此，发现创新机会的重要渠道应该是客户。企业的客户分为内部客户和外部客户。内部客户是指服务对象是公司内部人员，例如生产线的员工就是生产部门服务的内部客户。外部客户是指服务对象是公司外部人员，例如产品的购买者是企业的外部客户。发现公司内外客户的诉求，对其进行整理和分析是技术创新机会的重要来源。对内部员工工作中存在问题的整理和分析是技术创新的重要来源。企业通过技术创新可以改进生产工艺流程，提高生产效率，降低生产成本。对于公司员工来说，可以通过建立自上而下的沟通机制，以及对内部员工作业流程的观察，发现作业过程中不顺手的地方，还可以采用自下而上的反馈机制，收集内部员工的问题反馈，对这些问题进行分析和评价，并采用技术对其进行改进和完善，满足员工诉求，提高员工满意度。无论是自上而下的沟通机制还是自下而上的反馈机制，都需要在公司创新氛围的推动下进行。没有创新氛围的公司，上级单位将没有主动性去发现问题，下级单位也将没有积极性向上反馈问题所在。创新氛围的构建需要企业家精神的引导。公司需要在企业家精神的引领下，建立自上而下的创新机制，形成创新文化氛围，推动内部员工积极主动地去寻找和发现问题，同时还必须通过创新机制，对创新机会进行分析和评估，对于公司有能力而且能够给公司带来较大效益和工作满意度的问题应积极制定问题改进计划，并积极主动地反馈执行结果，响应员工的诉求。如果员工反馈的问题长久得不到回应甚至无任何反馈，会极大地挫伤员工的积极性。对于生产、工艺、工序和设计等环节的改良也是创新，这些创新活动不一定需要开发新的技术，可能仅仅需要对现有技术稍加完善或者引进成熟技术即可完成。这些创新活动对于所有公司来说简单易行，却能给公司带来较大效益。

对于顾客满意度的调查是开发新产品和服务的重要引导。对于公司的顾客来说，公司可以通过顾客调查，发现现有顾客使用产品过程中存在的问题，以及潜在顾客的消费诉求，也可以结合互联网技术形成顾客问题的在线反馈机制，快速响应顾客需求，并通过技术创新改进产品和服务质量。这不仅需要企业积极展开市场调查，了解现有顾客和潜在顾客的消费需求，而且需要企业建立以"服务为导向"的经营理念，积极响应顾客需求变化，提高顾客服务价值和满意度。由于市场处于变化之中，企业还必须主动关注顾客消费趋势的变化，挖掘顾客新的需求，预测产品革新的方向。这能帮助企业发现新的商业机会，引导企业通过技术创新开发新的产品和服务，抢占市场先机。

并非只有生产类或高科技企业才会进行技术创新，非生产类企业也可以通过引进甚至开发新技术提高产品服务质量。随着互联网技术的快速发展，互联网技术在各行各业得到普及。例如，减少银行柜台的基于越来越多的顾客导致的排队等待问题，就是利用成熟技术对服务水平的改进，且创新成果显而易见。

2. 通过商业模式创新提高企业价值创造能力

商业模式关系到企业的存亡和兴衰。当今企业间的竞争不仅仅是产品间的竞争，还包括商业模式间的竞争。商业模式是企业竞争致胜的关键。商业模式总体而言包括业务模式和盈利模式。其中，业务模式包括内部业务流程，以及顾客价值实现方式和与合作者的关系处理方式等外部业务流程。盈利模式包括成本结构、收入来源及利润创造。创新也不一定都与技术有关①，但是公司的管理创新、制度创新和组织创新等无一不与商业模式有关。技术创新最终都是为了满足顾客需求，然而任何技术的商业化都离不开商业模式。

<hr>

① DRUCKER F. Innovation and entrepreneurship [M]. New York: Harper and Row, 1985.

公司创立之初存在关键资源短缺和流程不完善等问题，并未形成商业模式①。随着企业的成长，公司规模不断扩大，组织结构和业务流程不断完善，公司会逐渐形成自己的商业模式。商业模式并非一成不变，而是需要不断的更迭和优化。商业模式创新是一个系统工程，它涉及战略、研发、运营、人力资源、市场和财务等方方面面。系统的商业模式创新一般而言存在于成熟的大型企业内部。对于一般公司来说，商业模式创新只是经常性的微创新，仅仅是针对某一个点进行的变革，但这种变革同样能给企业带来较大效益。

通过业务模式创新提高工作效率。企业发展壮大的过程中，业务流程越来越复杂。这些业务流程不仅连接公司内部各部门，而且连接顾客、供应商和合作者等。复杂的业务流程不仅会给企业日常工作带来不便，而且会成为企业创新的障碍。企业需要定期对业务流程进行评估，梳理关键流程，并对那些由于公司积习而存在但实际上并不产生任何价值，甚至会降低生产效率的业务流程进行变革，激发企业内部活力。例如，任正非为了华为的长久发展考虑，于2018年发起了华为内部"大换血"运动，辞退一大批老员工，并利用竞争上岗制度吸纳新活力，在企业内部实行绩效末位淘汰制，让华为内部存在较强的危机意识，不允许任何人偷懒，激发员工的工作主动性。这样的决策并不是所有企业家都会采取的，需要超强的企业家魄力和专注于企业发展壮大的企业家担当。缺乏这种魄力和担当的企业家可能会纵容与自己一起打天下的"功臣"，使企业逐渐丧失发展活力甚至导致企业破产。同时，还可以通过引入互联网技术，对于一些各部门甚至各合作单位都需要的信息，实现信息共享，加快信息传递速度，提高商业模式的效率。商业模式效率提升不仅能够提高工作效率，降低公司成本，而且能够为公司带来更多的合作商。

通过新的盈利方式增加企业利润。营销是以达到盈利为主要目的的。盈利模式创新主要通过营销方式创新来实现，企业可以通过转变营销模式，采用更加有效的盈利模式实现价值创造。但是对于大多数企业来说，其盈利模式较为固定，因此如何增加销售量和市场份额则成为企业更加需要思考的现实问题。企业可以通过不断的市场调研，开发新的客户群体，

---

① OSTERWALDER A, PIGNEUR Y. Business model generation [M]. Hoboken, New Jersey：John Wiley & Sons, 2010.

并采用多种渠道相结合的方式推广产品和服务，寻求新的盈利方式。另外，商业模式源于企业的市场定位。随着科技的进步和互联网的推广，某些行业的市场结构正在不断发生变化。企业需要时刻关注市场结构变化，并在新市场中寻找商业机会和新的利润来源。例如，智能手机的普及使得普通老百姓成为网民中的重要构成，互联网不再是懂电脑的人的专属。电商下乡成为热潮，各大物流公司逐渐开拓了乡村物流业务，这片无人问津的电子商务市场也逐渐被开发出来，这种变化同时也改变着电商的市场结构。各大电商平台不得不重新进行公司的市场定位，针对新市场寻找新盈利方式。虽然对于大多数行业来说，市场结构在相当长一段时间内都比较稳定，但是不能排除这种变化的可能性，企业家需要保持较高的警觉性推断出这种变化。

另外，创新存在于企业组织的各个层面。企业家作为高层决策者，其创新决策主要是寻找公司创新的突破口、进行以创新为基础的商业决策以及创新企业组织形式等。这些创新活动往往与企业发展战略相关，更普遍的企业创新活动则是由组织成员完成的。随着营商环境的不断优化，市场竞争越来越激烈。而创新也必须以市场为导向，并专注于在市场中寻找机遇，而非专注于冒险。

三、优化营商环境

1. 构建支持公平竞争的市场环境，激发企业家精神

学者普遍支持市场竞争对企业家精神具有推动作用的观点[1][2][3]。各类经济主体公平公正地参与市场竞争是充分激发企业家精神的前提。民营企业是我国国民经济的重要构成，在我国国民经济发展中占据着举足轻重的地位。经济转型发展时期，国内市场环境发生了较大变化。虽然各级政府采取了一系列优化营商环境、营造公平竞争市场环境的举措，然而民营企业依然处于竞争弱势地位，某些行业和地区甚至呈现"国强民弱"和"国进民退"现象。我国民营企业面临的这种导致生存危机的不确定性，抑制

---

① 程锐，马莉莉. 市场化改革、金融发展与企业家精神 [J]. 北京工商大学学报（社会科学版），2019，34（4）：100-114.

② SCHUMPETER J A. The theory of economic development: an inquiry into profits, capital, credit, interest, and the business cycle [M]. Boston, MA: Harvard University Press, 1934.

③ ARROW K. Economic welfare and the allocation of resources for invention [M]. London: Industrial Economics, 1972.

了民营企业家精神的发挥。故而，在营造公平的市场环境时，更需要给予国企和民企等市场微观主体以公平的对待，保护各类经济体的合法权益，构建公平竞争的市场环境。公平竞争的市场环境不仅有助于进一步激发民营企业的企业家精神，而且有助于将国有企业推向市场，激发国企的企业家精神，进而激发国企发展活力。

优化市场环境需要充分发挥市场资源配置作用。只有公平竞争的市场环境，才能够充分激发企业家精神，使企业家专注于机会识别和资源整合。公平竞争的市场环境需要完善的市场准入制度，全面实施市场准入负面清单制度，使各类经济主体可以依法公平公正地选择进入负面清单以外的任何行业和产业。公平竞争的市场环境还需要政府出台反对地方保护和市场垄断等不正当竞争的政策，依法清理有碍公平竞争的规定和做法，为各类市场主体营造一个权力、规则和机会都均等的市场环境。公平竞争的市场环境能够充分发挥市场的优胜劣汰机制和自我选择效应，保留更多高质量的企业家和企业，不断推动我国企业向高质量发展。营造公平竞争的市场环境还需要调整经济结构，避免国有企业大规模扩张导致的民营企业生存空间被挤压。政府需要监督和引导国有资本投资，使其更好地扮演产业支柱和经济命脉的角色，引导国有资本在基础设施建设、公共服务和国家安全等领域的控制作用，并将有关民生的竞争性行业交给民营资本，引导国有资本与民营资本进行劳动分工与合作，而非与民争利。政府还应当引导国有资本投资，使国有经济和民营经济均衡发展，避免"国强民弱"的失衡局面，并采取措施构建公平和公正的竞争环境，避免行业垄断，从而激发企业家精神，促进企业创新。政府需要对金融系统进行结构性改革，构建支持中小民营企业发展的金融体系，避免中小企业不得已转向非正规融资渠道，影响企业发展壮大。

2. 营造鼓励创新的社会环境，尊重企业家精神

激发企业家精神离不开鼓励创新创业的社会文化氛围。改革开放以来，中国企业家的社会地位得到持续提升。但是历史上的轻商观念以及企业"野蛮生长"等问题，导致中国企业家社会地位普遍不高，进而影响了企业家精神发挥[①]。很多企业创立初期存在非生产性甚至破坏性行为，这些行为虽然为企业积累了原始财富，但是也被冠以"原罪"之名，再加上

---

① 买忆媛，李逸，安然. 企业家行业地位对产品创新的影响 [J]. 管理学报，2016，13（3）：415-424.

社会上存在"仇富"心理等，导致企业家的荣誉感和获得感不足，影响企业家对自身身份和地位的认同感，从而弱化企业家经营企业的恒心和持续创新的意愿①。企业家地位提高能够增强企业家的自信心和乐观心理，从而提高对风险的容忍度，这种积极的心理能够激发企业家的创新积极性。提高企业家社会认可度和荣誉感需要社会和企业家的共同努力。社会方面，可以通过宣传企业家事迹，从社会文化上对成功企业家进行正面褒扬，赢得社会对企业家的尊重。声誉理论认为，声誉能为追求长期利益的人提供隐性激励（Kreps et al.，1982）。美国就曾通过在社会上广泛宣扬企业家故事，树立企业家的正面形象，为企业家赢得社会尊重和认可②。高的社会尊重和认同能为企业家的创新行为提供隐性激励。另外，还需要构建企业家容错机制。做企业就是去冒险，企业家决策往往都是带有冒险性的，失败在所难免，而且越是伟大的事业往往越需要冒特别重大的风险。一时的失败是企业家积累经验和教训的宝贵财富。激发企业家精神需要以宽容的态度对待企业家的失败和挫折，鼓励企业家探索，激发企业家的创新精神。然而社会上一些媒体和群众对企业家的失败落井下石，使企业家雪上加霜，甚至一蹶不振。社会的宽容和大度是企业家成长的土壤。媒体应当正面引导社会舆论方向，承担起应有的媒介责任和社会担当，而非一味抢占头条，增加点击率。政府也应建立健全相应的企业破产程序，创建容忍企业家失败、鼓励创新的制度环境，培育以创新为首要追求的企业家精神。提高企业家声誉和地位还需要政府积极构建"亲""清"新型政商关系，界定政府和市场边界，提高政府服务效率，降低企业制度性交易成本，引导企业家依法经营企业，提高企业家契约精神。在社会文化环境营造的过程中，企业家也有不可推卸的责任。企业家要想获得社会认可和尊重，必须更好地发挥企业家精神，为社会创造更多的价值，以自己的行为树立企业家的正面形象，改变社会对企业家的偏见。华为的任正非正是通过自己的行动赢得了社会尊重。万科创立之初就定下"不行贿"的口号，不仅万科在房地产行业做得风生水起，王石更是赢得人们的称赞。在这样的社会环境下，企业家更应该以契约精神为前提，诚信经营企业，抓住消费升级带来的消费需求变化的机遇，提高产品和服务质量，实现企业转型

---

① 马骏，罗衡军，肖宵. 私营企业家地位感知与企业创新投入 [J]. 南开管理评论，2019，22（2）：142-154.

② 王石. 如何赢得企业家的社会地位? [J]. 企业观察家，2013（10）：82-83.

升级。企业家社会地位的提高并非一朝一夕就能够完成的，需要诸多企业家们的持久努力和共同奋斗。

3. 完善营商法律法规体系，保护企业家精神

创新需要支持"创造性破坏"的制度环境。优化营商环境需要政府通过产权保护法、合同法、公正的法律法规和良好的社会秩序等创建保护公平竞争和支持创新的制度环境，使不同经济主体公平公正地参与经济活动，激发企业家精神。产权保护是市场经济的法制基础。支持创新的制度环境需要从法律上肯定企业家的贡献，严格依法保护企业家合法所得。虽然我国的产权保护意识不断增强，产权保护力度不断加大，但是产权保护制度仍有待完善。不规范性和不公正的司法干预是导致民营企业产权受损、资产被违规冻结扣押等"公权力"侵害"私权利"行为的重要起因。这些现象不仅扰乱了正常的市场秩序，而且影响企业家对未来的预期和企业家精神的发挥，并诱发"资本外逃"、撤资等消极的企业家行为。激发企业家的创新热情需要依法保护企业家的财产和创新成果，构筑牢固的产权保护屏障。激发企业家精神还需要完善制度体系并提高制度执行力，坚持法律法规的持续性和连贯性，形成稳定、透明和可预期的产权保护制度体系，让企业家能够对未来有良好而稳定的心理预期，增强企业家信心，筑牢企业诚信经营的法律底线，激发企业家创造性和企业成长活力，释放企业家精神。激发企业家精神必须充分尊重和保障企业家的经营自主权。经营自主权是企业家精神发挥的前提。政府对企业经营的非正常干预和侵害会导致企业缺乏经营自主权，给企业经营管理带来较大障碍，从而抑制企业家精神的发挥。激发企业家精神需要厘清政府和市场的边界，强化政府的服务和调控职能，建立健全支持公平竞争的权力约束、监督和平衡机制，把"公权力"关进制度的笼子，筑牢权力运行的法治笼子。政府应当正确发挥宏观调控的职能，通过"看得见的手"监督和保障企业的质量安全、生产安全和环境安全，并通过政策引导经济发展方向，但是不应越位直接干预企业内部的经营和管理决策。

结束语

  企业成长问题是一个永恒的研究话题，许多学者对企业家精神与企业成长间的关系进行了丰富研究。现有研究主要从企业能力角度探讨了企业家精神转化为企业成长的内在机制。然而企业家精神转化为企业成长必须通过企业行为才能完成。企业家是企业行为的重要决策者。虽然企业家可以通过企业家决策直接影响企业成长，然而企业成长不仅需要依靠企业家个人，更有赖于企业层面的组织行为，缺乏企业层面的创新行为将难以维持企业家精神对企业成长的持久推动。因此，企业创新对于企业家精神推动企业成长的重要性可见一斑。另外企业家精神具有鲜明的时代特征，我国经济转型发展时期，需要弘扬优秀企业家精神，推动企业健康成长。在推进经济高质量发展和转型升级的新时代，市场呼吁企业家以诚信为基础的契约精神，契约精神应该作为企业家精神的重要内涵纳入研究。基于此，本书从创新精神、风险承担精神和契约精神三个维度探讨企业家精神对企业成长影响的内在机制，揭示企业创新在企业家精神与企业成长间的桥梁作用，以及营商环境的调节作用。

  本书在文献梳理的基础上，首先对企业家精神、企业创新、企业成长三者的关系进行探讨，提出企业创新是企业家精神与企业成长间关系的中介因素，并依据开放系统理论分析营商环境对企业家精神发挥作用的调节效应。其次，本书在理论分析的基础上构建概念模型，并从企业家创新精神、风险承担精神、契约精神三个维度界定企业家精神，从技术创新和商业模式创新两个维度界定企业创新，并提出各变量细分维度间的研究假设，以揭示变量间的内在作用机制。再次，笔者设计各变量测量量表，用问卷调查收集到的 323 个样本对概念模型进行实证研究以检验假设。实证研究结果发现，企业家精神的三个维度对企业创新和企业成长均有积极的推动作用，技术创新和商业模式创新对企业成长有明显的推动作用，而且技术创新和商业模式创新还是企业家精神与企业成长间的重要中介因素。

企业家精神、企业创新和企业成长间的关系具有明显的产权性质差异性，民营企业中契约精神对企业成长的推动作用较国有企业更强，国有企业中风险承担精神对企业成长的推动作用较民营企业更强。营商环境是企业家精神发挥作用的重要调节因素。好的营商环境能够加强企业家精神对企业成长的推动作用。好的营商环境还能加强商业模式创新在企业家精神与企业成长间的中介作用，但是会抑制技术创新在企业家精神与企业成长间的中介作用。最后，本书在理论和实证研究的基础上，从企业家精神、企业创新和营商环境三个层面提出推动企业健康成长的对策建议，为优化营商环境和推动企业创新发展提供指导。本书具有一定的创新性，同时也存在一些不足之处。

一、本研究的创新点

（1）界定企业家精神的内涵和维度，将契约精神纳入企业家精神的研究维度。本书在大量文献分析的基础上，认为企业家精神由价值观念体系和行为倾向构成，其本质是创新，其主要内容构成包括追求创新和卓越、勇于担当和承担风险以及信守契约。基于该定义，本书将企业家精神界定为创新精神、风险承担精神和契约精神三个维度，将契约精神作为企业家精神的重要维度纳入研究框架。从经济契约、社会契约和心理契约等方面对契约精神进行测量，为新时代有关契约精神的研究提供理论和实证支撑。

（2）构建企业家精神、企业创新与企业成长的理论模型，揭示企业创新在企业家精神推动企业成长中所承担的中介作用。现有研究主要从企业能力视角揭示企业家精神影响企业成长的中介路径，鲜有关于企业行为的中介作用的探讨。本书基于创造力组成理论分析个体层面的企业家精神如何转化为企业层面的企业创新行为，并基于创新理论探讨企业创新对企业成长的影响，在此基础上构建企业家精神、企业创新、企业成长间关系的理论模型，揭示企业创新行为在企业家精神与企业成长间关系中所承担的中介作用，从企业行为视角揭开企业家精神与企业成长间的作用机制的"黑箱"。

（3）揭示营商环境对企业家精神发挥作用的调节效应。多数学者从营商环境某一方面探讨其对企业家精神的直接影响，少部分学者探讨了营商环境对企业家精神与企业绩效间关系的调节作用，却鲜有学者探讨营商环境对于企业家精神与企业成长间中介路径的调节效应。另外企业绩效不等于企业成长，有必要从企业成长角度探讨这一作用机制。本书将营商环境纳入企业家精神与企业成长的研究框架，依据制度环境—影响因素—影响路径—经济效果的逻辑框架，探讨营商环境对企业家精神发挥作用的结果和过程的调节效应，丰富企业家精神相关研究的理论基础。

（4）对不同产权性质的企业的作用机理进行对比分析。由于我国特殊的国情，不同产权性质企业的内外环境存在较大不同。企业家精神作为企业创新和企业成长的重要驱动，其发挥作用必然存在产权性质差异性。本书从实证角度对企业家精神、企业创新与企业成长间的关系，以及企业创新的中介机制进行产权性质对比分析，以揭示不同产权性质的企业中企业家精神影响企业成长内在机制的差异性。

二、本研究的不足之处

虽然本研究按照科学严谨的学术研究规范进行论文选题、文献梳理、理论分析、模型构建、数据收集和实证研究，但是由于研究内容的复杂性、研究过程的系统性，以及受到主客观条件和研究方法的限制，本书仍存在如下有待进一步完善的研究问题。

1. 企业家精神测量有待进一步完善

企业家精神概念的模糊性和内涵的丰富性导致企业家精神维度和测量的不一致性。本书的企业家精神量表是在现有研究基础上开发的，可能受到所掌握的文献的限制，导致量表设计存在不完善之处，影响研究结论。

2. 未进行不同行业的对比分析，难以体现行业差异

本书虽然对不同产权性质的企业进行对比分析，但是未区分所属行业。总体而言，任何企业的成长都是在企业家的主导下进行的，任何企业的发展都难以逃脱所处环境的影响，但是不同行业的企业成长路径存在较大差异，所面临的内外部环境和资源条件也明显不同。笼统地将不同行业的企业放在一起研究则屏蔽了行业的特殊影响。未来研究可以进行不同行业的对比分析，以剖析行业特性对企业家精神发挥作用的影响。

3. 本书存在部分尚未得到检验的研究假设，需要进一步检验

营商环境的调节作用尚存在部分未得到实证检验的假设猜想，可能是由样本行业分布和区域分布的随机性与广泛性不足所致，后续研究需要通过调整概念模型、增大调查范围、扩大样本量和追踪调查等方式深入研究，进一步检验营商环境对企业家精神发挥作用的调节机理。

三、后续研究展望

1. 企业家精神转化为企业创新和成长的机制研究

企业家精神研究属于高阶理论范畴的企业家个体特征，企业创新与企业成长属于战略理论范畴的企业层面问题。企业家个体层面的特征向企业层面的企业行为转换，其路径的复杂性远超过本书所定义的理论架构，甚至可能存在链式结构。虽然本书对这种转换机制进行了理论分析，但是未对其进行实证检验。未来研究需要对其内在转换机制进行深入研究，剖析企业家的企业家精神向企业创新转换的内在机制。

2. 企业家精神发挥作用的情境因素探析

企业家精神与企业成长关系的研究是一个涉及高阶理论、创新理论、战略理论等诸多理论的研究课题，该研究课题具有高复杂性和系统性特征，其作用机制受到诸如文化、价值观、管理等众多宏微观因素的影响。受研究条件限制，本书未能对相关因素进行深入探讨。另外，本书虽然从理论上分析了好的营商环境可能会由于加剧市场竞争的激烈程度而影响企业家精神的技术创新行为，但是未对其进行检验。未来研究有必要对这些情境因素的交互作用展开深入探讨，以揭示企业家精神发挥作用的边界条件。

3. 变量各维度间交互作用的影响研究

本书各变量的不同维度间可能具有一定的动态相关性，例如，企业家精神三个维度的交互作用如何影响企业创新，企业创新两个维度的交互作用如何对企业成长产生影响，企业创新两个维度的交互作用是否会对企业家精神与企业成长间的关系产生中介效应，这些作用机制是否会受到情境因素的间接影响，这些都是今后研究需要重点关注和深入研究的课题。

4. 不同层面企业家精神演进逻辑研究

已有关于企业家精神的研究包括个体层面、企业层面、社会层面等。其中企业层面又包括企业家的企业家精神、高管企业家精神、员工企业家精神、公司企业家精神等。本书仅从企业层面研究企业家的企业家精神对企业成长的影响。企业家的企业家精神如何向公司企业家精神和员工企业家精神演进，个体企业家精神如何向社会企业家精神演进，这种演进逻辑有待采用历史分析法、案例分析法等多种方法相结合来进行推理，以完整呈现企业家精神的跨层演化路径，并探讨不同层面企业家精神与企业成长的关系。

参考文献

安锦，汤云鹏，2015. 承接产业转移背景下中小企业技术创新与成长性关系实证研究 [J]. 财经理论研究 (1)：85-92.

鲍莫尔，2010. 企业家精神 [M]. 孙智君，等译. 武汉：武汉大学出版社.

薄文广，周燕愉，陆定坤，2018. 企业家才能、营商环境与企业全要素生产率：基于我国上市公司微观数据的分析 [J]. 商业经济与管理 (11)：1-13.

布罗代尔，1997. 资本主义的动力 [M]. 杨起，译. 北京：生活·读书·新知三联书店.

曹兴，邱伟星，2019. 跨界搜索对企业创新绩效作用的实证研究 [J]. 系统工程，37 (5)：1-11.

曾景伟，2018. 高新技术企业创新投资的融资约束与社会资本管理变革策略 [J]. 改革与战略，34 (1)：125-128.

陈海强，韩乾，吴锴，2015. 融资约束抑制技术效率提升吗：基于制造业微观数据的实证研究 [J]. 金融研究 (10)：148-162.

陈寒松，2011. 家族企业企业家精神的传承与创新研究 [J]. 东岳论丛，32 (4)：173-177.

陈宁，2014. 企业家精神对营销绩效影响实证检验：营销动态能力的中介作用 [J]. 商业时代 (19)：90-91.

陈伟，2011. 转型经济中公司企业家精神与企业绩效的实证研究：环境不确定性的调节作用 [D]. 南京：南京大学.

陈卫东，卫维平，2010. 企业家精神与企业绩效关系的结构方程建模 [J]. 系统工程学报，25 (2)：171-176.

陈晓红，马鸿烈，2012. 中小企业技术创新对成长性影响：科技型企业不同于非科技型企业 [J]. 科学学研究，(11)：1749-1760.

陈晓红，彭子晟，韩文强，2008. 中小企业技术创新与成长性的关系研究 [J]. 科学学研究 (5)：1098-1104.

陈晓莉，2014. 促进"两个健康"与党的统战工作创新 [J]. 中州学刊 (6)：26-30.

陈怡安，赵雪苹，2019. 制度环境与企业家精神：机制、效应及政策研究 [J]. 科研管理，40 (5)：90-100.

陈羽，李小平，白澎，2007. 市场结构如何影响 R&D 投入：基于中国制造业行业面板数据的实证分析 [J]. 南开经济研究 (1)：135-145.

程虹，宋菲菲，2016. 新常态下企业经营绩效的下降：基于企业家精神的解释：来自 2015 年广东制造业企业-员工匹配调查的经验证据 [J]. 武汉大学学报（哲学社会科学版），69 (1)：60-72.

程俊杰，2016. 制度变迁、企业家精神与民营经济发展 [J]. 经济管理，38 (8)：39-54.

程锐，马莉莉，2019. 市场化改革、金融发展与企业家精神 [J]. 北京工商大学学报（社会科学版），34 (4)：100-114.

程松松，董保宝，杨红，等，2019. 组织即兴、资源整合与新创企业绩效 [J]. 南方经济 (3)：54-70.

池仁勇，潘李鹏，2016. 知识产权能力构成、内外影响因素与企业成长：内力驱动，还是外部推进？[J]. 科学学研究，34 (1)：81-88.

丛茂国，2013. 企业成长的判断标准与非常规成长的类型及成因 [J]. 东北大学学报（社会科学版），15 (1)：38-43.

代明，2005. 从打造营商环境看政府投资的乘数效应 [J]. 开发研究 (1)：16-19.

党兴华，魏龙，闫海，2016. 技术创新网络组织惯性对双元创新的影响研究 [J]. 科学学研究，34 (9)：1432-1440.

诺斯，路平，何玮，2002. 新制度经济学及其发展 [J]. 经济社会体制比较 (5)：5-10.

邓宏兵，李俊杰，李家成，2007. 中国省域投资环境竞争力动态分析与评估 [J]. 生产力研究 (16)：77.

刁宇凡，2013. 企业社会责任标准的形成机理研究：基于综合社会契约视阈 [J]. 管理世界，(7)：180-181.

董志强，魏下海，汤灿晴，2012. 制度软环境与经济发展：基于 30 个大城市营商环境的经验研究 [J]. 管理世界 (4)：9-20.

杜慧，2019. 企业家精神对技术创新绩效的影响研究：行业竞争性的调节作用 [D]. 南京：南京师范大学.

费显政，2005. 资源依赖学派之组织与环境关系理论评介 [J]. 武汉大学学报 (哲学社会科学版)，58 (4)：451-455.

冯磊东，顾孟迪，2018. 纵向差异下工艺创新对产品创新的影响 [J]. 管理工程学报，32 (3)：73-81.

弗莱姆兹，1998. 增长的痛苦：通过规范管理战胜企业增长中的危机 [M]. 李剑峰，等译. 北京：中国经济出版社.

高传贵，2018. 企业自主创新内生性驱动因素的影响机制与系统构建研究 [D]. 济南：山东大学.

高良谋，马文甲，2014. 开放式创新：内涵、框架与中国情境 [J]. 管理世界 (6)：157-169.

高鹏斌，吴伟伟，于渤，2017. 基于元分析的管理创新与企业绩效的关系研究 [J]. 软科学，31 (2)：5-8.

高山行，周匀月，舒成利，2015. 企业的每种创新都生而平等吗：创新、企业绩效和竞争者联系的调节作用 [J]. 科学学研究，33 (10)：1564-1572，1583.

高展军，李垣，2004. 市场导向、企业家导向对技术创新的影响研究 [J]. 经济界 (6)：20-22.

格伯，1996. 企业家迷信：多数小企业不成功的原因及对策 [M]. 洪允息，译. 北京：新华出版社.

葛宣冲，2019. 企业家精神与民营企业创新发展的耦合机制研究 [J]. 经济问题 (6)：43-48，54.

顾元媛，沈坤荣，2012. 地方政府行为与企业研发投入：基于中国省际面板数据的实证分析 [J]. 中国工业经济 (10)：77-88.

韩晶晶，王利，2014. 服务创新视角下知识管理对物流企业绩效的影响研究：以镇江市为例 [J]. 科技管理研究，34 (24)：144-150.

何冰，刘钧霆，2018. 非正规部门的竞争、营商环境与企业融资约束：基于世界银行中国企业调查数据的经验研究 [J]. 经济科学 (2)：115-129.

何乔，温菁，2018. 管理创新与技术创新匹配性对企业绩效的影响

［J］. 华东经济管理，32（7）：126-132.

何文剑，苗妙，张红霄，2019. 制度环境、企业家精神配置与企业绩效：来自中国制造业上市公司的经验证据［J］. 山东大学学报（哲学社会科学版）（4）：40-54.

何轩，马骏，李胜文，2017. 报酬结构、税收制度与企业家精神配置［J］. 科研管理，38（2）：44-51.

何轩，马骏，朱丽娜，等，2016. 制度变迁速度如何影响家族企业主的企业家精神配置：基于动态制度基础观的经验性研究［J］. 南开管理评论，19（3）：64-76.

何瑛，于文蕾，杨棉之，2019. CEO复合型职业经历、企业风险承担与企业价值［J］. 中国工业经济（9）：155-173.

胡保亮，疏婷婷，田茂利，2019. 企业社会责任、资源重构与商业模式创新［J］. 管理评论，31（7）：294-304.

胡凯，吴清，胡毓敏，2012. 知识产权保护的技术创新效应：基于技术交易市场视角和省级面板数据的实证研究［J］. 财经研究（8）：15-25.

胡善成，靳来群，2019. 知识产权保护对创新产出的影响与检验［J］. 统计与决策，35（23）：172-176.

黄昌富，李蓉，2015. 创新资源集聚、技术创新成果与企业成长：基于我国上市IT企业面板数据的实证研究［J］. 改革与战略，31（3）：147-155.

黄慧，2018. 跨国公司商业模式创新的影响因素研究［D］. 广州：广东工业大学.

霍晓萍，2019. 创新投入与企业成长：抑制还是促进？［J］. 社会科学家，262（2）：38-45.

纪炀，周二华，李彩云，等，2019. 创业者信息扫描与创新机会识别：直觉和环境动态性的调节作用［J］. 外国经济与管理，41（8）：29-42.

江新峰，张敦力，汪晓飞，2018. 管理者乐观情绪、研发支出与企业成长性［J］. 科学决策（2）：22-39.

蒋春燕，赵曙明，2010. 公司企业家精神制度环境的地区差异：15个国家高新技术产业开发区企业的实证研究［J］. 经济科学（6）：101-114.

蒋为，2015. 环境规制是否影响了中国制造业企业研发创新：基于微观数据的实证研究［J］. 财经研究（2）：76-87.

蒋志敏，2013. 非公有制经济"两个健康"的由来 [J]. 中国统一战线（8）：71.

焦豪，杨季枫，2019. 政治策略、市场策略与企业成长价值：基于世界银行的企业调查数据 [J]. 经济管理，41（2）：5-19.

解维敏，方红星，2011. 金融发展、融资约束与企业研发投放 [J]. 金融研究（5）：171-183.

解维敏，2013. 产权性质与企业家创新精神研究：来自中国上市公司的经验证据 [J]. 管理现代化（1）：101-104.

雷倩华，罗党论，王珏，2014. 环保监管、政治关联与企业价值：基于中国上市公司的经验证据 [J]. 山西财经大学学报，36（9）：81-91.

李柏洲，曾经纬，2019. 知识惯性对企业双元创新的影响 [J]. 科学学研究，37（4）：750-759.

李海海，杨柳，2019. 知识属性、网络结构与装备制造企业集成创新：基于结构方程模型的研究 [J]. 科技管理研究，39（8）：172-177.

李后建，2013. 市场化、腐败与企业家精神 [J]. 经济科学（1）：99-111.

李建桥，2006. 企业家精神与企业核心竞争力提升 [J]. 商业时代（9）：83-86.

李尽法，魏静静，姜红丙，2019. 微观视角下组合创新方法研究：对知识重用创新模型的改进 [J]. 科技进步与对策（12）：1-9.

李娟，马丽莎，2020. 营商环境对企业家精神的影响研究 [J]. 商业经济（2）：105-107.

李林木，汪冲，2017. 税费负担、创新能力与企业升级：来自"新三板"挂牌公司的经验证据 [J]. 经济研究，52（11）：119-134.

李璐君，2018. 契约精神与司法文明 [J]. 法学论坛，33（6）：64-72.

李梦雅，严太华，2019. 风险投资、引致研发投入与企业创新产出：地区制度环境的调节作用 [J]. 研究与发展管理，31（6）：61-69.

李倩，邹国庆，郭杰，2019. 转型经济下的公司企业家精神与企业绩效：制度环境与技术型高管的调节作用 [J]. 山东社会科学（5）：143-148.

李世奇，朱平芳，2019. 研发补贴对企业创新产出的影响研究 [J].

中国科技论坛（8）：18-26.

李巍，丁超，2016. 企业家精神、商业模式创新与经营绩效 [J]. 中国科技论坛（7）：124-129.

李巍，许晖，2013. 管理者特质与民营企业出口绩效 [J]. 管理科学（2）：40-50.

李维安，邱艾超，阎大颖，2010. 企业政治关系研究脉络梳理与未来展望 [J]. 外国经济与管理，32（5）：48-55.

李伟，聂鸣，李顺才，2010. 企业家精神对外部知识能力及网络能力的作用 [J]. 科学学研究，28（5）：763-768.

李先耀，2013. 企业家特异资源、代际传承和家族企业成长关系研究 [J]. 对外经贸（8）：108-110.

李新春，苏琦，董文卓，2006. 公司治理与企业家精神 [J]. 经济研究（2）：57-68.

李瑜青，1999. 当代契约精神与法律意识 [J]. 学术月刊（2）：13-16，30.

李宇，张雁鸣，2013. 大企业情境下企业家精神驱动的创新成长导向研究：以苹果公司为例 [J]. 科学学与科学技术管理，34（1）：154-163.

李子彪，孙可远，赵菁菁，2017. 研发创新、非研发创新对创新绩效影响的差异化：基于高新技术企业的实证研究 [J]. 技术经济，36（11）：7-15.

林木西，张紫薇，和军，2018. 研发支持政策、制度环境与企业研发投入 [J]. 上海经济研究（9）：35-48，71.

刘畅，2019. 创新生态系统视角下企业家精神对创新绩效的影响关系研究 [D]. 长春：吉林大学.

刘凤侠，2019. 企业家精神、创新激励与企业创新绩效 [J]. 财会通讯（36）：55-58.

刘锦，王学军，2014. 寻租、腐败与企业研发投入：来自30省12 367家企业的实证研究 [J]. 科学学研究，32（10）：1509-1517.

刘鹏程，李磊，王小洁，2013. 企业家精神的性别差异：基于创业动机视角的研究 [J]. 管理世界（8）：126-135.

刘思明，侯鹏，赵彦云，2015. 知识产权保护与中国工业创新能力：来自省级大中型工业企业面板数据的实证研究 [J]. 数量经济技术经济研究（3）：40-57.

刘鑫，蒋春燕，2016. 网络构建导向的人力资源实践对企业家精神行为的影响：吸收能力的与不正当竞争视角 [J]. 科学学与科学技术管理，37（10）：107-118.

龙海军，2017. 制度环境对企业家精神配置的影响：金融市场的调节作用 [J]. 科技进步与对策，34（7）：94-99.

卢现祥，2017. 转变制度供给方式，降低制度性交易成本 [J]. 学术界（10）：36-49.

鲁传一，李子奈，2000. 企业家精神与经济增长理论 [J]. 清华大学学报（哲学社会科学版）（3）：42-49.

鲁喜凤，郭海，2018. 机会创新性、资源整合与新企业绩效关系 [J]. 经济管理（10）：44-57.

罗兴武，杨俊，项国鹏，等，2019. 商业模式创新双重属性如何作用创业企业成长：裸心的案例研究 [J]. 管理评论，31（7）：133-148.

吕相伟，2018. 政策不确定性与企业家活动配置 [J]. 经济管理，40（3）：22-39.

马爱华，2002. 香港的营商环境及对天津开发区的启示 [J]. 天津经济，102（11）：18-23.

马骏，罗衡军，肖宵，2019. 私营企业家地位感知与企业创新投入 [J]. 南开管理评论，22（2）：142-154.

马璐，胡江娴，2005. 企业成长性分析与评价 [J]. 商业研究（7）：49-52.

马卫东，游玲杰，胡长深，2012. 企业家精神、开拓能力与组织绩效：基于苏北地区企业的实证分析 [J]. 企业经济，31（8）：37-41.

买忆媛，李逸，安然，2016. 企业家行业地位对产品创新的影响 [J]. 管理学报，13（3）：415-424.

毛良虎，王磊磊，房磊，2016. 企业家精神对企业绩效影响的实证研究：基于组织学习、组织创新的中介效应 [J]. 华东经济管理，30（5）：148-152.

毛强，2017-12-29. 制度性交易成本 [N]. 学习时报（2）.

裴旭东，黄丰舟，李随成，2018. 资源识取与新创企业成长的动态匹配机制研究 [J]. 科研管理，39（8）：169-176.

齐昕, 刘家树, 2015. 组织协作、企业创新与自主品牌成长 [J]. 预测 (5)：8-14.

齐秀辉, 王毅丰, 孙政凌, 2020. 双元创新、企业家冒险倾向与企业绩效研究 [J]. 科技进步与对策 (1)：1-7.

乔明哲, 吴为民, 徐士伟, 等, 2019. 股权集中、R&D 强度与创业企业成长：来自深圳创业板的证据 [J]. 北京理工大学学报（社会科学版）, 21 (6)：80-89.

饶扬德, 梅洪常, 王学军, 2008. 创新协同驱动型企业成长模式分析 [J], 中国科技论坛 (7)：64-68.

邵传林, 2015. 制度环境、产权性质与企业家创新精神：来自中国工业企业的经验证据 [J]. 证券市场导报 (3)：20-25, 38.

圣吉, 1998. 第五项修炼：学习型组织的艺术与实务 [M]. 2 版. 郭进隆, 译. 上海：上海三联书店.

宋克勤, 2001. 国外企业家理论 [J]. 首都经济贸易大学学报 (4)：65-69.

苏玉珠, 张朋丽, 2019. 创新投入与企业价值的关系研究：基于中国医药制造业上市公司的实证检验 [J]. 西安财经学院学报, 32 (4)：60-67.

孙慧琳, 张蓉, 崔凯, 2015. 企业家创新精神与企业财务绩效关系的实证研究 [J]. 华东经济管理, 29 (2)：179-184.

孙丽华, 2017. 科技型中小企业家能力及其对企业成长的影响研究 [D]. 山东大学.

孙早, 刘庆岩, 2006. 市场环境、企业家能力与企业的绩效表现：转型期中国民营企业绩效表现影响因素的实证研究 [J]. 南开经济研究 (2)：92-104.

田鹤楠, 2018. 资源禀赋、企业家精神与高新技术企业的实物期权 [J]. 经济问题 (2)：76-79, 90.

田伟, 2007. 考虑地方政府因素的企业决策模型：基于企业微观视角的中国宏观经济现象解读 [J]. 管理世界 (5)：16-23.

王德才, 赵曙明, 2013. 任务导向战略领导行为与公司企业家精神：创业制度环境的调节效应 [J]. 财贸研究, 24 (5)：131-138.

王凤彬, 杨阳, 2010. 我国企业 FDI 路径选择与"差异化的同时并进"

模式 [J]. 中国工业经济（2）：120-129.

王海兵，杨蕙馨，2016. 创新驱动与现代产业发展体系：基于我国省际面板数据的实证分析 [J]. 经济学（季刊）（7）：1352-1386.

王华，2011. 更严厉的知识产权保护制度有利于技术创新吗？[J]. 经济研究（S2）：124-135.

王坤，荣兆梓，2005. 小企业向大公司演化的机理：一种新企业家精神视角 [J]. 华东经济管理（10）：52-56.

王立宏，2014. 企业契约性质理论的问题研究 [J]. 社会科学辑刊（6）：134-138.

王林生，1989. 企业家精神与中国经济 [J]. 管理世界（4）：147-151.

王钦，张雀，2018. 中国工业企业技术创新40年：制度环境与企业行为的共同演进 [J]. 经济管理，40（11）：5-20.

王石，2013. 如何赢得企业家的社会地位？[J]. 企业观察家（10）：82-83.

王喜刚，2016. 组织创新、技术创新能力对企业绩效的影响研究 [J]. 科研管理，37（2）：107-115.

王小鲁，樊纲，朱恒鹏，2017. 中国分省份市场化指数报告（2016）[M]. 北京：社会科学文献出版社.

王效俐，马利君，2019. 政府管制对企业家精神的影响研究：基于30个省份的面板数据 [J]. 同济大学学报（社会科学版），30（2）：107-117.

王永进，冯笑，2018. 行政审批制度改革与企业创新 [J]. 中国工业经济（2）：24-42.

魏下海，董志强，张永璟，2015. 营商制度环境为何如此重要：来自民营企业家"内治外攘"的经验证据 [J]. 经济科学（2）：105-116.

吴晓松，2013. 国家创新体系与企业创新研究 [M]. 北京：社会科学文献出版社.

伍刚，2012. 企业家创新精神与企业成长 [D]. 武汉：华中科技大学.

武晓芬，梁安琪，李飞，等，2018. 制度信用环境、融资约束和企业创新 [J]. 经济问题探索（12）：70-80.

武志勇，王则仁，马永红，2020. 研发投入、国际化程度与制造业企业价值的门槛效应分析 [J]. 科技进步与对策（1）：1-8.

夏清华，何丹，2019. 企业成长不同阶段动态能力的演变机理：基于腾讯的纵向案例分析 [J]. 管理案例研究与评论，12（5）：464-476.

夏清华，黄剑，2019. 市场竞争、政府资源配置方式与企业创新投入：中国高新技术企业的证据 [J]. 经济管理，41（8）：5-20.

肖建忠，易杏花，SMALLBONE D，2005. 企业家精神与绩效：制度研究视角 [J]. 科研管理（6）：44-50，57.

肖良存，2015. 结构、空间与文化："两个健康"的政治学考察 [J]. 上海市社会主义学院学报（2）：51-58.

谢雪燕，常倩倩，2017. 企业家精神与高新技术企业绩效：基于新三板信息技术企业 [J]. 财会月刊（30）：51-58.

谢雪燕，郭媛媛，朱晓阳，等，2018. 融资约束、企业家精神与企业绩效关系的实证分析 [J]. 统计与决策，34（20）：180-184.

谢彦明，汪戎，纳鹏杰，2016. 战略创新、市场创新、技术创新与企业绩效互动关系研究：以海尔为例 [J]. 科技与经济，29（1）：21-26.

谢众，张杰，2019. 营商环境、企业家精神与实体企业绩效：基于上市公司数据的经验证据 [J]. 工业技术经济（5）：89-96.

辛杰，兰鹏璐，李波，2017. 企业家文化价值观的双元影响效应研究：以企业家精神为中介 [J]. 中央财经大学学报（4）：72-80.

熊彼特，1999. 经济发展理论 [M]. 牛张力，译. 北京：机械工业出版社.

徐静，赵静，吴慈生，2016. 企业家文化资本与企业家精神 [J]. 管理世界（3）：180-181.

徐维爽，张庭发，宋永鹏，2012. 创业板上市公司成长性及技术创新贡献分析 [J]. 现代财经（天津财经大学学报）（1）：63-68.

许秀梅，李敬锁，温琳，2019. 技术董事、技术资源配置与企业成长：来自上市公司的经验数据 [J]. 科技进步与对策，36（20）：94-102.

严玲，王美京，宁延，2019. 建设工程合同清晰度、承包人履约行为与项目绩效：一个中介传导模型的实证分析 [J]. 工业工程与管理（4）：1-10.

严玲，王智秀，邓娇娇，2018. 建设项目承包人履约行为的结构维度与测量研究：基于契约参照点理论 [J]. 土木工程学报，51（8）：105-

117.

严若森，姜潇，2019. 关于制度环境、政治关联、融资约束与企业研发投入的多重关系模型与实证研究［J］. 管理学报，16（1）：72-84.

杨东，李垣，2008. 公司企业家精神、战略联盟对创新的影响研究［J］. 科学学研究，26（5）：1114-1118.

杨杜，1995. 企业成长论［M］. 北京：中国人民大学出版社.

杨菲，2018. 企业知识积累与企业创新关系研究［D］. 西安：西北大学.

杨洁珊，2011. 企业家社会责任导向与企业成长关系研究［D］. 蚌埠：安徽财经大学.

杨进，张攀，2018. 地区法治环境与企业绩效：基于中国营商环境调查数据的实证研究［J］. 山西财经大学学报，49（9）：1-17.

杨利军，2016. 企业家契约精神的历史脉络及维度［J］. 河南科技大学学报（社会科学版），34（3）：84-88.

叶作义，吴文彬，2018. 企业研发投入的驱动因素分析：基于中国上市公司企业家精神角度［J］. 上海对外经贸大学学报，25（2）：40-51，86.

余传鹏，张振刚，林春培，2019. 基于技术接受模型的企业管理创新过程机制研究［J］. 科研管理，40（8）：206-214.

俞仁智，何洁芳，刘志迎，2015. 基于组织层面的公司企业家精神与新产品创新绩效：环境不确定性的调节效应［J］. 管理评论，27（9）：85-94.

袁晓玲，李政大，白天元，2012. 基于市场环境调节的企业家精神与EVA绩效研究［J］. 西安交通大学学报（社会科学版），32（3）：36-42.

张爱丽，张瑛，2018. 特质性调节定向、感知机会创新性与创业意图［J］. 科学学研究（12）：2233-2241.

张保仓，2020. 虚拟组织网络规模、网络结构对合作创新绩效的作用机制：知识资源获取的中介效应［J］. 科技进步与对策（1）：1-10.

张保柱，黄辉，2009. 考虑政府干预的企业R&D行为研究［J］. 财经论丛（3）：9-14.

张峰，刘曦苑，武立东，等，2019. 产品创新还是服务转型：经济政策不确定性与制造业创新选择［J］. 中国工业经济（7）：101-118.

张峰，邱玮，2013. 探索式和开发式市场创新的作用机理及其平衡 [J]. 管理科学，26（1）：1-13.

张建琦，赵文，2007. 学习途径与企业家能力关系实证研究 [J]. 经济理论与经济管理（10）：65-69.

张龙鹏，蒋为，周立群，2016. 行政审批对创业的影响研究：基于企业家才能的视角 [J]. 中国工业经济（4）：57-74.

张睿，张勋，戴若尘，2018. 基础设施与企业生产率：市场扩张与外资竞争的视角 [J]. 管理世界，34（1）：88-102.

张栓兴，方小军，李京，2017. 创业板上市公司研发投入对成长性的影响研究：基于股权结构的调节作用 [J]. 科技管理研究，37（8）：143-149.

张影，2019. 跨界创新联盟资源整合机制研究 [D]. 哈尔滨：哈尔滨理工大学.

张玉利，2004. 创业与企业家精神：管理者的思维模式和行为准则 [J]. 南开学报（1）：12-15.

张振刚，姚聪，余传鹏，2018. 管理创新实施对中小企业成长的"双刃剑"作用 [J]. 科学学研究，36（7）：1325-1333.

张志强，张玺，上官单彬，2019. 企业全面质量管理与技术创新的过程耦合性研究：基于北京市 210 家企业调查数据的分析 [J]. 中国科技论坛（9）：146-152，181.

赵薇，德登，2010. 企业家创新精神原动力研究 [J]. 山东社会科学（7）：91-96.

赵喜仓，吴军香，2013. 中小板上市公司 R&D 投入与企业绩效关系的比较研究 [J]. 科技管理研究，33（12）：104-108.

赵忠伟，2019. 组织柔性对中小型高科技企业成长影响研究 [J]. 科研管理，40（7）：247-256.

郑丽，陈志军，2017. 集团内部嵌入形式对子公司技术创新的影响：基于地区制度环境差异的分析 [J]. 经济管理，39（3）：76-89.

周其仁，2013. 竞争与繁荣 [M]. 北京：中信出版社.

周瑞芳，2008. 改造营商环境 促进企业发展：基于中小企业生存与发展危机的分析 [J]. 中国集体经济（1）：59-60.

朱慧明，王向爱，贾相华，2019. 社会责任和研发投入对企业绩效影

响的分位关系研究 [J]. 湖南大学学报（社会科学版），33（5）：47-55.

朱卫平，伦蕊，2004. 高新技术企业科技投入与绩效相关性的实证分析 [J]. 科技管理研究（5）：7-9.

朱晓红，陈寒松，张腾，2019. 知识经济背景下平台型企业构建过程中的迭代创新模式：基于动态能力视角的双案例研究 [J]. 管理世界，35（3）：142-156，207-208.

朱艳华，许敏，2013. 中小板上市公司 R&D 投入对绩效影响的实证研究 [J]. 科技管理研究，33（13）：164-167.

庄聪生，2012. 坚持"两个健康"工作主题团结凝聚发展力量 [J]. 中国统一战线（11）：11-13.

祝远娟，2013. 试论非公有制经济领域"两个健康"工作的辩证关系 [J]. 广西社会主义学院学报，24（3）：21-24.

诸芳，2017. 激发企业家精神促进非公有制经济两个健康发展 [J]. 四川省社会主义学院学报（3）：47-50，64.

AGHION P, HARRIS C, HOWITT P, et al., 2001. Competition, imitation and growth with step-by-step innovation [J]. Review of economic studies, 68（3）：467-92.

AL-DEBEI M M, AVISON D, 2010. Developing a unified framework of the business model concept [J]. European journal of information systems, 19（3）：359-376.

ALLRED B, PARK W, 2007. Patent rights innovative activity: evidence from national and firm-level data [J]. Journal of international business studies, 38（6）：878-900.

AMABILE T M, 1996. Creativity in context: update to the social psychology of creativity [M]. Ohio State: Westview.

AMIT R, ZOTT C, 2001. Value creation in e-business [J]. Strategic management journal, 22（6/7）：493-520.

ANTUNES A, CAVALCANTI T, VILLAMIL A, 2008. The effect of financial repression and enforcement on entrepreneurship and economic development [J]. Journal of monetary economics, 55（2）：278-297.

ARROW K, 1972. Economic welfare and the allocation of resources for invention [M]. London: Industrial Economics.

ASAFTEI G, KUMBHAKAR S C, MANTESCU D, 2008. Ownership, business environment and productivity change [J]. Journal of comparative economics, 36: 498-509.

BAPTISTA R, KARAOZ M, 2011. Turbu lencein growing and declining industries [J]. Small business economics (1): 249-270.

BARNEY J, 1991. Firm resources and sustained competitive advantage [J]. Journal of management, 17: 99-120.

BARRO R, SALA I X, 2004. Economic growth [M]. Cambridge: MIT Press.

BAUMOL W, 1990. Entrepreneurship: productive, unproductive, and destructive [J]. Journal of political economy, 98 (5): 893-921.

BERKOWITZ D, DEJONG D N, 2005. Entrepreneurship and postsocialist growth [J]. Oxford bulletin of economics and statistics, 67 (1): 25-46.

BIAIS B, GOLLIER C, 1997. Trade credit and credit rationing [J]. Review of financial studies, 10 (4): 903-937.

BIERWERTH M, SCHWENS C, ISIDOR R, et al., 2015. Corporate entrepreneurship and performance: a meta-analysis [J]. Small business economics, 45 (2): 255-278.

BLONIGEN B A, 2005. A review of the empirical literature on FDI determinants [J]. Atlantic economic journal, 33 (4): 383-403.

BLUNDELL R, GRIFFITH R, VAN REENEN J, 1999. Market share, market value and innovation in a panel of British manufacturing firms [J]. Review of economic studies (66): 529-554.

BOLTON D L, LANE M D, 2012. Individual entrepreneurial orientation: development of a measurement instrument [J]. Education&training, 54 (2): 219-233.

BOTTAZZI G, DOSI G, LIPPI M, et al., 2001. Innovation and corporate growth in the evolution of the drug industry [J]. International journal of industrial organization, 19 (7): 1161-1187.

BOZEMAN B, LINK A N, 1983. Investments in technology: corporate strategies and public policy alternatives [M]. New York: Praeger.

BRANSTETTER L, FISMAN R, FOLEY C, 2006. Do stronger intellectual property right increase international technology transfer? Empirical evidence from US firm-level panel data [J]. Quarterly journal of economics, 121 (1): 321 -349.

BUSENITZ L W, GOMEZ C, SPENCER J W, 2000. Country institutional profiles: unlocking entrepreneurial phenomena [J]. Academy of management journal (43): 994-1003.

CAMISON C, VILLAR-LOPEZ A, 2014. Organizational innovation as an enabler of technological innovation capabilities and firm performance [J]. Journal of business research, 67 (1): 2891-2902.

CARBONI O A, 2011. R&D subsidies and private R&D expenditures: evidence from Italian manufacturing data [J]. International review of applied economics (4): 419-439.

CASADESUS-MASANELL R, ZHU F, 2013. Business model innovation and competitive imitation: the case of sponsor-based business models [J]. Strategic management journal, 34 (4): 464-482.

CHEMIN M, 2009. The impact of the judiciary on entrepreneurship: evaluation of Pakistan's access [J]. Journal of public economics, 93: 114-125.

CHEN Y M, PUTTITANUN T, 2005. Intellectual property rights and innovation in developing countries [J]. Journal of development economics, 78 (2): 474- 493.

CHESBROUGH H, ROSENBLOOM R S, 2002. The role of the business model in capturing value from innovation: evidence from Xerox Corporation's technology spin-off companies [J]. Industrial and corporate change, 11 (3): 529-555.

CHRISTENSEN C M, 1997. The innovator's dilemma: when new technologies cause great firms to fail [M]. Boston: Harvard Business School Press.

CLAESSENS G, LAEVEN L, 2003. Financial development, property rights, and growth [J]. Journal of finance, 58 (6): 2401-2435.

CORNER P D, KINICKI A J, KEATS B W, 1994. Integrating organizational and individual information processing perspectives on choice [J]. Organization science, 5 (3): 294-308.

COSSE R H, 1988. The firm, the market and the law [M]. Chicago: University of Chicago Press.

COVIN J G, SLEVIN D P, 1989. Strategic management of small firms in hostile and benign environments [J]. Strategic management journal, 10 (1): 75 -87.

COVIN J G, SLEVIN D P, 1991. A conceptual model of entrepreneurship as firm behavior [J]. Entrepreneurship theory and practice, 16 (1): 7-26.

DAMAN P F, 2014. Footnotes to research on management innovation [J]. Organization studies, 35 (9): 1265-1285.

DEAKINS D, FREEL M, 1998. Entrepreneurial learning and the growth process in SMEs [J]. The learning organiazation, 5 (3): 144 -155.

DIMAGGIO P J, POWELL W W, 1983. The iron cage revisited: institutional isomorphism and collective rationality in organizational fields [J]. American sociological review, 48 (2): 147-160.

DJANKOV S, QIAN Y, ROLAND G, et al., 2006. Who are China's entrepreneurs? [J]. Cepr discussion papers, 96 (2): 348-352.

DONG Z, WEI X, ZHANG Y, 2016. The allocation of entrepreneurial efforts in a rent-seeking society: evidence from China [J]. Journal of comparative economics, 44 (2): 353-371.

DRUCKER F, 1985. Innovation and entrepreneurship [M]. New York: Harper and Row.

DUNFORD R, PALMER I, BENVENISTE J, 2010. Business model replication for? Early and rapid internationalisation: the ING direct experience [J]. Long range planning, 43 (5/6): 600-674.

ESCALERAS M, CHIANG E P, 2017. Fiscal decentralization and institutional quality on the business environment [J]. Economics letters, 159: 161-163.

FOGEL K, HAWK A, MORCK R, et al., 2006. Institutional obstacles to entrepreneurship [M]. Oxford: Oxford University Press.

FORES B, CAMISON C, 2016. Does incremental and radical innovation performance depend on different types of knowledge accumulation capabilities and organizational size? [J]. Journal of business research, 69 (2): 831-848.

FREYTAG A, THURIK R, 2007. Entrepreneurship and its determinants in a cross-country setting [J]. Journal of evolutionary economics, 17 (2): 117-131.

GAGLIO C M, KATZ J A, 2001. The psychological basis of opportunity identification: entrepreneurial alertness [J]. Small business economics, 16 (2): 95-111.

GARELLO, 2014. Tax structure and entrepreneurship [J]. Small business economics (42): 165-190.

GEELS F W, 2010. Ontologies, socio-technical transitions (to sustainability), and the multi-level perspective [J]. Research policy, 39 (4): 495-510.

GONZALEZ X, PAZO C, 2008. Do public subsidies stimulate private R&D spending? [J]. Research policy (3): 371-389.

GRANT R M, 1991. The resource-based theory of competitive advantage: implications for strategy formulation [J]. California management review, 33 (4): 114-135.

GROSSMAN G M, HELPMAN E, 1991. Endogenous product cycles [J]. Economic journal (4): 1214-1229.

GUAN H, ZHANG Z, ZHAO A, et al., 2019. Research on innovation behavior and performance of new generation entrepreneur based on grounded theory [J]. Sustainability, 11 (10): 1-19.

GUPTA A K, GOVINDARAJAN V, 1984. Business unit strategy, managerial characteristics, and business unit effectiveness at strategy implementation [J]. The academy of management journal, 27 (1): 25-41.

HABER S, REICHEL A, 2005. Identifying performance measures of small ventures: the case of the tourism industry [J]. Journal of small business management, 43 (3): 257-286.

HA - BROOKSHIRE, JUNG E, 2009. Does the firm size matter on firm entrepreneurship and performance? [J]. Journal of small business and enterprise development, 16 (1): 132-146.

HAMELT, 2007. The future of management [J]. Human resource management international diges, 16 (6): 1-6.

HANSEN M T, BIRKINSHAW J, 2007. The innovation value chain [J]. Harvard business review, 85 (6): 121-130.

HART O, MOORE J, 1990. Property rights and the nature of the firm [J]. Journal of political economy (98): 1119-1158.

HE Z L, WONG P K, 2004. Exploration vs exploitation: an empirical test of the ambidexterity hypothesis [J]. Organization science, 15 (4) : 481-494.

HERMUNINGSIH S, 2018. Effect of financial performance on company growth with company size as moderating variable [J]. International conference on life, innovation, change, and knowledge (203): 211-215.

HUANG K W, HUANG J H, TZENG G H, 2016. New hybrid multiple attribute decision-making model for improving competence sets: enhancing a company's core competitiveness [J]. Sustainability, 8: 175.

JAMES S D, LEIBLEIN M J, LU S, 2013. How firms capture value from their innovationsl [J]. Journal of management, 39 (5): 1123-1155.

KAMIEN M I, SCHWARTZ N L, 1982. Market structure and innovation [M]. Cambridge: Cambridge University Press.

KIM Y, LEE K, PARK W, et al., 2012. Appropriate intellectual property protection and economic growth in countries at different levels of development [J]. Research policy, 41 (5) : 358-375.

KIRZNER I M, 1973. Competition and entrepreneurship [M]. Chicago and London: The University of Chicago Press.

KLAPPER L, DELGADO J M Q, 2009. The impact of the business environment on the business creation process [Z]. Policy Research Working Paper Series.

KNIGHT F, 1921. Risk, uncertainty and profit [J]. Social science electronic publishing (4): 682-690.

LAURSEN K, SALTER A, 2006. Open for innovation: the role of openness in explaining innovation performance among UK manufacturing firms [J]. Strategic management journal, 27 (2): 131-150.

LEE C Y, 2009. Competition favors the prepared firm: firms' R&D responses to competitive market pressure [J]. Research policy, 38 (5): 861-870.

LEVIN R C, COHEN W M, MOWERY D C, 1985. R&D appropriability, opportunity, and market structure: sotheses [J]. American economic review proceedings (75): 25-64.

LEVINE R, RUBINSTEIN Y, 2013. Smart and illicit: who becomes an entrepreneur and does it pay? [Z]. CEP discussion: 1237.

LEVINE R, 2002. Bank-based or market-based financial systems: which is better? [C]. Cambridge: NBER.

LIM D S K, MORSE E A, MITCHELL R K, et al., 2010. Institutional environment and entrepreneurial cognitions: a comparative business systems perspective [J]. Entrepreneurship theory&practice, 34 (3): 491-516.

LIN C, LIN P, SONG F, 2010. Property rights protection and corportate R&D: evidence from China [J]. Journal of development economics, 93 (1): 49-62.

LINDER T, CANTRELL S, 2000. Chancing business models: surveying the landscaped [R]. [S. l.]: Accenture Institute for Strategic Change.

LOW M B, MACMILLAN I C, 1988. Entrepreneurship: past research and future challenges [J]. Journal of management, 14 (2): 139-161.

LUMPKIN G T, DESS G G, 1996. Clarifying the entrepreneurial orientation construct and linking it to performance [J]. Academy of management review, 21 (1): 135-172.

LUMPKIN G T, DESS G G, 1996. Enriching the entrepreneurial orientation construct: a reply to "Entrepreneurial orientation or pioneer advantage" [J]. Academy of management review, 21 (3): 605-607.

LUMPKIN G T, DESS G G, 2004. Linking two dimensions of entrepreneurial orientation to firm performance: the moderating role of environment and industry life cycle [J]. Journal of business venturing, 16 (5): 429-451.

LUSCH R F, NAMBISAN S, 2015. Service innovation: a service-dominant logic perspective [J]. MIS quarterly, 39 (1): 155-175.

MAGRETTA J, 2002. Why business models matter [J]. Harv bus. rev., 80 (5): 86-92.

MARCELIN I, MATHUR I, 2015. Privatization, financial development, property rights and growth [J]. Journal of banking and finance, 50 (6): 528 -546.

MARKIDES C, 2005. Disruptive innovation: in need of better theory [J].

Journal of product innovation management, 23 (1): 19-25.

MARTINS L L, RINDOVA V P, GREENBAUM B E, 2015. Unlocking the hidden value of concepts: a cognitive approach to business model innovation [J]. Strategic entrepreneurship journal, 9 (1): 99-117.

MCEVILY S K, EISENHARDT K M, PRESCOTT J E, 2004. The global acquisition, leverage, and protection of technological competencies [J]. Strategic management journal, 25 (8/9): 713-722.

MCMILLAN J, WOODRUFF C, 2002. The centralrole of entrepreneurs in transition economies [J]. Journal of economic perspectives, 16 (3): 153-170.

MILLER D, FRIESEN P H, 1982. Innovation in conservative and entrepreneurship firms: two models of strategic momentum [J]. Strategic management journal, 3 (1): 1-25.

MILLER D, 1983. The correlates of entrepreneurship in three types of firms [J]. Management science, 29 (7): 77-91.

MITCHELL D, COLES C, 2003. The ultimate competitive advantage of continuing business model innovation [J]. Journal of business strategy, 24 (5): 15-21.

MITCHELL R K, SMITH J B, SEAWRIGHT K W, et al., 2000. Cross-cultural cognitions and the venture creating decision [J]. Academy of management journal, 43 (5): 974-993.

MUKHOPADHYAY A K, 1985. Technological progress and change in market concentration in the U. S., 1963-1977 [J]. Southern economic journal (52): 141-149.

NICKELS S, 1996. Competition and corporate performance [J]. Journal of political economy (104): 724-746.

OLIVER C, 1991. Strategic responses to institutional processes [J]. Academy of management review, 16 (1): 145-179.

OSTERWALDER A, PIGNEUR Y, 2010. Business model generation [M]. Hoboken, New Jersey: John Wiley & Sons.

PAULO N, LEITAOC S, 2012. Is there a linear relationship between R&D intensity and growth? Empirical evidence of non-high-tech vs. high-tech SMEs

[J]. Research policy, 41: 36-53.

PEDERSEN E R G, GWOZDZ W, HVASS K K, 2018. Exploring the relationship between business model innovation, corporate sustainability, and organisational values within the fashion industry [J]. Journal of business ethics, 149 (2) : 267-284.

PENROSE E, 1959. The theory of the growth of the firm [M]. Oxford: Oxford University Press.

PRAHALAD C K, HAMEL G, 1990. The core competence of the corporation [J]. Harvard business review, 68 (3): 79-91.

RENNINGS K, MARKEWITZ P, VÖGELE S, 2013. How clean is clean? Incremental versus radical technological change in coal-fired power plants [J]. Journal of evolutionary economics, 23 (2): 331-355.

RICHARDSON S, 2006. Over-investment of free cash flow [J]. Review of accounting studies, 11 (2): 159-189.

ROBERTS E B, 1988. What we're learned: managing invention and innovation [J]. Research-technology management, 31 (1): 11-29.

ROMERO I, MARTÍNEZ-ROMN J A, 2012. Self-employment and innovation, exploring the determinants of innovative behavior in small businesses [J]. Research policy, 41 (1): 178-189.

SAEBI T, LIEN L, FOSS N J. What drives business model adaptation? The impact of opportunities, threats and strategic orientation [Z]. Long range planning: S0024630116300590.

SCHERER F M, 1965. Firm size, market structure, opportunity, and the output of patented inventions [J]. American economic review, 55: 165-172.

SCHUMPETER J A, 1934. The theory of economic development: an inquiry into profits, capital, credit, interest, and the business cycle [M]. Boston, MA: Harvard University Press.

SCHUMPETER J A, 1947. The creative response in economic history [J]. Journal of economic history, 7 (2): 149-159.

SCOTT W R, 1995. Institutions and organizations: theory and research [M]. Thousand Oaks, CA: Sage Publications.

SCOTT J T, 1984. Firm versus industry variability in R&D intensity

[M] // GRILICHES Z. R&D, patents, and productivity. Chicago: University of Chicago Press.

SHANE S, VENKATARAMAN S, 2000. The promise of entrepreneurship as a field of research [J]. Academy of management review, 25 (1): 217-226.

SHI W, SUN S L, YAN D, et al., 2017. Institutional fragility and outward foreign direct investment from China [J]. Journal of international business studies, 48 (4): 1-25.

SIRMON D G, HITT M A, IRELAND R D, 2007. Managing firm resources in dynamic environments to create value: looking inside the black box [J]. The academy of management review, 32 (1): 273-292.

SONG G, MIN S, LEE S, et al., 2017. The effects of network reliance on opportunity recognition: a moderated mediation model of knowledge acquisition and entrepreneurial orientation [J]. Technological forecasting and social change (C), 117: 98-107.

SPENCER J W, GÓMEZ C, 2004. The relationship among national institutional structures, economic factors, and domestic entrepreneurial activity: a multicountry study [J]. Journal of business research, 57 (10): 1098-1107.

SUBRAHMANYA M H B, 2011. Technological innovations and firm performance of manufacturing SMEs: determinants and outcomes [J]. Asci journal of management, 41: 109-122.

SUBRAMANIAM M, YOUNDT M A, 2005. The influence of intellectual capital on the types of innovative capabilities [J]. Academy of management journal, 48 (3): 450-463.

TAN J, LITSCHERT R J, 1994. Environment-strategy relationship and its performance implications: an empirical study of Chinese electronics industry [J]. Strategic management journal, 15 (1): 1-20.

TAPANI T, KARI H, 2014. Elements of sustainable business models [J]. International journal of innovation science, 6 (1): 43-54.

TEECE D J, 2009. Business models, business strategy andinnovation [J]. Long range planning, 43 (2): 172-194.

TEECE D, PISANO D, SHUEN A, 1997. Dynamic capabilities and strategic management [J]. Strategic manage, 18: 509-533.

TEECE D J, 2018. Business models and dynamic capabilities [J]. Long range planning, 51 (1): 40-49.

THOMAS C, 2017. Measuring business model innovation: conceptualization, scale development and proof of performance [J]. R&D management, 47 (3): 385-403.

TSAI K H, 2004. The impact of technological capability on firm performance in Taiwan's electronics industry [J]. Journal of high technology management research, 15 (21): 183-195.

UTTERBACK J M, 1974. Innovation in industry and the diffusion of technology [J]. Science, 183 (4125): 620-626.

VENKATRAMAN, 1996. The pedagogical side of entrepreneurship theory [J]. Journal of business venturing, 16 (2): 101-117.

WEI Z, YANG D, SUN B, et al., 2014. The fit between technological innovation and business model design for firm growth: evidence from China [J]. R&D management, 44 (3): 288-305.

WELTER F, SMALLBONE D, 2014. Institutional perspectives on entrepreneurial behavior in challenging environments [J]. IEEE engineering management review, 42 (2): 35-50.

WERNERFELT B, 1984. A resource-based view of the firm [J]. Strategic management journal, 5 (2): 171-180.

WEST M, FARR J L, 1991. Innovation and creativity at work: psychological and organizational strategies [J]. Health policy, 45 (3): 175-186.

WIKLUND S D, 2003. Knowledge-based resources, entrepreneurial orientation, and the performance of small and medium-sized businesses [J]. Strategic management journal, 24 (13): 1307-1314.

WILLIAMSON O E, 1965. Innovation and market structure [J]. Journal of political economy (73): 67-73.

WILLIAMSON O, 1985. The economic institutions of capitalism: firms, markets, relational contracting [M]. New York: Free Press.

YAM R C M, GUAR J C, PUN K F, et al., 2004. An audit of technological innovation capabilities in Chinese firms: some empirical findings in Beijing, China [J]. Research policy, 33 (8): 1123-1140.

YOU J, CHEN Y, WANG W, et al., 2018. Uncertainty, opportunistic behavior, and governance in construction projects: the efficacy of contracts [J]. International journal of project management, 36 (5): 795-807.

ZAHRA A, COVIN J, 1995. Contextual influences on the corporate financial performance-company performance relationship in established firms: a longitudinal analysis [J]. Journal of business venturing, 10 (1): 43-58.

ZAHRA S A, 1991. Predictors and financial outcomes of corporate entrepreneurship: an explorative study [J]. Journal of business venturing, 6: 259-285.

ZHAI Y M, SUN W Q, TSAI S B, et al., 2018. An empirical study on entrepreneurial orientation, absorptive capacity, and SMEs' innovation performance: a sustainable perspective [J]. Sustainability, 10 (2): 1-14.

ZHOU K Z, YIM C K, TSE D K, 2005. The effects of strategic orientations on technology and market-based breakthrough innovations [J]. Journal of marketing, 69 (2): 42-60.

ZOTT C, AMIT R, MASSA L, 2011. The business model: recent developments and future research [J]. Social science electronic publishing, 37 (4): 1019-1042.

ZOTT C, AMIT R, 2007. Business model design and the performance of entrepreneurial firms [J]. Organization science, 18 (2): 181-199.

ZOTT C, AMIT R, 2009. Business model design: an activity system perspective [J]. Long range planning, 43 (2): 216-226.

后 记

本书得以出版，我首先要诚挚感谢我的恩师金明伟教授。正是金老师的认可和支持，将一个在研究之路上迷茫徘徊的求学者，引入学术研究世界。金老师用一言一行、一举一动，匡正我的研究之路，引导我一路前行和成长，教导我用系统思维看待问题。大到研究主题的把握、文章层次的定位和文章框架结构的确定，小到文章字句的斟酌和用词的拿捏，金老师一丝不苟地指导我的写作。我永远不会忘记金老师一次次在我的研究方向上不厌其烦地纠偏、指导，在研究开展和本书撰写过程中更是倾囊相授，在本书修改和完善的过程中逐字逐句地教我推敲审订。金老师的言传身教，让我不断成长。金老师严谨求实、不骄不躁的治学态度，孜孜以求、开拓进取的敬业精神，谦和坦诚、宽容豁达的为人之道，值得我毕生学习。只言片语难以表达对金老师的感恩之心，未来人生之路上，我将牢记师恩，砥砺前行。同时，感谢我的师娘给予我学习和生活上的支持和关爱。

我还要感谢中南财经政法大学石军伟教授、费显政教授、宁昌会教授、赵军教授、张琦教授、欧阳志刚教授、张海波教授、李占风教授、丁际刚教授等，感谢他们给予我的授业指导。感谢在本书开题、撰写、审核过程中给予我细心指导的中南财经政法大学胡川教授、韩翼教授、熊胜绪教授、赵琛徽教授、张璇教授。

感谢盘和林师兄、吴磊师兄、周良遇师兄、胡腾飞师兄、王洪萍师姐在我学术研究中给予我的点拨和指引，感谢黄海立师兄、张子申师弟、徐寒师妹、王柳师妹、王巧师妹、凡金星师妹、王靖雯师妹、王诗雨师妹、张黛丽师妹等在学习、科研和生活上给予我的陪伴、鼓励和帮助。同时感谢中南财经政法大学工商管理学院博士研究生陈兰兰、王林江、赵军、王安琪、唐于红、陈娟、夏飞、王慧芳、肖坤、李孟丁、龚连梅、姚晓玲、沈炜等好友的关心和帮助。感谢我的室友肖素芳在生活和学习上的陪伴和帮助。因为你们，我有了迎难而上的勇气和毅力。

感谢我的父母对我的殷切希望、鼓舞、关心与支持。感谢我的爱人，与我风雨同舟，给予我激励与关爱。我们彼此恩爱、理解与包容。他的智慧，为我抹去了思想和情绪上的迷雾；他的担当，为我解除了生活上的后顾之忧。感谢我的兄弟姐妹多年来对我们父母和我的一双儿女的照顾，是你们让我从繁杂的家务中抽离出来，让我能够顺利完成本书的构思与写作。更感谢我的儿子，已然懂事的儿子寒暑假陪我在图书馆自习室里学习，让我有足够的时间与精力投入本书的撰写。不足三岁的女儿对母爱的渴求让我感到奋斗的迫切。亲人对我的付出和无私的爱，带给了我无限的温暖和动力。

回首来时路，对师长教导的铭记，对同学友谊的珍惜，都将激励我前行。展望未来，我将常怀感恩之心、常怀律己之心，在生活中与工作岗位上发挥正能量，迎接更加灿烂的明天。

夏晗

2023 年 4 月